PERSPECTIVES COMPARATISTES
sous la direction de Véronique Gély et Bernard Franco
96

Série *Classique/Moderne*
dirigée par Véronique Gély
9

Témoignage et prophétie

Aurélia Hetzel

Témoignage et prophétie

Le rêve de la femme de Pilate

PARIS
CLASSIQUES GARNIER
2021

Aurélia Hetzel est titulaire d'un doctorat en littérature comparée et d'un post-doctorat en sciences religieuses. Elle est professeure de lettres modernes dans un collège. Ses travaux portent sur la Bible et le Coran dans la littérature et les arts. Elle a publié *La Reine de Saba. Des Traditions au mythe littéraire.*

ISBN 978-2-406-10113-0 (livre broché)
ISBN 978-2-406-10114-7 (livre relié)
ISSN 2103-480X

À la mémoire de ma petite sœur Élise
(1987-2016).

J'ai été là où reposait ton corps.
Le vent parlait tout bas dans les buissons.
Les gens étaient partis pour vivre encore,
pour contourner vaillamment ton absence.

Le soleil de l'été s'était lui-même
après toi retiré de nos jardins.
La bruine allait et venait dans la nuit
comme on fait les cent pas jusqu'au matin.

Jean Grosjean

– Ô Muse, il sera temps de dormir un autre jour !

Paul CLAUDEL, « La Muse qui est la Grâce », *Cinq Grandes Odes*.

INTRODUCTION

Le procès de Jésus est l'un des épisodes les plus dramatiques des Évangiles. L'accusé n'a personne pour le défendre. Judas, qui l'a livré aux grands-prêtres, s'en repent et le reconnaît innocent[1] ; mais il l'a d'abord trahi. Pilate, qui le juge, ne le trouve pas coupable[2] ; mais il le livre à ses ennemis[3]. Un troisième personnage évoque ce « juste » lors du procès ; c'est l'épouse de Pilate :

> Pendant qu'il siégeait sur l'estrade, sa femme lui fit dire : « Ne te mêle pas de l'affaire de ce juste ! Car aujourd'hui j'ai été tourmentée en rêve à cause de lui[4]. » (Mt 27, 19)

---

1 « Alors Judas, qui l'avait livré, voyant que Jésus avait été condamné, fut pris de remords et rapporta les trente pièces d'argent aux grands prêtres et aux anciens, en disant : "J'ai péché en livrant un sang innocent." » (Mt 27, 3-4) Sauf précision, nous citons la Traduction Œcuménique de la Bible (2015).

2 « Quel mal a-t-il donc fait ? » (Mt 27, 23) ; « Qu'a-t-il donc fait de mal ? » (Mc 15, 14) ; « Quel mal a donc fait cet homme ? » (Lc 23, 22) ; « Je ne trouve rien qui mérite condamnation en cet homme » (Lc 23, 4 ; 23, 14 ; 23, 22 ; Jn 18, 38 ; 19, 4 ; 19, 6).

3 « Alors il leur relâcha Barabbas. Quant à Jésus, après l'avoir fait flageller, il le livra pour qu'il soit crucifié » (Mt 27, 26) ; « Pilate, voulant contenter la foule, leur relâcha Barabbas et il livra Jésus, après l'avoir fait flageller, pour qu'il soit crucifié » (Mc 15, 15) ; « Quant à Jésus, il le livra à leur volonté » (Lc 23, 25) ; « C'est alors qu'il le leur livra pour être crucifié » (Jn 19, 16).

4 Il n'y a pas de problématique majeure de traduction de ce verset. Si l'on compare les versions françaises, on constate que les variantes concernent surtout la manière de rendre l'impératif, qui n'est pas exprimé par un verbe en grec. La Bible de Louvain propose : « Et lui estant assis au siege de juge, sa femme envoya par devers luy, disant : Tu n'as que faire avec ce juste là. Car j'ai par vision souffert beaucoup aujourdhuy pour luy » (1550). La traduction de David Martin en 1707 diffère peu : « Et comme il etoit assis au siege judicial, sa femme envoya lui dire : N'entre point dans l'affaire de ce juste, car j'ai aujourd'hui beaucoup souffert à son sujet en songeant ». La Bible Ostervald, en 1779, traduit : « Pendant qu'il étoit assis sur son tribunal, sa femme lui envoya dire : n'aie rien à faire avec cet homme de bien ; car j'ai beaucoup souffert aujourd'hui à son sujet dans un songe » ; sa révision en 1996 : « Or, pendant qu'il était assis sur le tribunal, sa femme lui envoya dire : Ne te mêle point de l'affaire de ce juste ; car j'ai beaucoup souffert aujourd'hui en songe, à son sujet. » Lamennais : « Pendant qu'il siégeait sur son tribunal, sa femme lui envoya dire : Ne vous mêlez point de ce qui touche ce juste, car j'ai été

Aucun autre verset biblique ne cite cette femme, et elle passe souvent inaperçue. Discret et sans réponse, son message est pourtant loin d'avoir épuisé toute sa signification et la potentialité de ses illustrations et développements exégétiques et littéraires. Comme le rêve et la souffrance, le message est un thème biblique important et il semble que cette intervention révèle un fonctionnement essentiel de l'écriture des Évangiles, lié au mode de manifestation et de communication de Jésus. Il s'agit en effet de la transmission d'une parole antérieure et de l'expression d'un affect provenant d'une figure de l'intime. Dans l'histoire de l'art et dans la littérature, la question de l'origine du rêve (est-il inspiré par un ange comme une intervention divine, ou par un démon afin d'empêcher la Rédemption ?) a laissé place à celle de son contenu visionnaire. Comment interpréter cette intervention ?

UN TÉMOIN

Cette femme, qui n'agit que par sa parole, fait acte de témoignage : juridiquement (prise de parole en faveur de l'accusé lors d'un procès : elle dit ce qu'elle a vu) et par le prisme de la foi (elle l'interprète comme ayant une valeur pour elle-même mais aussi pour les autres, il lui faut donc faire savoir ce qu'elle a vu). Médiateur, le témoin fait exister aux

---

aujourd'hui étrangement tourmentée en songe à cause de lui » (*Les Évangiles*, 1846). En 1864, Crampon propose : « Pendant qu'il siégeait au tribunal, sa femme lui envoya dire : N'aie point affaire avec ce juste, car j'ai été aujourd'hui fort tourmentée en songe à cause de lui ». Louis Segond, en 1880 : « Pendant qu'il était assis sur le tribunal, sa femme lui fit dire : Qu'il n'y ait rien entre toi et ce juste ; car aujourd'hui j'ai beaucoup souffert en songe à cause de lui », et en 2007 (le Segond 21) : « Pendant qu'il siégeait au tribunal, sa femme lui fit dire : N'aie rien à faire avec ce juste, car aujourd'hui j'ai beaucoup souffert dans un rêve à cause de lui. » La Bible du Semeur, en 1992 : « Pendant qu'il siégeait au tribunal, sa femme lui fit parvenir un message disant : Ne te mêle pas de l'affaire de ce juste, car cette nuit, j'ai été fort tourmentée par des rêves à cause de lui. » La Bible de Jérusalem (2015) : « Or, tandis qu'il siégeait au tribunal, sa femme lui fit dire : "Ne te mêle point de l'affaire de ce juste ; car aujourd'hui j'ai été très affectée dans un songe à cause de lui" » En grec : Καθημένου δὲ αὐτοῦ ἐπὶ τοῦ βήματος, ἀπέστειλεν πρὸς αὐτὸν ἡ γυνὴ αὐτοῦ, λέγουσα, Μηδέν σοι καὶ τῷ δικαίῳ ἐκείνῳ : πολλὰ γὰρ ἔπαθον σήμερον κατ' ὄναρ δι' αὐτόν. Et en latin : « *Sedente autem illo pro tribunali, misit ad eum uxor ejus, dicens : Nihil tibi et justo illo : multa enim passa seum hodie per visum propter eum.* »

yeux des autres ce que lui-même non seulement a vu, mais a interprété : « En témoignant, le témoin parle donc de lui mais également d'une forme d'altérité en lui, capable de le mobiliser et à laquelle il rend témoignage » (Pierron, 2003, p. 435). Synthétisant la pensée de Paul Ricœur sur le témoignage « au croisement du juridique, de l'historique, de l'éthique et du religieux », Jean-Philippe Pierron explique que, selon le philosophe, il trouve « son principe unificateur dans le concept d'identité narrative » et relève donc d'une « herméneutique du texte » car « le témoignage dans le témoin est texte » :

> Le témoin ne sera donc pas l'homme de l'immédiateté en qui l'absolu se manifesterait, ou se révèlerait en nous marquant par son autorité. Le témoignage ne frappera pas, il donnera à penser. À la voie d'une herméneutique de la production qui pourrait s'interroger sur la constitution du soi en témoin ou sur le moment de la rencontre, Paul Ricœur opposera la voie d'une herméneutique de la réception, axée sur l'analyse d'un accueil du témoignage. De ce fait, le témoin serait certes une médiation, mais interprétable comme médiation textuelle. (*ibid.*, p. 435-436)

Il poursuit à propos du rôle de l'identité narrative, qui permet au témoignage de passer d'un pôle narratif, extérieur à l'action, « à un pôle d'intériorité, celui d'une constitution progressive de soi dans l'attestation ». Ainsi, le témoignage est à la fois « un récit (raconter des choses vues ou entendues…) » et « un acte ayant une répercussion intérieure (l'engagement de soi dans la parole donnée). Nous retrouvons ici contractée une *poétique de l'action* : dans le temps du vivre, le témoignage est le récit par un soi d'autre chose que de soi, attestation devant et pour l'autre[5]. » (*ibid.*, p. 435-436) Cette conception du témoignage correspond tout à fait à l'intervention de la femme de Pilate : ce « témoin » est d'autant plus « texte » qu'il transforme en parole son expérience, parole immédiatement répétée par le messager et prolongée par l'Écriture. C'est dans cette prise de parole que se constitue cette femme : son attestation de l'innocence de Jésus fonde sa propre existence dans le texte.

L'idée de témoignage est d'ailleurs essentielle dans l'Ancien et, surtout, le Nouveau Testament. Dans le Deutéronome, Yahvé s'adresse ainsi à Moïse :

---

5 Voir Ricœur, 1985, p. 442.

> À toi, il t'a été donné de voir, pour que tu saches que c'est le Seigneur qui est Dieu : il n'y en a pas d'autre que lui. Du ciel, il t'a fait entendre sa voix pour faire ton éducation ; sur la terre, il t'a fait voir son grand feu, et du milieu du feu tu as entendu ses paroles. (Dt 4, 35-36)

De même, dans le livre d'Ésaïe, Yahvé s'adressant à Israël et se proclamant Dieu unique :

> C'est moi,
> c'est moi qui suis le Seigneur,
> en-dehors de moi, pas de Sauveur.
> C'est moi qui ai annoncé et donné le salut,
> moi qui l'ai laissé entendre,
> et non pas chez vous, un dieu étranger.
> Ainsi vous êtes mes témoins
> – oracle du Seigneur –
> et moi, je suis Dieu.
> Oui, désormais je suis tel :
> personne ne délivre de ma main ;
> ce que je réalise, qui pourrait le renverser ? (Es 43, 11-12 ; et 44, 8).

Dans le Nouveau Testament, Jésus est le « témoin fidèle » (Ap 1, 5 ; 3, 14), celui dont le sacrifice est digne de foi : comment ne pas croire celui qui meurt pour les autres ? Les apôtres et les disciples doivent à leur tour témoigner pour lui. Ainsi, ces mots encadrant l'Évangile de Jean :

> Il y eut un homme, envoyé de Dieu :
> son nom était Jean.
> Il vint en témoin, pour rendre témoignage à la lumière, afin que tous croient par lui.
> Il n'était pas la lumière, mais il devait rendre témoignage à la lumière. (Jn 1, 6-8)

> C'est ce disciple qui témoigne de ces choses et qui les a écrites, et nous savons que son témoignage est conforme à la vérité. (Jn 21, 24)

Leur fait écho le Prologue de l'Apocalypse :

> Révélation de Jésus Christ :
> Dieu la lui donna pour montrer à ses serviteurs ce qui doit arriver bientôt.
> Il la fit connaître en envoyant son ange à Jean son serviteur,
> lequel a attesté comme Parole de Dieu et témoignage de Jésus Christ tout ce qu'il a vu. (Ap 1, 1),

ainsi que les Actes des Apôtres :

> Mais vous allez recevoir une puissance, celle du Saint Esprit qui viendra sur vous ; vous serez alors mes témoins à Jérusalem, dans toute la Judée et la Samarie, et jusqu'aux extrémités de la terre. (Ac 1, 8)

Jésus lui-même insiste sur le témoignage lors de ses adieux aux disciples :

> Lorsque viendra le Paraclet, que je vous enverrai d'auprès du Père, l'Esprit de vérité, qui procède du Père, il rendra lui-même témoignage de moi ; et à votre tour, vous me rendrez témoignage, parce que vous êtes avec moi depuis le commencement. (Jn 15, 26-27)

Mais lors du procès de Jésus, la femme de Pilate est la seule à témoigner pour prendre sa défense. Juridiquement, elle signale son rêve comme une preuve. Du point de vue de la foi, c'est un signe, c'est-à-dire une manifestation visible de la divinité de Jésus, et plus précisément un signe prophétique. Se sentant appelée à témoigner, elle est finalement sa seule avocate. Encore faut-il savoir déchiffrer les signes, donc posséder la sagesse (« … [la sagesse] sait interpréter les sentences et résoudre les énigmes, elle prévoit signes et prodiges, les moments et les temps favorables », Sg 8, 8) …

Jésus lui-même reconnaît la nécessité des signes. Ainsi, à Cana, répond-il au fonctionnaire royal qui lui demande de guérir son fils : « Si vous ne voyez signes et prodiges, vous ne croirez donc jamais ! » (Jn 4, 48) Dès le début de sa *Doctrine Chrétienne*, saint Augustin (354-430) définit le « signe » comme ce qui, en plus d'être « chose », « détermine un autre objet » : c'est-à-dire les objets qui « outre la propriété d'être choses, ont encore celle d'être signes d'autres choses ». Le Père de l'Église précise : « Or il est des signes dont l'usage exclusif est de signifier quelque chose ; telle est la parole que l'on n'emploie jamais qu'à cette fin. » (1866, I, 2, p. 4) Le rêve de la femme de Pilate serait alors une prophétie ; encore dans l'obscurité païenne, elle ne pourrait pas la reconnaître pleinement avant sa véritable révélation chrétienne.

UN RÊVE PROPHÉTIQUE

Dans la Bible, la femme de Pilate et Jésus ne se rencontrent pas directement ailleurs que dans le rêve. Contrairement à la Cananéenne, par exemple, elle n'est pas reconnue par Jésus (« Femme, ta foi est grande[6] ! », Mt 15, 28). Mais comme cette dernière, et comme la reine de Saba[7], la femme de Pilate vient d'une culture païenne et sera parfois considérée comme une préfiguration de l'Église, épouse du Christ[8]. En effet, ce qu'elle comprend intuitivement, c'est que son tourment est lié à celui de Jésus. Pour ne plus souffrir, peut-être faut-il adhérer au sacrifice, adorer le sacrifié, c'est-à-dire épouser le christianisme.

Toutefois, la femme de Pilate n'est pas une devineresse ; elle n'anticipe pas ce qui va arriver, elle ne prévoit rien (ni le sort de Jésus, ni celui de Pilate, ni le sien), mais elle *pré-dit* ce qui n'est pas encore vu et ne peut encore se dire complètement. Son rêve est comme un appel auquel elle répond, une inspiration qu'elle relaie. Or les prophètes bibliques parlent au nom de Dieu : ils s'en proclament messagers et transmettent sa parole. Ce n'est pas tout à fait ce qui se passe pour la femme de Pilate, qui parle en son propre nom. Néanmoins, elle exhorte un homme de pouvoir à agir d'une certaine manière (en l'occurrence, à ne rien faire), au nom d'un « juste », Jésus. De plus, elle n'utilise pas le langage imagé des prophètes d'Israël ; il n'est pas question de déchaînement des éléments, ni même de vision, puisque le rêve n'est pas raconté. Cependant, son tourment n'est-il pas une transposition de ces soulèvements, de cette impétuosité ? Ce qui nous est donné à lire n'est pas un récit impressionnant, mais un silence : ce qui est mis en valeur est son ressenti. Or cette femme n'est

---

6 On peut comparer ce personnage à la Samaritaine à qui Jésus révèle être le Christ (Jn 4, 7-29).

7 Cette reine qui rend visite à Salomon dans le Premier Livre des Rois (1 R 10, 1-13) est citée par Jésus comme « signe » juste après le signe de Jonas, dans les Évangiles de Matthieu et de Luc : « Lors du jugement, la reine du Midi se lèvera avec cette génération et elle la condamnera, car elle est venue du bout du monde pour écouter la sagesse de Salomon ; eh bien ! ici il y a plus que Salomon » (Mt 12, 42 // Lc 11, 31). Voir Hetzel, 2012.

8 Dans son sermon sur « La Chananéenne ou l'humilité » (LXXVII, 11), saint Augustin (354-430) écrit : « Remarquez bien, mes frères, comment dans cette femme qui était Chananéenne, c'est-à-dire issue de la gentilité et qui était un type ou une figure de l'Église, ressort surtout l'humilité. » (Saint Augustin, 2014, p. 699).

pas juive – même si elle pourrait avoir été proche du judaïsme. Comment parlerait-elle donc directement de Dieu, sinon par énigme ? À ce rêve qui s'est imposé à elle, elle porte une attention particulière qui rappelle celle d'Élie. Après avoir été réveillé par un ange qui l'envoie parcourir un long chemin jusqu'à l'Horeb, Dieu se fait entendre au prophète qui passe la nuit dans une caverne :

> Le Seigneur dit : « Sors et tiens-toi sur la montagne, devant le Seigneur ; voici, le Seigneur va passer. » Il y eut devant le Seigneur un vent fort et puissant qui érodait les montagnes et fracassait les rochers ; le Seigneur n'était pas dans le vent. Après le vent, il y eut un tremblement de terre ; le Seigneur n'était pas dans le tremblement de terre. Après le tremblement de terre, il y eut un feu ; le Seigneur n'était pas dans le feu. Et après le feu une voix de fin silence. Alors, en l'entendant, Élie se voila le visage avec son manteau. (1 R 19, 11-13)

Cette « voix de fin silence[9] » exprime l'intraduisible à travers un oxymore. Comme Élie lors de sa nuit dans la caverne, la femme de Pilate fait une expérience initiatique : un rêve qui ne peut se raconter ni se décrire, une confusion, où la seule image manifestée est celle du « juste ». Cela suffit à cette femme intuitive.

SOUFFRANCE ET COMPASSION

L'innocence de Jésus tourmente la femme de Pilate, qui subit aussi une peine imméritée. Par conséquent, elle demande au juge de ne pas le faire souffrir : la non-souffrance de Jésus est alors une possibilité entre les mains de Pilate. Sa femme pose ainsi une question fondamentale : celle de la condamnation et de la souffrance d'un innocent. Instinctivement, elle intervient dans cet illogisme. De plus, Jésus est entré dans son intimité, mais il n'y reste pas secret puisqu'elle fait connaître son rêve comme un élément susceptible de jouer un rôle dans la réalité. En outre, son intervention montre la force de sa compassion, dans le sens d'Aristote dans la *Rhétorique* :

9 L'expression est particulièrement difficile à traduire. Lemaître de Sacy propose : « le souffle d'un petit vent » ; La Bible de Jérusalem : « la voix d'un silence subtil ».

> la pitié (*éléos*) est une sorte de peine éprouvée devant un mal ravageur ou douloureux qui paraît affecter une personne indigne d'un tel sort et que nous pourrions nous attendre à subir nous-mêmes, ou un de nos proches, pour autant que ce mal paraisse se rapprocher. Il est clair en effet que, pour éprouver de la pitié, il faut être nécessairement dans l'état où l'on croit pouvoir subir un mal, soit personnellement, soit un des siens, et un mal tel qu'on l'envisage dans la définition, ou semblable ou très proche. (2014, p. 786)

La femme de Pilate, justement, est concernée par la souffrance de l'autre, de Jésus, puisqu'elle subit une souffrance à cause de lui (une souffrance rêvée qui se poursuit, puisqu'elle agit dans la réalité du procès, même si c'est en vain). La pitié, attribut divin et vertu religieuse, apparaît dans le Nouveau Testament comme fraternelle, comme une « vertu intérieure et active, condition de la béatitude éternelle et imitation de la miséricorde divine » (Spicq, 1991, p. 490-491) : « Heureux les miséricordieux : il leur sera fait miséricorde » (Mt 5, 7), est l'un des premiers enseignements aux disciples lors du Sermon sur la Montagne, auquel fait écho l'annonce du Jugement dernier (Mt 25, 31-46). La pitié, c'est aussi ce qui est demandé à Jésus, ainsi par les deux aveugles : « Comme Jésus s'en allait, deux aveugles le suivirent en criant : "Aie pitié de nous, Fils de David !" » (Mt 9, 27)

INSCRIPTION DE L'INTERVENTION DANS LE CONTEXTE

L'épisode du rêve prend place entre les questions du gouverneur à la foule : libérer Barrabas ou Jésus (Mt 27, 17 et 21) ? Juste après l'intervention du messager, « les grands prêtres et les anciens persuadèrent les foules de demander Barabbas et de faire périr Jésus » (Mt 27, 20). Cette composition oppose davantage la femme de Pilate aux grands-prêtres, les Gentils aux Juifs. C'est aussi l'individu, qui veut sauver Jésus, contre la foule anonyme, qui veut le condamner. Plus encore, la femme de Pilate fait part d'une expérience très personnelle : un rêve, une émotion. Son époux cède cependant à la foule souveraine[10]. Les réécritures littéraires

10 Pour René Girard dans *Le Bouc émissaire*, Pilate « n'a pas d'intérêts véritables dans l'affaire » : Jésus est « un personnage trop insignifiant pour qu'un esprit le moins du monde politique

de l'épisode du rêve mettent en valeur cette opposition et l'idée que l'influence de Jésus s'étend jusque dans la sphère intime de celui qui doit le juger. Cette intrusion de l'intériorité va permettre à Pilate de s'épanouir comme personnage littéraire, en proie à des sentiments et des pensées contradictoires[11]. Par ailleurs, le rêve échappe à la volonté, à la conscience, à la vigilance, au contraire de la force romaine que Pilate représente. Ainsi s'exprime le pouvoir de Jésus rivalisant avec l'autorité politique. Pilate en a l'intuition et c'est cette remise en question qui le fait hésiter jusqu'à sa déclaration de non responsabilité. L'influence de sa femme est donc importante pour l'appréciation de sa responsabilité dans la condamnation de Jésus : c'est un motif supplémentaire de blâme puisqu'il finit par obéir à la foule malgré cet avertissement, dont il ne comprend pas la portée. Mais c'est peut-être aussi ce qui l'incite à interroger de nouveau la foule pour qu'elle se rétracte. L'attitude du représentant impartial d'une autorité païenne est confrontée à la haine des représentants de l'autorité religieuse. La reconnaissance par une païenne de l'innocence de Jésus (« ce juste ») va dans le même sens, d'autant plus que Pilate a compris la « jalousie » des grands prêtres et des anciens (Mt 27, 18). Ce rapport passionnel s'oppose à la neutralité que lui préconise sa femme : « ne te mêle pas de l'affaire », ce que Pilate confirme : « Je suis innocent de ce sang » (Mt 27, 24) ; le peuple répond aussitôt : « Nous prenons son sang sur nous et sur nos enfants ! » (Mt 27, 25). L'épouse est la seule à être touchée personnellement par le sort de Jésus. Pourtant, sa foi n'est alors qu'intuition. La postérité la guidera vers son accomplissement chrétien (au point d'être considérée comme une sainte par l'Église d'Éthiopie), à commencer par certains textes apocryphes.

---

puisse courir le risque d'une émeute à seule fin de le sauver. » Le personnage de l'épouse servirait en fait à rendre sa décision « moins facile, et plus révélatrice », à « montrer Pilate tiraillé entre deux influences, entre deux pôles d'attraction mimétique, d'un côté l'épouse qui voudrait sauver l'innocent et de l'autre, la foule même pas romaine, tout entière anonyme et impersonnelle. Nul ne saurait être plus proche de Pilate que son épouse, plus étroitement liée à sa propre existence. [...] Et pourtant c'est la foule qui l'emporte ; rien n'est plus important que cette victoire, rien n'est plus significatif pour la révélation du mécanisme victimaire. » (Girard, 1982, p. 154)

11 « Pour les Anciens, l'enjeu de [l]a présence [de Pilate] dans la Passion est liée à son statut de non-Juif ; pour les Modernes, c'est son face-à-face avec Jésus qui le rend objet d'intérêt », résume Anne-Catherine Baudoin (Parizet, 2016, p. 1794).

UNE EXPRESSION DE L'INTIME

Enfin, le rêve de la femme de Pilate relève d'une expression de l'intime. En effet, le rêve est un élément personnel, que son rêveur seul connaît et qu'il ne peut faire connaître que par la médiation de la parole ou de l'image, c'est-à-dire par une reproduction. Il a lieu dans l'intériorité du rêveur : dans son esprit, dans son sommeil, peut-être de nuit, certainement dans un lit, en tout cas dans un moment où il n'est plus au monde. Le rêve est une expression paradoxale de la volonté : on ne choisit pas son rêve, il s'impose à nous et cette autorité dicte une volonté qui devient nôtre. Ici, c'est son rêve qui fait exister la femme de Pilate dans le texte de l'évangéliste, comme si ce qu'il y avait de plus intime était, de toute urgence, à rendre public : par-delà Pilate, à tous les chrétiens à venir.

POSTÉRITÉ LITTÉRAIRE ET ARTISTIQUE

L'épouse du préfet de Judée a longtemps été représentée dans des tableaux ou citée dans des œuvres littéraires comme une figurante. Mais au cours du temps, son rôle est devenu de plus en plus important : celui d'un personnage à part entière, secondaire voire principal. Cette évolution apparaît nettement entre les *Passions* médiévales et les récits des XXe et XXIe siècles développant la personnalité de cette femme et notamment sa vie conjugale, en même temps que le préfet a fini par incarner le drame de la conscience. La modernité interprète notre rêveuse comme figure de l'intériorité, de la foi et de la souffrance.

ÉTAT DE LA RECHERCHE

Si de nombreuses études historiques, théologiques et littéraires ont été menées concernant Pilate, son épouse a fait l'objet de recherches plus ponctuelles. Les périodes antique et médiévale ont néanmoins inspiré des travaux remarquables à son sujet. Anne-Catherine Baudoin lui consacre un article dans *Apocrypha* (2010) à propos des *Actes de Pilate*. L'art médiéval, très riche à son sujet, a inspiré deux articles incontournables : l'un de Ruth Mellinkoff (2006), l'autre de Colum Hourihane (2009a). Celle-ci est également l'auteure d'un ouvrage colossal sur *Ponce Pilate, l'antisémitisme et la Passion dans l'art médieval* (2009b), dans lequel elle évoque aussi longuement la femme de Pilate dans l'art ecclesial. La femme de Pilate se trouve également sur les scènes médiévales, ce qu'étudie Claude Thiry dans un texte important (1982). Les travaux consacrés à Ponce Pilate évoquent presque toujours sa femme, ce qui permet d'étudier l'évolution de celle-ci par rapport à son époux : parfois unis, d'autres fois chacun incarnant un rôle autonome. Jean-Pierre Lémonon, dans son *Ponce Pilate* (2007), mène une impressionnante enquête sur le gouverneur à travers les textes historiques et exégétiques. L'article « Ponce Pilate » d'Anne-Catherine Baudoin et Caroline Perry[12] dans *La Bible dans les littératures du monde* (Parizet, 2016) nous renseigne sur l'évolution de ce personnage dans la littérature, des Pères de l'Église à nos jours. L'ouvrage indispensable reste le numéro de la revue annuelle *Graphè, Ponce Pilate* (Vercruysse, 2013), auquel nous nous référerons plusieurs fois.

Le plus souvent, la femme de Pilate est donc étudiée dans des travaux consacrés à son époux, mais nulle recherche ne s'est encore concentrée sur elle seule, en littérature comparée, ni en sciences religieuses. Pourtant, adopter le point de vue d'un personnage très secondaire dans le récit évangélique ouvre d'enrichissantes perspectives…

12 Caroline Perry a consacré sa thèse de doctorat à *L'Évolution littéraire de Ponce Pilate (XIXe-XXIe siècle)* (Perry, 2014).

PROBLÉMATIQUE

Nous proposons donc dans cet ouvrage de retracer le parcours de ce personnage dans l'imaginaire, depuis la Bible et les apocryphes jusqu'aux productions contemporaines, pour essayer de comprendre les enjeux et la portée de son intervention. Dans quelle mesure, comme tant de personnages bibliques, la femme de Pilate s'affranchit-elle de son hypotexte pour devenir un sujet artistique ? Comment passe-t-elle des textes religieux aux représentations profanes, et que reste-t-il de ses origines ? Quel rôle joue-t-elle dans les interprétations et les représentations de Ponce Pilate, lui-même personnage extrêmement complexe ? Que représente-t-elle selon les époques, les supports, les orientations religieuses des auteurs et des artistes ? Que révèle-t-elle de leur regard sur l'épisode du jugement de Jésus ? Comment cet épisode s'enrichit-il de ces réécritures ?

Il y a de quoi s'émerveiller devant l'immense postérité littéraire et artistique des personnages bibliques, même des plus discrets que sont les personnages féminins, marginaux et minoritaires. Même la femme de Job[13] ou la mère de Tobie[14] trouvent un horizon, parfois inattendu, qui en tout cas rappelle que tous les personnages de la Bible ont leur rôle à jouer dans l'imaginaire. Se concentrer sur ces figures de l'altérité permet d'adopter un autre point de vue, invite à une autre entrée dans le texte. L'étude des récits dans lesquels elles interviennent est particulièrement intéressante. D'une part, parce que plus le récit est minime, plus c'est à nous, lecteurs, de construire, d'ouvrir l'espace, de supposer l'intrigue, d'imaginer les personnages, à partir de ce que dit le texte, et, peut-être surtout, de ce qu'il ne dit pas, ou plutôt de ce qu'il suggère : les « blancs » d'un texte stimulent l'imagination du lecteur, car, comme lieux d'indétermination et de discontinuité, ils invitent à prêter une

13 Représentée de manière négative par Georges de la Tour (*Job raillé par sa femme*, 1649), elle est au contraire valorisée comme être d'amour et de compassion par Andrée Chédid dans *La Femme de Job* (1993).

14 Paul Claudel en fait un personnage haut en couleur incarnant la sagesse dans l'*Histoire de Tobie et de Sara* (1942). Burlesque dans le mystère de Maurice Bouchor (*Tobie*, 1889), maussade dans le conte de Jules Supervielle (*Tobie père et fils*, 1950), c'est une figure tragique dans le très beau roman de Sylvie Germain, *Tobie des marais* (1998).

cohérence et un sens au texte (Iser, 1976, p. 317). Il en faut donc proposer une lecture croisant son contenu, la manière dont il s'organise, dont il fait sens, dont il se fonde sur des traditions, l'effet qu'il produit... Le récit, même minuscule, mérite un déploiement narratologique, particulièrement fécond lorsqu'il s'agit d'un récit biblique. Reprenons, avec l'approche narratologique des textes bibliques de Daniel Marguerat, l'idée que si les Juifs et les Chrétiens racontent des histoires, c'est parce que Dieu s'est révélé dans une histoire : le récit fait mémoire de ce qui est advenu dans l'Histoire. Le Salut se dira donc dans une histoire, le récit étant le véhicule privilégié de l'Incarnation. Ainsi, le récit apparaît comme le témoin obligé d'un Dieu qui se donne à connaître dans l'épaisseur d'une histoire d'hommes et de femmes, une histoire vécue (*Cahiers évangile. Autour des récits bibliques*, 2004). Or, notre récit-parenthèse est porté par un personnage marginal. D'une part, parce qu'elle est Romaine donc, pour le peuple de Jérusalem, étrangère ; plus encore, c'est une femme éloignée du peuple, qui appartient à la haute société et au colonisateur ; enfin, c'est une femme d'origine païenne qui est confrontée au monothéisme. D'autre part parce qu'il s'agit d'une femme, et que les femmes de la Bible, mystérieuses, souvent ambiguës, se définissent essentiellement dans leur rapport à l'homme : les paroles de la femme de Pilate protègent-elles le gouverneur des fâcheuses conséquences que pourrait avoir sur lui sa décision, ou, au contraire, s'opposent-elles à son autorité ? Ce personnage doit donc être envisagé selon cette altérité genrée, sociale et religieuse.

C'est la discrétion de cette femme qui donnera aux artistes et aux écrivains la possibilité de faire jouer l'imaginaire en lui offrant un corps, une personnalité, un passé, un futur sur lesquels le texte biblique reste silencieux, ou en inversant la perspective. Ces « continuations » peuvent en effet prendre leur élan dans différentes directions à partir du texte initial :

> On peut aussi bien estimer qu'une œuvre pèche par insuffisance de commencement, voire – dirait Aristote – de milieu, ou d'à-côtés, et entreprendre d'y remédier. Il y a donc lieu de distinguer, outre la continuation par l'avant (c'est-à-dire l'*après*) ou, pour parler français, *proleptique* (la plus répandue [...]), une continuation *analeptique* ou par l'arrière (c'est-à-dire l'*avant*), chargée de remonter, de cause en cause, jusqu'à un point de départ plus absolu, ou du moins plus satisfaisant, une continuation *elleptique* chargée de combler une lacune ou une ellipse médiane, et une continuation *paraleptique*, chargée de

> combler d'éventuelles paralipses, ou ellipses latérales (« Que faisait X pendant que Y… ») (Genette, 1982, p. 239-240)

Ces continuations s'inscrivent dans le cadre de l'amplification du texte biblique, notamment par « *développement diégétique* », ou « *expansion* : dilatation des détails, descriptions, multiplication des épisodes, dramatisation maximale d'une aventure en elle-même peu dramatique », et par « *insertions métadiégétiques* », ou « extension » : « épisodes étrangers au sujet initial, mais dont l'annexion permet de l'étendre et de lui donner toute son importance historique et religieuse » (*ibid.*, p. 378[15]). Ces amplifications s'accompagnent le plus souvent d'une motivation positive de l'action de la femme de Pilate, qui la valorisent (« La valorisation d'un personnage consiste à lui attribuer, par voie de transformation pragmatique ou psychologique, un rôle plus important et/ou plus "sympathique" dans le système de valeurs de l'hypertexte, que ne lui en accordait l'hypotexte », *ibid.*, p. 483). L'hypotexte comme l'hypertexte s'en trouvent transformés : le déplacement que subit l'hypotexte modifie son signifié, produit une valeur neuve et entraîne une transformation qui affecte tout à la fois le signifié du texte cité et le texte d'accueil dans lequel il se réinsère (Compagnon, 1979) : suggérons ainsi toute la richesse des réécritures bibliques…

C'est donc dans une perspective interdisciplinaire que nous élaborons notre travail. Nous l'avons envisagé dans un premier temps comme relevant de la littérature comparée, d'où nous venons, en laissant une large place à l'histoire de l'art : le rapport entre le texte biblique, les images et la musique est d'une immense richesse lorsque l'on désire étudier un texte évangélique. Mais nous avons voulu avant tout nous inscrire dans les sciences religieuses, parce qu'il nous semble que la lecture d'un texte biblique et l'analyse de sa postérité relèvent de l'étude des relations avec le divin, mettant en œuvre des structures de la pensée et de l'action humaine envisagées en elles-mêmes et du point de vue de leur inscription dans la vie littéraire et artistique d'une société[16]. L'interprétation du verset Mt 27, 19 s'inscrit forcément

15 Gérard Genette part de l'exemple de *Moyse sauvé* de Saint-Amant, 1653.

16 Voir le texte de présentation de la Section 5 de l'EPHE, au sein de laquelle ce travail a d'abord été composé dans le cadre du diplôme post-doctoral, sous la direction d'Isabelle Saint-Martin. Voir la page, consultée le 09 janvier 2020 : https://www.ephe.fr/ecole/organisation/composantes/section-des-sciences-religieuses.

dans un rapport au religieux, fût-il profané, plaçant le lecteur dans une position tout à fait particulière. C'est ce qui fait la spécificité des études bibliques. Dans un article fondamental, Danièle Chauvin interroge : « Peut-on appliquer à la Bible, conçue comme mémoire culturelle, les méthodes mythocritiques comme on le fait pour l'héritage antique ou pour les mythes littéraires[17] ? » (2008, p. 169) et propose d'envisager l'approche de la Bible dans la littérature et dans les arts selon un double mouvement : la mythocritique et la typologie. C'est de ce même geste que nous nous emparons de l'étude du verset de Matthieu et de sa postérité littéraire et artistique. Cette double lecture veut enrichir la lecture de la Bible : qu'en lisant ce verset, une multitude de liens hypertextes se connectent, suggérant la richesse de ses potentialités interprétatives et des œuvres qu'il a inspirées ; qu'en retrouvant la femme de Pilate dans une œuvre, on soit sensible à sa présence. Nous voulons aussi déployer le texte biblique dans ses moindres replis et ne pas laisser pour compte ses « petits personnages » car, surtout dans les Évangiles, ce sont eux les « bénis » (Mt 25, 34) à propos de qui le Fils de l'homme, sur son trône de gloire, déclarera au Jugement dernier : « En vérité, je vous le déclare, chaque fois que vous l'avez fait à l'un de ces plus petits, qui sont mes frères, c'est à moi que vous l'avez fait ! » (Mt 25, 40) Les pauvres, les humbles, les discrets sont, dans la Bible, ceux à ne pas oublier.

Danièle Chauvin le rappelle :

> La mythocritique est une perspective critique qui s'intéresse à la présence, latente ou patente, des mythes dans la littérature et les arts. Parce qu'elle postule que la présence du « mythe à l'œuvre » est essentiellement signifiante, elle se propose d'organiser à partir de lui son étude, et s'emploie à relever, décrire et interpréter les permanences et les variations, synchroniques ou diachroniques, d'une structure mythique dans le temps et l'espace culturel. En étudiant les modes de présence littéraire ou artistique du mythe, elle vise à une meilleure compréhension des enjeux d'une œuvre ou des enjeux de la reprise, par divers créateurs, à une époque donnée ou au cours de plus vastes périodes, des composantes ou des implications du mythe concerné. (*ibid.*, p. 171)

17 Voir Pelletier, 1991, p. 389. En effet, la Bible, montrent Danièle Chauvin et Sylvie Parizet en proposant un état des lieux de la recherche en littérature comparée, « relève bien, au même titre que la mythologie gréco-latine, du domaine mythocritique. » (Tomiche et Zieger, 2007, p. 31)

Elle poursuit en soulignant l'intérêt des comparatistes pour « la façon dont un texte, un récit, une image, reprennent et suscitent à leur tour, d'autres textes, d'autres récits, d'autres images, dans un mouvement qui peut être sans fin » (*ibid.*, p. 171). En effet,

> il s'agit bien toujours de retrouver le mythe dans le texte, « sous » le texte, ou en amont de celui-ci, afin d'en apprécier et d'en mesurer les échos, les écarts, les redondances ou les *apax*. La perspective archéologique qui invite à remonter vers l'origine (en termes temporels) ou le modèle (en termes structuraux) est au fondement de l'étude si elle n'est jamais bien sûr l'unique orientation. Comment le mythe s'inscrit-il dans l'œuvre ? Comment l'œuvre fait-elle advenir le mythe ? (*ibid.*, p. 171)

Ce mouvement est le nôtre lorsque nous essayons de donner du sens à la présence de la femme de Pilate dans une œuvre, lorsque nous interprétons l'inspiration biblique d'un artiste et sommes sensible à l'attention qu'il a portée à ce personnage discret, mais tellement signifiant. Or dans l'enceinte du texte biblique, ce personnage, par le rôle même qu'il y joue et par le fonctionnement même du texte qui le porte, n'appelle-t-il pas un type de lecture bien particulier ? C'est cette perspective qu'interroge ensuite Danièle Chauvin : « Mais le mythe ne pourrait-il pas être aussi, ou plutôt, aux marges de l'œuvre ? Ne pourrait-il être même en aval de cette œuvre ? Le mythe ne pourrait-il pas être l'avenir plutôt que la mémoire du texte ? » (*ibid.*, p. 172) Elle rappelle que des critiques comme Hans Robert Jauss et Northrop Frye, dont elle souligne la dette à égard de l'herméneutique biblique,

> orientent leur réflexion sur l'acte de lecture, la réception, créatrice ou non, de l'œuvre, mettent en place des notions qui intègrent le futur de lecture à l'herméneutique de l'œuvre [...] L'œuvre n'est donc tournée vers le passé que dans la mesure où ce dernier sert de tremplin à son futur plutôt que dans la mesure où elle y rejoint son futur. Et la mythocritique travaille à saisir ces tensions. (*ibid.*, p. 172).

C'est alors que le second mouvement, ainsi suggéré, apparaît : la typologie, ou méthode figurative, qui est justement un mode de lecture biblique, plus précisément chrétien, et qui nous intéresse particulièrement pour étudier un personnage du Nouveau Testament :

> Elle semblerait procéder à l'inverse de la mythocritique ; quand cette dernière s'adonne à la quête rétrospective du mythe sous le texte, la lecture typologique est au contraire orientée vers les figures à venir dans le texte nouveau [...] Le

> grec *typos* ou le latin *figura* sont utilisés par les Pères et les théologiens pour désigner l'un des symbolismes les plus originaux de la Bible : les préfigurations. (*ibid.*, p. 172).

Danièle Chauvin rappelle alors le fonctionnement de l'interprétation figurative, qui selon Erich Auerbach « établit un rapport entre deux événements ou deux personnes » :

> Le premier terme n'est pas seulement autoréférentiel, mais désigne également le second qui, de son côté, inclut ou accomplit le premier. Les deux pôles de la *figure* sont séparés dans le temps mais tous deux, en tant qu'événements ou personnages réels, participent de la temporalité et, comme on l'a souligné à maintes reprises, du flux ininterrompu de la vie historique. (Auerbach, 2001, p. 60).

Elle poursuit :

> L'Ancien Testament établit des relations typologiques entre différents livres ou différents récits, relations essentiellement fondées sur le symbolisme eschatologique qui découle de la conception biblique de l'histoire : l'histoire du salut est linéaire (et non cyclique comme le temps mythique des cosmogonies orientales) et orientée par le dessein de Dieu vers sa consommation finale qui est l'accomplissement de la Promesse. [...] Mais c'est surtout le Nouveau Testament qui instaure systématiquement la typologie comme code d'écriture et de lecture, le but des récits néotestamentaires étant de « montrer que les personnages et événements de l'Ancien Testament étaient des préfigurations du Nouveau Testament et de son histoire du salut » [*ibid.*, p. 33]. (Chauvin, 2008, p. 173-174)

Peut-on alors parler de la femme de Pilate comme d'une figure biblique, comme on peut le faire de figures mythologiques ? Pour André Dabezies dans « Figures mythiques et figures bibliques »,

> Les figures bibliques ne doivent pas être considérées comme des figures mythiques parmi d'autres, car leur structure, leur fonctionnement et leur signification s'y opposent [...] Ce n'est pas d'abord leur message religieux, mais ce sont les structures mêmes d'organisation de ces récits bibliques qui nous font mesurer leur différence et leur originalité par rapport aux récits mythiques. (Husshert et Reibel, 2002, p. 8-9)

La femme de Pilate est bien l'une de ces figures en qui le texte fonctionne, et qui le fait fonctionner, de manière typologique ; son annonce est à déchiffrer au regard d'autres annonces du texte biblique : à la fois écho des annonces antérieures – et la sienne est imminente –, écho, presqu'immédiat, aux propres annonces de Jésus (« Vous le savez, dans deux jours, c'est la Pâque : le Fils de l'homme va être livré pour être crucifié », Mt 26, 1-2), et prophétie de la souffrance salvatrice. Ainsi :

> Le mythe littéraire n'existe pas sans la série qui est son point de fuite en même temps que son point de départ ; il invite donc à une lecture sérielle, mais sa littérarité est davantage dans les écarts et dans la nouveauté que dans les reprises à l'identique de la répétition cyclique : elle est dans ce que le lecteur peut percevoir de « ce qui n'est pas encore dit », dans sa possibilité créatrice, dans l'horizon d'attente de l'œuvre même. (Chauvin, 2008, p. 177)

Cette perspective mythocritique est inscrite dans l'épisode du rêve de la femme de Pilate : « écart » et « nouveauté » par rapport aux annonces antérieures, et « ce qui n'est pas encore dit », non seulement parce qu'elle ne peut le dire elle-même et parce que la Parole n'est pas encore totalement accomplie, mais aussi parce que le *procès* n'est pas achevé au moment de son intervention, comme si un autre possible avait pu s'immiscer grâce à son message. Un tel jeu textuel ne peut qu'ouvrir aux réécritures et aux représentations d'un épisode qui n'en dira jamais assez. Pour Anne-Marie Pelletier, la Bible réclame « une lecture qui perçoive dans le texte l'ouverture qui, de moment en moment, en appelle à ce qui n'est pas encore dit. » (1991, p. 391) Et ce qui n'est pas encore dit, c'est, enfin, ce qui ne peut l'être que dans la rencontre du texte avec son lecteur. Armand Abecassis explique ainsi que la distance temporelle et culturelle entre le texte biblique et nous, ses lecteurs, est telle que maintenant le « monde du texte » et le « monde du lecteur » se font face, « étrangers et extérieurs l'un à l'autre ». Un nouveau mode de lecture est donc rendu nécessaire, qui remet en cause le texte « révélé », supposant le figement du sens :

> La lecture que nous appelons instituante est celle qui, par leur confrontation, produit un troisième monde qui participe à la fois des deux et qui traduit la relation vivante entre le lecteur et le texte institué. La parole que nous épelons comme divine y trouve son lieu de prédilection. Elle n'est pas dans le texte, elle n'est pas dans l'une ou l'autre fonction psychologique ou logique du lecteur ; elle surgit dans leur relation. Elle est vivante, toujours actuelle, dialectique, bref, *parole*, parce qu'elle ne s'établit que par l'interprétation. (Abeccassis, 2002, p. 65 et 67)

C'est exactement cette double perspective archéologique et eschatologique qui nous anime à l'orée de cet ouvrage : le message de la femme de Pilate la contient en miniature. Le message évangélique s'y reflète, il s'y inscrit en creux et cette mise en abyme porte à la fois l'idée de l'accomplissement des Écritures par celui que les Chrétiens confessent comme le Christ, à lire dans chaque détail des Évangiles, et l'idée que l'Incarnation, en suscitant ce Christ au monde, permet aux hommes et aux femmes qui le croisent ou entendent parler de lui, de faire l'expérience du sacré et de s'inscrire à leur tour dans un horizon eschatologique : n'est-ce pas cette révélation qui affecte la femme de Pilate ? Cette lecture relève, dans une modeste mesure, d'une approche théologique du texte qui nous amène à nous demander si cette femme n'est pas une figure de la grâce.

Nous envisagerons tout d'abord Mt 27, 19 comme un récit. Comme le rappelle André Wénin, « n'est-ce pas au cœur d'histoires qui lui arrivent et d'histoires qu'il raconte que l'humain se construit ? » Il y a tellement d'histoires dans la Bible que, dit-il, l'analyse narrative permet une anthropologie biblique herméneutique :

> La narratologie propose des outils pour entrer dans les coulisses du récit dans le but d'en faire percevoir le fonctionnement, d'en mettre au jour les stratégies de communication, et d'étudier la construction de l'intrigue et des personnages qui y interagissent. Dès lors, il ne faut pas lui demander comment s'y prendre pour scruter l'anthropologie théologique qui s'élabore dans ces récits. Mais le matériau qu'elle fournit dans son attention au récit, surtout en ce qui concerne les personnages, invite, me semble-t-il, à risquer une autre démarche qui est de l'ordre de l'interprétation. (2005, p. 45-46)

En effet, notre personnage est avant tout en action. L'analyse narratologique nous mènera à dégager un principe d'écriture, celui de la *répétition*, qui fonctionne avec la prophétie. La femme de Pilate s'inscrit dans ce principe, qui devrait être à l'œuvre dans le fait qu'elle donne un ordre à son mari : la répétition est anticipée dans son énoncé performatif. Mais Pilate n'accomplit pas ce qu'elle lui demande : il rompt avec le principe. C'est pourtant ainsi que s'accomplissent l'annonce de Jésus et les prophéties anciennes, qu'arrive ce que craint la femme de Pilate : le rêve prophétisant l'issue du drame qui se joue sur la scène du tribunal. C'est dans cette contradiction fondamentale que s'inscrit notre personnage :

certes, Pilate se dégage de toute responsabilité, mais quel est son rôle à elle ? Sauver le Sauveur, n'est-ce pas empêcher la Rédemption ? À sa manière, elle hérite l'ambiguïté de Pilate, comme nous le verrons à travers l'étude de la littérature patristique et apocryphe. Cette femme a peut-être quelque chose à voir avec le diable, et le Moyen Âge ira dans cette direction, ce que nous étudierons à travers l'iconographie et les Passions. C'est finalement l'aspect positif qui l'emporte dans les siècles suivants : la femme de Pilate est une femme fidèle, et l'art religieux l'exalte : miniatures, tableaux, fresques, musique et théâtre lui donnent un rôle de plus en plus important, tandis que la littérature l'oublie quelque peu. Enfin, il apparaît que ce personnage représente l'intériorité et se révèle véritable figure spirituelle. C'est à ce titre qu'elle s'impose peu à peu dans la peinture, dans la photographie et dans la littérature moderne : elle trouve enfin une place à part entière.

PREMIÈRE PARTIE

LA FEMME DE PILATE DANS LA « COMMUNAUTÉ NARRATIVE »

En se révélant par la parole, le Dieu de la Bible suscite l'homme comme interlocuteur : témoin, il doit parler à son tour, et lui répondre. Or Jésus se raconte, littéralement : il se fait connaître par le récit ; c'est le récit qui le fait advenir. Le Prologue de l'Évangile de Jean (1, 1-18), qui proclame la gloire du Verbe de Dieu, exprime ce mode de connaissance. Pour le saisir, Jacques Sys compare ces quatre traductions du verset final (Jn 1, 18) :

– « Dieu, personne ne l'a jamais vu, le Fils unique, Dieu qui est vers le sein du Père celui-là l'a raconté » (Xavier-Léon Dufour) ;
– « Dieu, nul ne l'a jamais vu ; un Dieu Fils Unique qui est tourné vers le sein du Père (ou bien : qui est dans le sein du Père), c'est lui qui l'a fait connaître » (A. Feuillet) ;
– « Dieu, personne ne l'a vu jamais ; un Dieu unique-engendré qui est vers le sein du Père celui-là (y) mena - (le) raconta » (André Wénin) ;
– « Dieu, aucun n'a commencé -à- (le-) voir jamais. L'unique-engendré Fils, lui étant en-vers le sein du Père, celui-ci fit exégèse » (Marc Girard). (Sys, 2000, p. 101-103)

À partir de ces variantes et en relevant que pour A. Feuillet le thème fondamental du Prologue est « le Christ révélateur », Jacques Sys propose à son tour de « réverbérer très librement les associations que le texte autorise » et suggère, concernant le verset 18 : « Conclusion : le Christ est le médiateur de la vision de la face divine. "Personne n'a jamais vu Dieu", mais on le voit par le Fils qui est "dans le sein du père" ; c'est Lui qui "fait connaître" Dieu, qui en est l'interprète ou l'exégète. » Il reprend ensuite le schéma énonciatif :

> Le récit qui nous est proposé met en scène un premier personnage, Logos, associé à la lumière et à la vie, relayé ensuite par « Il » qui est la « véritable lumière », le nom Logos réapparaissant au fameux verset 14 sous la forme d'une parole devenant chair ; après un nouvel intermède où le personnage est de nouveau appelé « Il » ou « celui-ci », puis – à la fin du passage – un second acteur, Jésus-Christ qui apporta grâce et vérité, en relation de complémentarité avec Moïse qui, lui, donna la Loi. Enfin, ce Jésus Christ est qualifié du nom

> Fils Unique (l'Unique-Engendré, le Monogène) du père qu'on ne saurait voir mais qui est « raconté » par ce Fils herméneute. (*ibid.*, p. 119-120)

Littéralement, *exegèsatô* signifie « l'a raconté », et saint Jérôme propose en latin pour ce verset : « *Deum nemo vidit unquam : unigenitus, qui est in sinu patris, ipse enarravit* » (Vulgate, 390-405), qui peut être aussi traduit par « l'a manifesté » (« l'a dévoilé » dans la Traduction Œcuménique de la Bible, 2015). Le théologien Maître Eckhart (c. 1260 – c. 1328), à la suite de saint Augustin, interprète le « sein du père » à l'aide de la notion d'intime :

> Il faut encore remarquer à ce propos que le Fils, qui est *dans le sein*, manifeste tout ce qui appartient au Père, à savoir le fait d'être, de vivre, de comprendre, d'œuvrer, de connaître, d'aimer, l'essence, la puissance et tout ce qui est un et indistinct, tout ce qui appartient à l'unité et à l'indistinction dans le Fils et dans le Père : c'est cela tout entier, dis-je, que le Fils manifeste en tant qu'il est *dans le sein*, c'est-à-dire dans l'intime. (Maître Eckhart, 1989, vol. 6, § 197, p. 349)

Dieu est donc connaissable à travers le Verbe, et le Verbe se fait action, agissant avec les hommes. C'est ce que permet l'Incarnation : prendre part activement à l'histoire des hommes, et que ceux-ci entrent en interaction avec ce Verbe incarné, et même coïncident avec lui dans la perspective à venir.

L'histoire de la femme de Pilate est aussi celle du passage d'un temps historique, celui de la vie individuelle, prise dans une situation personnelle (une épouse) et politique (le préfet de Judée dans une période de troubles), à un temps religieux (le christianisme). Ce micro-récit résume trois époques : le passé (le rêve a été rêvé) ; le présent (celui de l'énonciation et d'une parole « performative » puisqu'elle demande impérativement à Pilate de laisser cette affaire : il s'agit de dire maintenant, pour plus tard) ; le futur (puisqu'elle veut empêcher ce qu'il risque d'arriver à Jésus). Mais seule une résolution religieuse, le christianisme à venir, résoudra sa tourmente.

Au sein du texte matthéen, le message de la femme de Pilate peut être lu comme une réplique miniature du rapport entre Nouveau et Ancien Testament. Lors du Sermon sur la Montagne, Jésus prévient : « N'allez pas croire que je sois venu pour abroger la Loi ou les Prophètes :

je ne suis pas venu abroger, mais accomplir » (Mt 5, 17). Dans cette perspective, le Nouveau Testament,

> parce qu'il enregistre les effets de l'accomplissement de la lettre dans et par Jésus-Christ, inaugure le temps d'un lecteur nouveau, à la fois unique et pluriel qui peut reparcourir les Écritures (c'est-à-dire l'Ancien Testament) avec l'assurance qu'au-delà de la lettre advient dans le réel quelque chose que la lettre indiquait, promettait donc et pourtant ne pouvait pas donner. (Martin, 2002, p. 74)

L'au-delà du message de la femme de Pilate, ce qu'elle ne peut encore donner, c'est la Révélation. Elle fait porter une nouvelle, mais ce n'est pas encore la *bonne nouvelle*. Cette micro-parole qu'elle transmet prend néanmoins place dans l'Évangile (*evangélion*) et s'inscrit dans la perspective narrative de la Bible. En effet, comme le montre Daniel Marguerat, le texte fait se rencontrer une parole à interpréter et une parole interprétante : le texte agit sur le lecteur, qui se comprend lui-même, c'est la dimension performative du récit. L'intrigue du récit est la rencontre entre Dieu et les hommes. Le récit devient donc un possible lieu de rencontre avec Dieu pour les lecteurs (Marguerat, 2003).

UN RÉCIT MINUSCULE

Malgré sa brièveté, le verset Mt 27, 19 constitue une véritable petite scène dans le grand acte du procès de Jésus[1]. Elle est jouée par trois personnages : Pilate, sa femme et le messager, bien que la communication soit à sens unique : de la femme au messager et du messager à Pilate[2]. La place de l'épisode dans le récit des événements et sa dimension narrative sont cependant essentielles. D'une part, il s'agit pour l'évangéliste Matthieu[3] de « montrer dans la personne et l'œuvre de Jésus l'accomplissement des Écritures ». L'influence de l'Ancien Testament sur son Évangile, qui s'adresse à une communauté de Chrétiens venus du judaïsme, se lit à travers des allusions (les grands prêtres appelant Jésus « Roi d'Israël », 27, 42, les songes de Joseph et des Mages ou encore les références aux prophètes, comme en 2, 23). Cette dépendance révèle la « logique de son imagination ». C'est ce que montre l'alternance entre discours et récits relevée dans l'introduction à cet Évangile de la Bible de Jérusalem :

> 1-4, récit : enfance et début du ministère.
> 5-7, discours : sermon sur la Montagne (béatitudes, entrées dans le Royaume).

---

1 La dimension théâtrale de l'épisode a bien été remarquée, notamment par Claude Tassin : « En bon dramaturge, Matthieu ménage alors un intermezzo » (Tassin, 1991, p. 290). Paul Claudel parle d'une « farce » ; Roger Caillois, d'un « intermède ». Nous verrons d'ailleurs qu'il en existe de nombreuses adaptations théâtrales.

2 Voir *infra* la scène représentée dans la cathédrale Santa Maria Nuova de Monreale.

3 Pour le consensus exégétique, l'« Évangile de Matthieu » est l'œuvre, écrite en grec entre 80 et 95, d'un auteur unique, au sein du judéo-christianisme syrien. « L'immersion de Matthieu dans le milieu littéraire et religieux du judaïsme est indéniable. [...] Le monde de représentation de l'évangile, son langage, son appel à l'histoire d'Israël, ses catégories argumentatives sont entièrement redevables au judaïsme. / D'un autre côté, impressionnante est la polémique que le Jésus de Matthieu ne cesse d'engager face à Israël », explique Daniel Marguerat dans « L'évangile de Matthieu et le judaïsme : un conflit de frères ennemis » (Mimouni et Pouderon, 2012, p. 53-54).

8-9, récit : dix miracles montrant l'autorité de Jésus, invitation aux disciples.
10, discours missionnaire.
11-12, récit : Jésus rejeté par « cette génération ».
13, discours : sept paraboles sur le Royaume.
14-17, récit : Jésus reconnu par les disciples.
18, discours : la vie communautaire dans l'Église.
19-22, récit : autorité de Jésus, dernière invitation.
23-25, discours apocalyptique : malheurs, venue du Royaume.
26-28, récit : mort et résurrection.

Les récits se correspondent, et le premier et le cinquième discours, ainsi que le deuxième et le quatrième, sont en rapport, de telle sorte que le troisième « forme le centre de la composition ». Ainsi,

> on peut caractériser son évangile comme une construction narrative sur la venue du Royaume des Cieux [...] qui doit rétablir parmi les hommes l'autorité souveraine de Dieu comme Roi enfin reconnu, servi et aimé, [et] avait été préparé et annoncé par l'Ancienne Alliance. Ainsi Matthieu écrivant pour une communauté de chrétiens venus du judaïsme et sans doute discutant avec les rabbins, s'attache-t-il particulièrement à montrer dans la personne et l'œuvre de Jésus l'accomplissement des Écritures. À chaque tournant de son œuvre, il se réfère à l'Ancien Testament pour montrer comment Loi et Prophètes sont « accomplis », c'est-à-dire non seulement réalisés dans leur attente, mais encore menés à une perfection qui les couronne et qui les dépasse. (*ibid.*)

D'autre part, il s'agit également, dans notre récit miniature concentrant ce principe de l'accomplissement, de mettre en place un jeu interactif qui, s'il paraît tout d'abord échouer, rebondit en fait un peu plus tard. En effet, la communication initiée par la femme de Pilate semble rester lettre morte. Albert Descamps trouve remarquable « le soin avec lequel Matthieu prépare la "non-intervention" de Pilate par un songe » (1972, p. 387), notant que l'épisode appartient au Sondergut matthéen, qui peut s'inspirer de sources écrites (Albert Descamps signale l'hypothèse d'un arrière-fond du texte évangélique développant une légende faisant connaître en détails le contenu du rêve) ou de rumeurs de la communauté :

> Dans la pensée de Matthieu, le v. 19 prépare sans doute les vv. 24-25 : si Pilate retire son épingle du jeu, c'est notamment parce qu'il est sous l'influence du message d'origine surnaturelle que vient de lui faire porter son épouse ; le

> but de Matthieu est de montrer que c'est Dieu même qui ouvre les yeux aux Romains, que ceux-ci ne sont pas insensibles à un signe céleste, tandis que « tout le peuple juif » met le comble à son aveuglement en s'acharnant contre Jésus (Mt XXVII, 25). On comprend mieux cette interprétation chrétienne de l'événement en lisant Lc XXIII, 4, 14 ; Jn XIX, 12 etc, où les faits sont encore plus durcis. (*ibid.*, p. 390)

L'épisode de la femme de Pilate constitue donc bien un récit en lui-même mais dont la visée s'insère parfaitement dans la structure narrative d'ensemble, cette mise en relation des différents moments du procès révélant la portée de son intégration.

STATUT DU PERSONNAGE

Dans le Nouveau Testament, la femme de Pilate n'apparaît qu'une fois, en un unique verset où elle parle indirectement, par l'intermédiaire d'un messager : jamais plus elle n'intervient et il n'est plus jamais question d'elle dans la Bible. Cela suffit-il pour accéder au statut de « personnage » ? Il sera d'autant plus remarquable qu'elle devienne une héroïne littéraire. Dans *Temps et récit*, Paul Ricœur propose : « La place du personnage peut être tenue par *quiconque* est désigné dans le récit comme sujet grammatical d'un prédicat d'action, dans la phrase narrative de base : "X fait R" » (1983, p. 347). À partir de cette définition, Bertand Westphal pose la problématique du statut du personnel biblique, dans *Roman et évangile. Transposition de l'Évangile dans le roman européen contemporain (1945-2000)* : d'abord, le héros, Jésus dans l'hypotexte, « fédérateur et irradiant », occupant « la position centrale dans l'intrigue ». Il commente ensuite la notion de « quasi personnage » ainsi dégagée par Ricœur : « l'appartenance participative qui fonde le lien social engendre des quasi personnages qui sont aussi multiples que les quasi-intrigues dont ceux-ci sont les héros » (*ibid.*, p. 357) :

> Si tout récit est par nature centripète, il est aussi soumis à des forces centrifuges qui se manifestent sous la forme d'intrigues parallèles, ou pour mieux dire : d'efflorescences. Au cœur de ces intrigues (ou quasi intrigues, dans la perspective de l'intrigue première qui fonde l'homogénéité du récit), évoluent

> des personnages dont l'impact n'équivaut pas à celui du héros, mais qui font néanmoins progresser l'action.

Enfin, Bertrand Westphal propose de distinguer une troisième sorte de personnage, auquel nous pourrions identifier la femme de Pilate :

> des personnages qui occupent une position qui n'est à aucun moment centrale, donc ni dans l'intrigue ni dans une quasi-intrigue. En marge du récit, leurs faits et gestes ne sont pas générateurs d'action : tout au plus subissent-ils l'action d'autrui, qui elle-même sera plus ou moins importante. Leur caractérisation est minimale : on ne sait rien ou très peu sur leur compte. Parfois, ils n'ont d'autre raison d'être que de servir à planter le décor. Ce sont les figurants du cinéma : les comparses du récit. (2002, p. 39)

La femme de Pilate fait-elle progresser l'action ? Non : son intervention n'a aucune conséquence dans le sort réservé à Jésus. En revanche, elle l'accompagne en prenant part à son procès, elle est à ses côtés. Son geste est comparable à celui de la femme qui l'oint à Béthanie (« C'est une bonne œuvre qu'elle vient d'accomplir envers moi », Mt 26, 10) ou à celui de Véronique, qui dans la tradition apocryphe essuie la sueur du visage de Jésus sur le chemin du Calvaire[4]. Ce sont des interventions positives, amicales, compatissantes. Plus que de « planter le décor », elles témoignent de l'effet des paroles de Jésus sur ces femmes qui, en marge du récit principal et souvent oubliées, n'en font pas moins intégralement partie. Comme l'une des comparses qui accompagnent, à un moment ou à un autre, Jésus lors de son séjour terrestre et avec qui, partageant leur destinée humaine, il est amené à interagir, la femme de Pilate fait preuve d'une vertu souvent féminine dans le Nouveau Testament : la compassion, au cœur du christianisme. Ainsi, au cours du procès inique et de sa condamnation injuste, un personnage joue un rôle positif, et ce personnage est l'épouse de celui qui, par sa fatale décision, fait avancer l'action : l'intrigue biblique, mais aussi l'histoire des hommes, qu'elle bouleverse.

4 Dans *l'Évangile de Nicodème*, cette femme intervient pour défendre Jésus : « Une femme appelée Véronique dit : "Je souffrais d'un épanchement de sang depuis douze ans. J'ai touché la frange de son vêtement et mon épanchement de sang s'est arrêté" » (1997, p. 146). Cette guérison est racontée en Mt 9, 20-22. On la retrouve dans la *Cura sanitatis Tiberii* (*Guérison de Tibère*) aux côtés de Pilate et très souvent comme une amie de Claudia Procula dans les réécritures littéraires.

UNE INTRIGUE SECONDAIRE ?

Si dans l'économie du récit, l'intervention de la femme de Pilate peut sembler secondaire et s'effacer sans nuire au reste (rappelons qu'elle ne fait pas partie des trois autres Évangiles), il ne s'agit en fait en aucun cas d'un événement parallèle, mais d'un événement qui s'insère dans le procès, qui en fait partie chronologiquement, et qui est le plus souvent considéré comme la raison pour laquelle Pilate se lave les mains en cédant aux grands prêtres, aux anciens et à la foule – un geste qui, comme l'intervention de la femme de Pilate, ne figure que dans l'Évangile de Matthieu :

> Voyant que cela ne servait à rien, mais que la situation tournait à la révolte, Pilate prit alors de l'eau et se lava les mains en présence de la foule, en disant : « Je suis innocent de ce sang. C'est votre affaire ! » (Mt 27, 24)

La traduction de Jérôme : « Je suis innocent du sang de ce juste[5] » (« *innocens ego sum a sanguine iusti huius* »), reprenant les termes de la femme, met en valeur l'intervention de celle-ci : si elle n'a pas d'impact sur la condamnation à mort de Jésus, elle en a sur la façon dont elle est narrée et dont elle est considérée par Pilate, qui s'en déresponsabilise par un geste de purification juif, en écho aux paroles de sa femme.

La Bible raconte des histoires, met en scène des personnages (ici, une femme, un messager, son époux), leur donne la parole (le message est rapporté au discours direct[6]) dans des conditions spatio-temporelles précises (Pilate siégeant au tribunal). Au-delà de l'anecdote, il convient de s'interroger sur la dimension théologique de ce micro-récit. Il s'agit en effet, avant tout, d'une expérience, au sens où Johann Baptist Metz l'entend dans son « Apologie théologique du récit » ; elle fait partie des

5 Bible de Jérusalem : « Je ne suis pas responsable de ce sang ». Jérôme reprend la traduction du texte alexandrin. À propos du passage de **τούτου** à **τοῦ δικαίου τούτου** (Codex Sinaiticus, manuscrit du IVe siècle), Ryan Donald Wettlaufer relève que « innocent » est un mot typiquement matthéen : l'évangéliste l'utilise 19 fois, soit plus que les trois autres réunis (Wettlaufer, 2007, p. 344-358).

6 Les paroles prononcées dans la Bible prennent un caractère sacré, nous y reviendrons. L'utilisation du discours direct est l'une des caractéristiques de l'Évangile de Matthieu : « Matthieu semble avoir eu beaucoup plus d'autorité dans l'Église primitive que Marc, certainement parce qu'il rapporte beaucoup plus de propos » (Alter et Kermode, 2003, p. 463).

« récits autorisés sans lesquels l'expérience de la foi comme toute expérience originelle, resterait muette ». Car dans le christianisme,

> les textes les plus importants, les plus significatifs religieusement, sont des récits. Jésus de Nazareth nous apparaît avant tout comme une personne racontée, souvent aussi comme conteur raconté, et les disciples apparaissent comme auditeurs de récits ; et, à leur tour, ils transmettent et racontent de nouveau les récits entendus oralement ou par écrit. C'est ainsi que ces récits sont finalement parvenus jusqu'à nous, et quand nous racontons de nouveau les histoires bibliques [...], nous entrons de cette manière, nous aussi, dans une tradition ininterrompue de récits. Le christianisme est une communauté narrative. (Weinrich, 1973, p. 49-50)

Le christianisme a une vocation universelle mais il s'inscrit, pour chaque chrétien, dans son histoire individuelle, une histoire qui peut se raconter et prendre place dans cette communauté.

LA PAROLE ANTÉRIEURE : RÉPÉTITION ET ACCOMPLISSEMENT

Matthieu, comme les autres Évangélistes, tient à montrer l'histoire de Jésus comme la transformation et l'accomplissement de la Loi et des Prophètes et comme l'explication de leurs mystères[7]. Puisque Matthieu s'exprimait pour un public de Juifs convertis, dans son texte se fait sentir cette dépendance vis-à-vis de la Bible juive, explique Frank Kermode :

> Il accorde au texte ancien sa sainteté et sa force perpétuelle, mais il suppose toujours que, en un sens important, il n'est pas complet en lui-même. L'événement ou le propos préfiguré dans le texte ancien s'accomplit dans le

7 « L'Ancien comme le Nouveau Testament se donnent comme des relectures d'événements et de textes antérieurs ; la plus spectaculaire est la relecture de la Bible juive dans les écrits des premiers chrétiens ("ainsi s'accomplit ce qu'avait dit le prophète..."). Très tôt, les Pères de l'Église se sont révélés maîtres dans l'art de détecter la moindre reprise de l'Ancien dans le Nouveau. L'exégèse allégorique d'un Origène, par exemple, fonctionne comme une ingénieuse radioscopie du texte scripturaire, traquant la moindre résonance d'un texte dans un autre [...]. Le pari, fascinant, est pour lui le pari de l'unité de l'Écriture : Dieu étant immuable, les livres de la Bible ne peuvent que se répéter, se correspondre, s'éclairer, se prédire ou se confirmer. » (Marguerat et Curtis, 2000, p. 5)

> nouveau, qui s'en trouve donc validé en même temps qu'il le contient et le transcende. Entre le nouveau et l'ancien, la relation est de nature typologique ; bien que l'ancien fût complet et ne se prêtât à aucun ajout, il devait néanmoins être complété. Comme si l'histoire et le récit acquéraient une dimension nouvelle et inattendue. (Alter et Kermode, 2003, p. 477)

Cette manière de penser les relations entre les textes est à la base du mode d'écriture de l'évangéliste :

> [La typologie] procède d'habitudes de pensée juives et infléchit des formes rhétoriques également juives, pour certaines très anciennes. On a soutenu, par exemple, que l'habituel parallélisme du verset hébreu n'est pas tant une façon de souligner un propos par répétition que de dire « A, et, qui plus est, B » ; la seconde partie apporte quelque chose de plus que la première. Et cette formule pourrait décrire non seulement la structure générale de la pensée de Matthieu (« Israël A, et, qui plus est, Israël B »), mais aussi la texture de sa prose. De fait, c'est cette caractéristique, plus que toute autre, qui nous apporte le sentiment de l'unité de cet évangile. Le « qui plus est » de sa texture reflète le « qui plus est » de son propos. L'excédent de B sur A est ce qui transforme A et l'accomplit. (*ibid.*)

La femme de Pilate ne serait-elle pas, dans cette perspective, le « qui plus est » de Pilate ? Le traitement narratif que fait Matthieu du thème de l'accomplissement est particulièrement intéressant. Pour Frank Kermode, si « Jean a ses discours » et « Matthieu ses paraboles et accomplissements », ils convergent parfois :

> et c'est à ces moments que nous pouvons souvent percevoir, par les différences moins évidentes, les idiosyncrasies de chacun : tandis que le récit de la Passion chez Matthieu comprend le rêve de la femme de Pilate (Mt 27, 19), celui de Marc introduit la fuite d'un jeune homme nu (Mc 14, 51-52), celui de Luc le repentir du bon larron sur la croix (Lc 23, 40-43), et celui de Jean le soldat qui perce le flanc de Jésus (Jn 19, 34). Le premier et dernier de ces épisodes sont manifestement « christologiques » ; c'est l'imagination de Matthieu qui permet à une dame romaine de désigner par inadvertance Jésus d'un ancien titre messianique (« ce juste »), soulignant ainsi la culpabilité et la cécité des Juifs[8]. (*ibid.*, p. 490)

De notre personnage, on n'a qu'une voix, orale ou écrite, mais directe puisque le message est une citation, une parole rapportée. Le contenu

8 Pour Wolfgang Trilling, « Matthieu se sert donc de la parole d'une femme païenne comme d'un miroir lumineux sur lequel se détache sombrement la culpabilité des Juifs » (Trilling, 1964, p. 58).

du message est à la fois narratif (un rêve causant une souffrance a eu lieu) et performatif (qu'on l'interprète comme un ordre ou comme une prière) puisqu'il enjoint Pilate à ne pas se mêler de cette affaire. Ce qui a été communiqué dans le rêve et qui a causé la souffrance de l'épouse, devrait influencer l'époux. L'épouse a donc interprété son propre rêve comme un message, à transmettre immédiatement. Certes, on peut comprendre que l'épouse n'intervienne pas en personne. Mais dans le contexte évangélique, le message prend une valeur particulière. En effet, dans les Évangiles synoptiques, tout comme dans les Actes des Apôtres, il est très souvent question d'un message, et surtout d'une bonne nouvelle. Le message envoyé par l'épouse de Pilate ne fait-il pas écho à celui de Jésus ? En cela, ne peut-elle pas être considérée, à l'instar d'autres figures féminines de la Gentilité, comme une préfiguration de l'Église ?

Jésus appelle les apôtres et les disciples à témoigner, donc à communiquer, à le faire connaître. N'est-ce pas la même démarche que la femme de Pilate faisant connaître que cet homme est « juste » ? Son intervention serait donc celle d'une messagère du Christ et, encore confusément, l'annonce de la Bonne Nouvelle, dont elle constitue, en tant que personnage de l'Évangile, un élément[9].

Or, le message suppose la répétition. Et dans les Évangiles, les paroles ont aussi, bien souvent, une dimension prophétique. Ainsi, le rêve de la femme de Pilate a lieu dans un présent de la réitération et de l'annonce, du redoublement (elle souffre à cause du Christ, qui est Celui qui souffre). Cette rencontre s'inscrit donc dans un moment absolument unique, où se joue le rapport de l'humanité avec le Christ, non pas physiquement, mais intérieurement ; elle se manifeste dans la chair de cette femme et y imprime la douleur, prémices du martyre des chrétiens. Son annonce a un accent visionnaire : si son mari condamne Jésus et le fait souffrir, elle continuera de souffrir elle aussi. On voit poindre la dimension chrétienne d'adhésion au sacrifice, et de compassion, voire d'adoration pour

9 L'« évangile » étant considéré comme l'annonce et le livre. Voir Robert Alter et Frank Kermode : « Qu'est-ce qu'un évangile ? Marc annonce dès le verset d'ouverture que son livre est "l'Évangile de Jésus le Christ". Le grec *euangelion* veut dire "bonne nouvelle" et était employé pour les proclamations impériales. Avant même que les évangiles aient été écrits, l'Évangile était probablement une proclamation orale de la doctrine et de la résurrection de Jésus, au sens où Paul emploie le mot, comme en 1 Corinthiens 4, 15 ("je vous ai engendrés par l'évangile", *dia tou euangeliou*). Mais, après que Marc eut écrit son livre, le mot prit un tout autre sens, car le livre lui-même devint un évangile. » (Alter et Kermode, 2003, p. 461)

le sacrifié. En cela, la femme de Pilate apparaît comme une *proficiens* (« qui est en chemin ») et c'est la raison pour laquelle son intervention a souvent été interprétée comme un désir de conversion. Ce qu'elle ne sait pas encore, c'est que, dans une perspective chrétienne, la souffrance de Jésus est rédemptrice. Elle sait qu'il est homme et qu'il est juste, mais elle ignore qu'il est Dieu.

L'Évangile de Matthieu insiste donc sur l'accomplissement des écrits prophétiques par Jésus[10]. Plus encore, dans le texte-même Jésus déclare aux disciples qu'il doit accomplir ce qui est écrit : « Vous le savez, dans deux jours, c'est la Pâque : le Fils de l'homme va être livré pour être crucifié » (Mt 26, 2). La prophétie de la souffrance, la Passion annoncée oralement aux disciples, trouve certainement un écho, non pas verbal, mais de l'ordre de l'affect, dans la vision bouleversante de la femme de Pilate. En confiant ce rêve, elle ouvre son intimité, dépasse sa finitude et se fait médiatrice. Elle rejoint Jésus dans son corps souffrant.

Mais plus encore que la douleur, c'est le mode d'énonciation de Jésus qui trouve un écho chez la femme de celui qui doit le juger. En effet, l'envoi d'un message conduit à la question du *déjà-dit*, ce qui est le fonctionnement de l'écriture des Évangiles. C'est ce que montre Louis Panier, qui écrit à propos de la « radicale antériorité de la parole » :

> Pour qui écrit, l'événement de la parole est clos, passé, il a en quelque sorte disparu. De cet événement de la parole donnée et reçue, il reste les traces d'un passage inscrites dans le corps des témoins (« témoins oculaires et serviteurs de la parole[11] » dit Luc) et l'écriture s'adosse à ces corps de témoin.
>
> Du côté du lecteur, récepteur de l'écriture, il en va de même. Le lecteur, lui aussi a déjà reçu la parole, et la lecture de l'écriture s'adosse à cette réception première de la parole. La lecture n'est pas l'expérience qui permettrait d'acquérir quelque objet-parole auparavant manquant. (Beaude, 1997, p. 318-319)

10 « Sur son ensemble l'évangile [de Matthieu] utilise onze fois la formule d'accomplissement avec citation de l'Ancien Testament (1, 22-23 ; 2, 15 ; 2, 17 ; 2, 23 ; 4, 13-16 ; 8, 17 ; 12, 16-21 ; 13, 13-15 ; 13, 35 ; 21, 4 ; 27, 7-10) ; deux fois, il le fait sans aucune citation, là où seulement apparaissent les Écritures (26, 54. 56) ; il faut enfin ajouter la parole du Sermon sur la montagne par laquelle Jésus dit être venu accomplir la Loi et les Prophètes (5, 13). » (Martin, 1988, p. 29)

11 Le Prologue de l'Évangile de Luc s'inscrit dans cette transmission : « Puisque beaucoup ont entrepris de composer un récit des événements accomplis parmi nous, d'après ce que nous ont transmis ceux qui furent dès le début témoins oculaires et qui sont devenus serviteurs de la parole, il m'a paru bon, à moi aussi, après m'être soigneusement informé de tout à partir des origines, d'en écrire pour toi un récit ordonné, très honorable Théophile, afin que tu puisses constater la solidité des enseignements que tu as reçus. » (Lc 1, 1-4)

Louis Marin avait également mis en relation le « déjà dit » et le « discours prophétique » comme une caractéristique de l'écriture néotestamentaire. Une partie des discours des personnages vise « l'enseignement, la prédication, la proclamation la confession » et cite d'autres discours, qu'ils appartiennent au même récit ou à un autre texte :

> Il semble donc que le récit étudié éclate ou se déchire par un mode de parole qui ne relève pas du récit, bien que cette parole en fasse partie, et qui renvoie à d'autres paroles, à d'autres récits où ces paroles sont encloses, mais telles qu'elles étaient *déjà* en train de dire d'une certaine façon ce texte que nous lisons ; autrement dit, le texte biblique néotestamentaire pose de façon systématique le problème de l'articulation au récit, d'un discours qui, dans une certaine mesure y adhère et dans une autre, le transgresse, à savoir le *discours prophétique.* (Marin, 1971b, p. 218)

Cette articulation du prophétique et du narratif est au cœur de l'histoire de la femme de Pilate : en racontant ce qu'elle a vécu cette nuit, elle annonce ce qui va se passer. Pas seulement parce qu'elle a un rêve visionnaire, mais parce que sa manière de transmettre un message est celle-là même des Écritures.

Or le fait même de raconter qu'un rêve a eu lieu est à mettre en relation avec le motif de la souffrance. C'est pourquoi la consistance anecdotique du rêve n'a pas d'importance : la douleur qu'il suscite, la trace qui en reste, suffisent. De même, cette péricope confirme les paroles antérieures de Jésus lorsqu'il annonçait la Passion. Le rêve est un signe, et non une révélation.

LE RÊVE ET LES AFFECTS

Il y a dans la Bible plusieurs récits de rêves et plusieurs réflexions sur ce phénomène, toujours liés à la prophétie et à la communication divine. Or, rêver est une activité très personnelle, même pour un personnage biblique. C'est en ces termes que le rappelle Pierre Gibert :

> si la Bible intègre de nombreux « récits de rêve » à ses livres, à son enseignement et par conséquent à sa vision historienne essentielle, le rêve, par sa constitution, ses différentes fonctions, n'en relève pas moins de l'*expérience individuelle*, du fantasme, en bref de l'individualité dans ce qu'elle a de plus irréductible. (1990, p. 5)

L'intervention d'une telle expérience individuelle dans un contexte historique essentiel pour la perspective évangélique, confronte le rêve et l'émotion, qui relèvent de l'intimité, aux cris de la foule, anonyme et souveraine, à laquelle Pilate finit par céder. Elle oppose aussi la compassion à la condamnation et montre que l'influence de Jésus va jusqu'à la dimension intime de son juge. Nous verrons par la suite que cette intrusion de l'intériorité va permettre à Pilate de s'épanouir comme personnage littéraire, en proie à des sentiments et des pensées contradictoires.

Le rêve permet d'accéder à un autre niveau de conscience : l'inconscient ou les forces divines, hostiles ou bienveillantes. Analysant l'histoire du rêve, Florence Dumora-Mabille rappelle que la manière dont étaient, autrefois, appréhendées les images intervenant durant le sommeil était celle de phénomènes très divers, que l'on a rassemblés sous le nom global de « songe ». Les différentes espèces de songes tiennent à leur origine supposée, à leur mode de signification, à leur caractère véridique ou mensonger, ou encore se répartissent selon les trois catégories d'Artémidore[1] : insignifiant, allégorique et théorématique (à signification et réalisation directes) ou selon les cinq catégories de Macrobe (Ve siècle) : trois rêves

1 L'*Oneirokritika* (« interprétation des rêves ») d'Artémidore de Daldis (ou Artémidore d'Éphèse, IIe siècle) est un ouvrage de référence concernant la divination par les rêves.

signifiants (le songe, l'oracle et la vision) et deux non signifiants (le rêve corporel et le fantôme, fait d'images hypnagogiques) :

> Ces partitions sont restées valides un millénaire moyennant d'importantes variations et mutations invisibles sous la permanence des termes, alors que notre propre division en rêve et cauchemar, fondée sur l'affect du rêveur, ne remonte pas à plus de deux siècles. Cette longévité s'explique notamment par le fait que les diverses religions monothéistes imposaient de maintenir au sein des conceptions naturalistes ou psychologiques du rêve, au moins à titre d'exception, l'existence – attestée dans la Bible et le Coran – des songes divins ou angéliques, ainsi que celle des songes démoniaques auxquels étaient assimilés a posteriori les songes célèbres du paganisme. (Dumora-Mabille, 2003, p. 16-17)

Il est certain que le rêve de la femme de Pilate a été interprété, dans la littérature exégétique, en rapport avec son origine, divine ou diabolique. Le fait que son intervention soit dictée par son affect n'est jamais considéré avant, effectivement et nous le verrons *infra*, le XIXe siècle. Pour la psychanalyse, science de l'âme, comme pour les poètes romantiques, au contraire, le rêve n'annonce pas l'avenir mais parle du passé : le rêve de la femme de Pilate viendrait-il de ses démons intérieurs ?

LES RÊVES DANS LA BIBLE

Dans la Bible, le rêve est le messager de Dieu :

> Écoutez donc mes paroles : S'il y a parmi vous un prophète, c'est par une vision que moi, le Seigneur, je me fais connaître à lui, c'est dans un songe que je lui parle. Il n'en va pas de même pour mon serviteur Moïse, lui qui est mon homme de confiance pour toute ma maison : je lui parle de vive voix – en me faisant voir – et non en langage caché ; il voit la forme du Seigneur. (Nb 12, 6-8)

L'art d'interpréter les rêves est un don et une volonté de Dieu (« Même sans moi, Dieu saurait donner une réponse salutaire au Pharaon », répond Joseph à Pharaon qui lui demande d'interpréter son rêve, Gn 41, 16). Excepté Job (« Lorsque divaguent les visions de la nuit, quand une torpeur écrase les humains, un frisson d'épouvante me surprit et fit cliqueter tous mes os : un souffle passait sur ma face, hérissait le poil de ma chair », Jb 4, 13-14) et la femme de Pilate, nul personnage biblique ne fait de rêve tracassant : seuls le plus grand juste souffrant de l'Ancien Testament et la femme annonçant que celui qui va souffrir est un juste, sont accablés jusqu'au plus profond d'eux. Tous les rêves de la Bible ne sont cependant pas envoyés par Dieu, qui met en garde :

> Les espérances vaines trompent l'homme sans intelligence
> et les songes donnent des ailes aux insensés.
> C'est saisir une ombre
> et poursuivre le vent
> que tenir compte des songes.
> Un simple reflet,
> c'est ce qu'on voit en songe :
> en face d'un visage
> la reproduction de ce visage.
> De l'impur que peut-il venir de pur
> et donc du mensonge quelle part de vérité ?
> Divinations, augures, songes,
> autant de balivernes,
> et pures fantaisies
> comme celles d'une femme en travail.
> À moins qu'ils ne proviennent d'une intervention du Très-Haut,
> ne leur prête aucune attention ;
> car les songes ont égaré bien des gens et ils sont tombés, ceux qui mettaient en eux leur espérance. (Si 34, 1-2)

Rêves et énigmes sont donc des mystères qui révèlent la sagesse de ceux qui savent en reconnaître la provenance et les interpréter. Ainsi, en se montrant capable de résoudre les énigmes posées par les rêves du roi Nabuchodonosor, le prophète Daniel prouve sa divine inspiration car, expliquent les Chaldéens[2], « la chose que demande le roi est excessive, et il n'y a personne d'autre qui puisse l'exposer en présence du roi, si ce n'est les dieux qui n'ont pas leur demeure avec les êtres de chair » (Dn 2, 11). Or, « le mystère fut révélé à Daniel dans une vision de nuit » (Dn 2, 19), après une prière à Dieu. Il peut alors déclarer au roi : « Le mystère dont le roi s'enquiert, ni sages, ni conjureurs, ni magiciens, ni devins ne peuvent l'exposer au roi. Mais il y a un Dieu dans le ciel qui révèle les

---

2 Le terme désigne « les mages ou devins, héritiers présumés des sciences occultes de l'ancienne Chaldée. » (Gérard, 1989, p. 197)

mystères, et il a fait connaître au roi Nabuchodonosor ce qui adviendra dans l'avenir. Ton songe et les visions de ton esprit sur ta couche, les voici » (Dn 2, 27-28). Après que le roi a entendu ces révélations par la bouche de Daniel, il se prosterne devant lui et déclare : « En vérité, votre dieu est le Dieu des dieux, le Seigneur des rois et le révélateur des mystères, puisque tu as pu me révéler ce mystère-là » (Dn 2, 47). Dans l'Ancien Testament, le songe est souvent préventif : Dieu s'adresse à Abimélek dans son sommeil pour l'avertir qu'il mourra s'il ne rend pas Sara à Abraham (Gn 20, 2-7) ; dans le fameux songe de l'échelle, Dieu annonce à Jacob le don de la terre et la prolifération de sa descendance (Gn 28, 11-15). Le public juif pour lequel écrit Matthieu est donc habitué à la relation entre rêve et volonté divine, ce qui explique l'intérêt de l'évangéliste pour ce phénomène : d'autres rêves sont évoqués dans son Évangile. Joseph en fait quatre. Le premier, alors qu'il a décidé de répudier discrètement Marie, qui se trouve enceinte avant leur vie commune :

> Il avait formé ce projet, et voici que l'ange du Seigneur lui apparut en songe et lui dit : « Joseph, fils de David, ne crains pas de prendre chez toi Marie, ton épouse : ce qui a été engendré en elle vient de l'Esprit Saint, et elle enfantera un fils auquel tu donneras le nom de Jésus, car c'est lui qui sauvera son peuple de ses péchés. » (Mt 1, 20-21)

Dans ce premier rêve, Joseph est guidé. Dans le second, il est averti d'un danger :

> Lève-toi, prends avec toi l'enfant et sa mère, et fuis en Égypte ; restes-y jusqu'à nouvel ordre, car Hérode va rechercher l'enfant pour le faire périr (Mt 2, 13),

puis de la fin de ce danger dans le troisième :

> Lève-toi, prends avec toi l'enfant et sa mère, et mets-toi en route pour la terre d'Israël ; en effet, ils sont morts, ceux qui en voulaient à la vie de l'enfant (Mt 2, 20),

et de nouveau dans le quatrième :

> Mais, apprenant qu'Archélaüs régnait sur la Judée à la place de son père Hérode, il eut peur de s'y rendre ; et divinement averti en songe, il se retira dans la région de Galilée et vint habiter une ville appelée Nazareth. (Mt 2, 22-23)

Dans le même chapitre, on trouve le rêve des Mages qui ont rendu visite à l'enfant, pour qu'ils échappent à Hérode :

> Puis, divinement avertis en songe de ne pas retourner auprès d'Hérode, ils se retirèrent dans leur pays par un autre chemin. (Mt 2, 12)

Ainsi, Dieu dirige le début de l'histoire de Jésus en envoyant des rêves prophétiques qui le protègent. À la fin, c'est encore un rêve qui pourrait le protéger, celui de la femme de Pilate. Or, les premiers rêves cités par Matthieu sont liés à l'accomplissement d'une prophétie. Le premier :

> Tout cela arriva pour que s'accomplisse ce que le Seigneur avait dit par le prophète : *Voici que la vierge concevra et enfantera un fils auquel on donnera le nom d'Emmanuel*, ce qui se traduit : « *Dieu avec nous.* » (Mt 1, 22-23)

L'oracle prophétique est celui d'Ésaïe annonçant que le Seigneur lui-même donnera un signe :

> Voici que la jeune femme est enceinte et enfante un fils
> et elle lui donnera le nom d'Emmanuel. (Es 7, 14)

La fuite en Égypte jusqu'à la mort d'Hérode, suite au deuxième rêve, accomplit « ce qu'avait dit le Seigneur par le prophète : "*D'Égypte, j'ai appelé mon fils*" » (Mt 2, 15), annoncé par Osée faisant allusion à la sortie d'Égypte :

> Quand Israël était jeune,
> je l'ai aimé,
> et d'Égypte j'ai appelé mon fils. (Os 11, 1)

Joseph et sa famille s'installent enfin à Nazareth « pour que s'accomplisse ce qui avait été dit par les prophètes : *Il sera appelé Nazôréen.* » (Mt 2, 23)

Donc, en ce début de l'Évangile de Matthieu, les autres personnages qui rêvent sont les Mages, astrologues familiers des messages du ciel. À la fin de la vie de Jésus, le rêve de la femme de Pilate peut se lire en écho à ces premiers rêves. Mais cette fois, nul avertissement explicite du Seigneur : l'avertissement, c'est elle qui le donne à son mari ; nulle obéissance de la part de Pilate, en charge de la suite de l'Histoire : il s'en lave les mains. La parole de Dieu est absente du procès, elle qui guidait les premières années de la vie de Jésus et ceux qui devaient le protéger : est-ce parce que celui-ci, s'étant révélé Verbe de Dieu – selon l'Évangile de Jean –, a pris le relais de cette voix ? Ceux qui doivent le protéger sont désormais ceux qui ont su entendre ses paroles.

Peut-être la femme de Pilate n'est-elle pas à même de saisir la portée de son rêve : elle n'en retient que la souffrance, et c'est ce qui la fait agir. Alors qu'elle est très peu personnalisée, cette femme exprime quelque chose d'extrêmement personnel. Pierre Gibert rappelle que, pour symbolique qu'il soit, le texte biblique s'enracine dans l'expérience d'une vie humaine, celle-ci fût-elle particulièrement inspirée :

> Le récit biblique de rêve relève certes d'un contexte et d'époques spécifiques – préscientifiques – mais aussi d'un phénomène qui reste universel. [...] Autrement dit, je ne puis me contenter de dire que Pharaon, le rédacteur de la Genèse, Joseph et Matthieu ne me fournissent qu'un langage, un mode d'expression et des formes littéraires parmi d'autres qui me feraient oublier qu'ils ont rêvé comme moi ! Car s'ils ont rêvé comme moi, je rêve aussi comme eux ! Aussi particuliers soient les contextes culturels, il n'y a pas les rêves du passé et les rêves d'aujourd'hui : il y a le rêve comme phénomène psychique universel, transcendant siècles et cultures, avec ses symboles et ses archétypes. (Gibert, 1990, p. 9-10)

Commune, l'expérience onirique reste irréductiblement solitaire et indicible :

> on a presque toujours un sentiment d'inadéquation entre le récit d'un rêve, même immédiat, et l'expérience même (*Erlebnis*) du rêve. Ce sentiment est indépendant de la cohérence du récit du rêve ; c'est peut-être de ce sentiment que Freud est parti pour établir sa distinction entre le contenu manifeste et le contenu latent du rêve. (Meyerson, 1987, p. 196)

Le rêve reste donc à l'intérieur de son rêveur, quel que soit le mal qu'il se donne pour en rendre compte. Ce qu'il peut en exprimer est un autre phénomène, qui relève de la représentation et de la communication. Le rêve apparaît ainsi comme un événement absolument personnel. Si l'on ne peut l'appréhender qu'à travers le récit qui en est fait, c'est celui-ci qui devient objet d'étude, production verbale, œuvre. Ce hiatus entre le rêve et son expression, en d'autres termes entre l'univers onirique et le monde réel, se retrouve dans la confusion entre sommeil et éveil : le monde du rêve, « seconde vie » nervalienne, et la vie[3].

3 Cette question est le point de départ de l'ouvrage d'Albert Béguin, *L'Âme romantique et le rêve* [1938] : « toute époque de la pensée humaine pourrait se définir, de façon suffisamment

LES PASSIONS DE L'ÂME, DU RÊVE AU RÉVEIL

Dans les *Passions de l'âme* (1649), Descartes explique que la distinction entre l'état de rêve et l'état d'éveil ne concerne pas les affects : « encore qu'on soit endormi et qu'on rêve, on ne saurait se sentir triste ou ému de quelque autre passion qu'il ne soit très vrai que l'âme a en soi cette passion » (Descartes, 2010, p. 973). Ainsi, même si le rêve n'est pas la réalité, le sentiment qu'il produit, lui, est bien réel. Quelques lignes plus haut, le philosophe écrit en effet que parfois, alors que l'on est éveillé, on imagine fortement certaines choses et que l'« on pense les voir devant soi ou les sentir en son corps, bien qu'elles n'y soient aucunement » (*ibid.*). On peut alors se demander si le réveil est la saisie du rêve, saisie conscientielle ; mais il semble que le réveil est à même le rêve : le rêve se déploie dans le passé antérieur au réveil, mais cette antécédence est actualisée dans le réveil. La poursuite des sentiments du rêve dans le réveil sont bien les sentiments du rêve. Il ne s'agit pas donc d'un état de conscience, mais d'affects. L'effroi est le même que celui éprouvé lors du réveil, puis dans la remémoration diurne. Ce que retient la femme de Pilate de son rêve, c'est sa souffrance, parce qu'elle continue à se faire sentir ; et cette souffrance est une raison suffisante pour intervenir lors du procès. Rien de plus réel en effet que la souffrance, qui, même issue ou produite par un rêve, ne peut être illusion. C'est d'ailleurs ce qui fonde l'identité du Christ, qui est Celui qui a souffert pour l'humanité, comme la femme de Pilate est celle qui souffre pour lui, pour le sauver. Ainsi, elle éprouve, comme une prémonition, un pressentiment, une compassion absolue avec Jésus.

Descartes dit qu'« il n'aperçoit rien clairement que le sentiment ou la pensée confuse qui est en lui », ce qui, selon le philosophe Michel Henry, montrerait « l'expérience pure de la douleur » :

> Descartes ne veut pas dire qu'on peut voir clairement une certaine réalité qui est confuse en ce sens que les rapports potentiels impliqués en elle ne sont pas encore clairement aperçus en eux-mêmes – comme par exemple lorsque

---

profonde, par les relations qu'elle établit entre le rêve et la vie éveillée. Sans doute nous étonnerons-nous toujours de vivre deux existences parallèles, mêlées l'une à l'autre, mais entre lesquelles nous n'arrivons pas à instaurer une parfaite concordance. » (Béguin, 1991, p. IX)

> je vois clairement que le nombre sept enferme confusément les nombres trois et quatre. Clarté et confusion ne visent pas ici deux choses différentes – une connaissance (claire) et son contenu (confus) – mais une seule et même chose et, bien plus, une seule et même propriété de cette chose unique : clarté désigne l'apparaître du sentiment ; confusion, obscurité, sa spécificité phénoménologique et la matière de sa phénoménalité comme constituée par l'affectivité. (2011, p. 72-73)

La clarté est l'immédiat de l'être (cette douleur-là, particulière, empirique), sa manifestation ; mais elle l'est dans une révélation obscure. Ainsi, le sens du rêve de la femme de Pilate est moins une signification (ouvrant à un contenu objectif) que le surgissement d'une vérité, encore confuse mais qui se manifeste et entraîne une réaction. C'est elle-même qui établit une logique, un discours, en signalant ce rêve et sa souffrance, et en énonçant une conséquence (un ordre, un conseil), le tout sous forme d'avertissement.

C'est pourquoi, d'un point de vue cartésien, même si les images, les mots du rêve, sont faux, l'expérience que l'on en fait ne peut pas être fausse (c'est le principe du *cogito*). La crainte, le tourment, sont bien réels et se poursuivent au réveil. Le rêve est donc une situation hautement privilégiée dans le rapport à soi-même et représente une forme immédiate de connaissance de soi, dans laquelle le monde est exclu. Ce mode de communication est à mettre en parallèle, d'un point de vue henryen, avec les paroles et les enseignements de Jésus qui nous parlent, non pas du monde mais de nous-mêmes, de notre intimité, de nos sentiments ; comme les rêves, l'expression est imagée et provoque des émotions parfois violentes, mystérieuses, ce qui explique notre capacité à ressentir les passions, donc de revivre, ou d'anticiper la Passion du Christ, de ce Christ qui habite notre intimité. Le rêve, ici, peut donc représenter le moment où il agit en nous sans les freins de l'ordre du monde (contrairement à Pilate, pragmatique, politique), non pas en produisant une image (le contenu du rêve : une scène, une personne…), mais en faisant naître un sentiment bien réel. Cela permet de penser la distinction entre rêve et veille autrement qu'en termes de rupture. Dans notre affect, le rêve se poursuit. La femme de Pilate retient sa souffrance, non le rêve, dont elle ne dit rien : de ce rêve n'est qu'une souffrance. Le texte biblique ne transmet pas un récit de rêve, mais son contenu en termes d'affects, qui existe finalement hors narration. Ce qui compte, c'est de raconter qu'un rêve a eu lieu et qu'un sentiment, ici un tourment, a été éprouvé. Or, c'est cette souffrance qui est l'argument de l'épouse de Pilate pour que son mari cesse de faire souffrir l'innocent qui, justement, va se sacrifier.

Enfin, le rêve n'apparaît qu'au rêveur : au moment où il rêve, puis dans son souvenir, et, déjà, ce n'est certainement plus le même car il est travaillé par le souvenir, ciselé par le langage, transformé, interprété... Le rêve s'adresse à la femme de Pilate ; en en faisant part, elle le transforme en acte de communication et en propose immédiatement une esquisse d'interprétation, développée ultérieurement par l'exégèse et les réécritures littéraires.

SOUFFRANCE ET COMMUNICATION

La philosophie de Michel Henry peut nous aider à penser plus avant le lien entre souffrance et communication. Selon lui, les coordonnées de l'interprétation du christianisme sont les suivantes :

- le Christ ne parle pas le langage des hommes,
- la participation au corps mystique du Christ se fait dans une épreuve singulière de sa propre souffrance.

Les tourments ne sont donc pas seulement les tourments de la destinée d'un homme, Jésus ; ils ne sont pas non plus le signe d'une angoisse ou d'une vision pessimiste ou négative propre à la femme de Pilate (le philosophe ne la mentionne pas). Le Christ communique par un langage de l'affectivité (Henry, 2002, p. 17-18). Ainsi, les tourments peuvent être lus comme l'entrée en communauté avec le Christ, ce qui expliquerait la conversion de la femme de Pilate dans les versions apocryphes qui continuent l'Évangile de Matthieu (l'amplification textuelle, en termes genettiens, concerne alors la motivation du personnage et la valorisation de ses actions). Mais dans une perspective henryenne, la conversion est en fait déjà effectuée : le Christ aurait communiqué directement à cette femme, non pas par l'entremise des paraboles, mais directement, « plus », « mieux » qu'avec ses disciples ou les foules. La femme de Pilate semble être son propre pathos : son passage dans la Bible se résout à cette immédiate « communication ».

De plus, pour Michel Henry, en suivant la lignée cartésienne, le rêve offre une expérience privilégiée. Certes, le « monde » projeté par le rêve est faux : les mots n'ont pas de vrai sens, et tout est créé par l'esprit du rêveur. Mais l'expérience qui en est faite ne peut pas être fausse. La souffrance de la femme de Pilate est le signe de sa communion avec le Christ : le *pathos* est l'immédiate communication.

Enfin, il ne s'agit pas d'une souffrance héroïque, mais humaine. Dans son ouvrage sur les représentations de la souffrance, Antoinette Gimaret interroge la place de la souffrance personnelle, humaine, dans les discours des grandes Passions, « une souffrance ni forcément héroïque, ni forcément exaltante » :

> En effet, la souffrance a une histoire. Au croisement d'un comportement social, d'un système de croyances et d'une expérience intime, elle suppose l'investissement d'une représentation. On peut dire qu'elle est presque ignorée à la fin du XVIe siècle ou plutôt, qu'on en exalte une, celle du Christ, paradoxale et sublime : on parle moins de celle des humains. Pourtant, sa place est centrale dans les textes chrétiens qui tentent, dès les *Épîtres* de Paul, d'effacer le scandale qu'elle constitue en lui donnant un sens, en convertissant la douleur en Passion et la peine en épreuve ou en élection. Le *corpus* spirituel semble fasciné par le *corpus dolens*, dans une tentative continue de transformer le mal en sacrement. (2011, p. 13)

La souffrance de la femme de Pilate n'est jamais considérée comme une souffrance physique. Elle n'a pas de corps meurtri à montrer comme *preuve*. Seule sa parole témoigne de sa souffrance intérieure. Le martyre manifeste la vérité de la foi. Finalement, Jésus prend sur lui la souffrance de la femme de Pilate, qui dans certains textes devient chrétienne.

SOUFFRANCE ET ADHÉSION

En témoignant, la femme de Pilate entre dans l'Histoire, et le fait que ce soit par le biais de la manifestation de la souffrance l'apparente à une figure du sacrifice, de la même manière que le Christ intervient dans l'histoire grâce à l'Incarnation et à la crucifixion. Dans un article intitulé « Petite apologie du récit », Johann Baptist Metz parle d'une « essence narrative du christianisme » et précise ce qu'il entend par « sens théologique du récit », c'est-à-dire « le récit comme intermédiaire où se rencontrent le salut et l'histoire » :

> L'histoire est l'expérience de la réalité avec ses contradictions et ses conflits, le salut au sens théologique signifie la solution de ces contradictions et conflits par l'action de Dieu en Jésus Christ. À la vie historique appartient irrécusablement l'expérience de la non-identité, l'expérience du déchirement, l'expérience que justement tout n'est pas bon, tel qu'il est et se montre. La vie historique comporte l'expérience douloureuse de la non-identité due à la force et à l'oppression, à l'injustice et à l'inégalité, mais aussi l'expérience de la non-identité dans la faute, dans le destin de finitude et de mort. En ce sens, l'histoire est toujours aussi l'histoire de la souffrance en un sens qui comprend tout. (1973, p. 61-63)

La femme de Pilate évoque sa souffrance, en *même temps* qu'elle proclame l'innocence de Jésus. Or celui-ci, par son sacrifice, prend sur lui toute la souffrance humaine, dont celle de cette femme. Dans l'épreuve singulière de sa propre souffrance, elle participe au corps mystique du Christ.

Alors qu'il est au cœur de notre récit minuscule, dans un épisode dont la dimension narrative est essentielle, le rêve de la femme de Pilate n'est pas raconté. C'est qu'il est transmis à Pilate, « non dans son contenu, mais dans son aspect de signe » :

> Ce signe qui donne la clé de sa conversion en « terme neutre » ou quasi positif, sur l'axe sémantique de Mort et de la disjonction des sèmes de la particularité et de l'universalité. Selon l'ordre diachronique des éléments séquentiels concernant Pilate, le signe donné à Pilate suit son étonnement devant le silence de Jésus à l'égard des Grands Prêtres et des Anciens (27, 14[4]), le sentiment qu'il a qu'un complot a été tramé contre Jésus (27, 18[5]) et précède immédiatement l'affirmation de sa neutralité absolue dans cette affaire. Son « désengagement » en 27, 24[6] marque également la distance

4 « [Jésus] ne lui répondit sur aucun point, de sorte que le gouverneur était fort étonné ».

5 « Car [Pilate] savait qu'ils l'avaient livré par jalousie ».

6 « Voyant que cela ne servait à rien, mais que la situation tournait à la révolte, Pilate prit de l'eau et se lava les mains en présence de la foule, en disant : "Je suis innocent de ce sang. C'est votre affaire !" »

> extrême des acteurs Israël / Rome en ce point du récit et la disjonction de deux sèmes reconnus sur cet axe aux niveaux spatial, topographique et dynamique. (Marin, 1972a, p. 56-57)

Pour être passé sous silence, le contenu du rêve n'en est pas moins efficace : d'une part, parce que dans la perspective chrétienne de l'Évangile, on sait déjà ce qui va arriver, puisque les Écritures doivent être accomplies, dans un horizon eschatologique. D'autre part, le rêve est ici une forme de discours de légitimation permettant, de par sa nature (il n'est pas choisi, il s'impose), d'éviter toute contestation : il fait autorité, et c'est bien comme mise en garde qu'il est présenté.

HERMÉNEUTIQUE DU TÉMOIGNAGE

C'est en présentant son rêve comme *preuve* que la femme de Pilate se fait témoin. Elle est non seulement inspirée et témoin (dans le sens où elle a assisté à quelque chose), mais actrice : elle rapporte ce à quoi elle a assisté (vu, entendu). De plus, elle le fait au bon moment : lors du procès et auprès de la bonne personne : le juge. Dans ce cadre, elle est le témoin parfait. Tout comme lors de son rêve à Gabaon Salomon demanda à Yahvé la sagesse, ce qui était la chose la plus sage à demander, la femme de Pilate, en reconnaissant Jésus comme un « juste », en estimant la valeur de son rêve et en le présentant comme « preuve », révèle ce qui en elle *a priori* relève d'une conscience chrétienne, ou d'un état prêt à reconnaître en Jésus, le Christ, le Juste parmi les justes. Cette reconnaissance prélude à la révélation, quel que soit le sens qu'elle donne à ce qu'elle a vu et entendu en rêve et qui peut être encore confus au moment où elle en fait part. En effet, elle témoigne de son tourment et la logique, la *justification*, est réduite à sa plus simple expression : elle a souffert à cause de ce juste, Jésus, il faut donc le laisser tranquille.

Un procès sert à déterminer l'innocence ou la culpabilité – et le degré de celle-ci – d'un suspect, avant d'ordonner une peine. Le rêve de la femme de Pilate la convainc intimement de l'innocence de Jésus. La peine qui risque de lui être infligée lui semble absolument illogique, et donc injuste. Or la reconnaissance et le refus de cette injustice supposent une nouvelle conscience de soi. Dès lors, on comprend que dans l'exégèse chrétienne la femme de Pilate prenne conscience de l'existence de Dieu : bouleversée par son rêve, elle se ressaisit et se découvre croyante. Dans *Le Désir de Dieu* (*posth.* 1966), Jean Nabert cherche à comprendre le sentiment de l'injustifiable (le mal étant l'« injustifiable absolu ») jusqu'à ce que « cette prise de conscience du mal soit condition d'une prise de conscience de soi, non pas dans l'abstrait d'une réflexion allégée de tout rapport véritable à l'être que nous sommes, mais de telle manière que la conscience de soi, au contraire, se constitue dans et par cette réflexion sur le mal » (1996, p. 55). Jean Nabert montre ensuite que le témoin comme « preuve personnelle » est irremplaçable, non parce qu'il avancerait des preuves objectivement vérifiables, mais parce que, dit-il, « le propre du témoignage est de ne pas avoir été voulu comme tel, en tant que témoignage, mais d'attendre d'être compris comme un témoignage. » (*ibid.*, p. 273) C'est exactement dans cette perspective que l'on peut lire l'intervention de la femme de Pilate : le préfet n'en comprend pas la portée ; elle-même n'en saisit pas tous les enjeux. Blottie dans le texte évangélique, elle est à dérouler, à interpréter. En témoignant, la femme de Pilate obéit à une nécessité intérieure : c'est sa souffrance qui la conduit à prendre la parole. Elle parle d'elle dans toute son intériorité en même temps que d'une altérité qui a imprimé en elle ce besoin impérieux : ce « juste », du sort de qui Pilate ne doit pas se mêler.

Dans son essai *Le Témoignage*, Edmond Barbotin le définit comme la « communication à autrui d'une expérience privilégiée en référence à l'absolu du vrai » (Barbotin, 1995, p. 6), et le témoignage spirituel comme une adhésion entière concernant la totalité de l'existence. Pour lui, « Jésus Christ réalise l'essence du témoignage prophétique en un sens transcendant ». En effet :

> Sa naissance, sa venue dans le monde n'ont d'autre but que de rendre témoignage à la vérité (Jn 18, 37) : témoignage qui s'enracine non pas dans une expérience comparable à la nôtre, mais dans une connaissance de Dieu proprement ineffable et mystérieuse. Alors que « nul n'a jamais vu Dieu, le Fils unique, qui est dans le sein du père, lui, l'a fait connaître » (Jn 1, 18), il parle de ce qu'il sait, il atteste ce qu'il a vu, car seul il connaît le père (Jn 3, 11 ; 7, 28 *sqq.* ; 8, 28 ; 38-40 ; Mt 11, 27). Logos fait chair (Jn 1, 14), expression humaine des perfections divines, Jésus Christ révèle Dieu en une fois (He 1, 1), il témoigne par son être même ; quiconque le voit, voit le Père (Jn 14, 9) qui est en lui (Jn 10, 38 ; 14, 10s) ; la Vérité, c'est lui (Jn 14, 6). (Barbotin, 1995, p. 78)

C'est pourquoi, par son existence même, il est « le témoin absolu et fidèle » (Ap 1, 5) :

> Les paroles de celui qui est la Parole ne font que détailler le témoignage de son être ; ses œuvres, sa vie entière, surtout le « beau témoignage » du martyre qu'il rendit sous Ponce-Pilate (1 Tm 6, 13), tout en lui est parole, révélation

> de Dieu ; parole confidentielle car elle s'adresse au « cœur » de l'homme, à ce point secret de son intériorité où s'élaborent ses décisions les plus personnelles et les plus décisives [...] ; parole universelle aussi, destinée à tous les hommes de l'histoire (Mt 18, 19s) ; parole puissante enfin, puisqu'elle suscite l'admiration des foules et engendre la foi (Lc 2, 47 ; 4, 14. 22. 31s). [...] Vers lui s'élève tout le concert des témoignages qui à des titres divers ont préparé ou accompagné son avènement. (*ibid.*)

Jésus a besoin de témoins, car comment se rendre témoignage à soi-même ? Il déclare dans l'Évangile de Jean : « Si je me rendais témoignage à moi-même, mon témoignage ne serait pas recevable ; c'est un autre qui me rend témoignage, et je sais que le témoignage qu'il me rend est conforme à la vérité » (Jn 5, 31-32). En effet, tout témoignage suppose dualité des sujets. La femme de Pilate est irréductiblement autre, mais elle rejoint Jésus dans son humanité et son humilité. De plus, leur témoignage à chacun n'est pas accepté. Or, explique Edmond Barbotin,

> Le témoin entre parfois en conflit avec l'autorité sociale qui méconnaît l'exigence de liberté essentielle à tout témoignage. Tantôt on essaie d'étouffer un témoignage menaçant pour l'ordre – ou le désordre – établi, tantôt, par contre, on utilise la violence – emprisonnement, menaces, torture – pour forcer le silence du témoin. Dans le premier cas le groupe méconnait la puissance irrésistible de l'inspiration, dans le second il détruit sa liberté ; jalouse de ses droits sur l'expérience privilégiée de l'un des siens, la conscience collective – pour autant qu'elle s'incarne dans la structure – en vient à souiller, à tarir la source même sur laquelle elle se penche : la conscience personnelle recueillie en son autonomie face à sa valeur. (*ibid.*, p. 95)

La femme de Pilate est réduite au silence : Pilate ne lui répond pas et il n'est plus jamais question d'elle. Jésus, lui, subit la violence. Le témoignage de cette femme semble alors pouvoir se lire comme une mise en abyme de celui de Jésus et comme les prémices de la fraternité chrétienne. Notre analyse rejoint de nouveau la réflexion d'Edmond Barbotin, pour qui, « par son humanité, le Verbe incarné se rend ontologiquement solidaire de toute personne humaine » (*ibid.*). C'est ce qui fonde la double dimension de l'attestation chrétienne : l'histoire de Jésus, localisée et datée est un événement qui « survit non seulement dans le message, mais dans l'être historique et toujours actuel de chaque chrétien et de l'Église universelle ». C'est la « signification de l'événement Jésus

Christ », dont l'actualité est « toujours vive » qui permet d'échapper au « culte du souvenir ». En effet, poursuit le théologien,

> En tout événement, le fait est inséparable de son sens ; mais ici la signification enveloppe tous les temps, donne son sens le plus profond à chaque instant de l'histoire : transcendance au temps et immanence à l'instant vont de pair. Ainsi le Jésus de l'histoire est-il identiquement le Christ de la foi ; en lui Dieu se manifeste et opère actuellement le salut du monde. L'attestation chrétienne, à la fois personnelle et communautaire, porte sur cet aujourd'hui permanent du salut en Jésus Christ. En somme, s'il y a bien deux moyens pour l'homme de surmonter le temps : le *condenser* par le témoignage historique, le *transcender* par le témoignage spirituel, l'attestation chrétienne les assume l'un et l'autre. (*ibid.*, p. 161)

Ainsi, le témoignage de la femme de Pilate apparaît comme un reflet de celui du Christ ; et le procès de celui-ci, comme un prélude à celui de l'humanité. De plus, on voit se profiler ce qui sera au cœur de notre deuxième partie : les lectures et les légendes concernant la suite de sa vie de chrétienne. En effet, au personnage de la femme de Pilate, si peu de place prenne-t-il dans le texte biblique, incombe la plus grande mission qui soit pour un chrétien : plus que « témoin oculaire », le témoin biblique est « appelé à relater ce qu'il a vu, à proclamer ce qu'il sait » (Spicq, 1991, p. 970) : telle est la mission des Apôtres (Lc 24, 36-48) ; telle est la vocation de Paul (Ac 22, 15. 18) ; telle est la raison pour laquelle Jean écrit son Évangile (Jn 19, 35 ; 21, 24) et Jean de Patmos l'Apocalypse (Ap 1, 9). C'est que témoignage et foi ne vont pas l'un sans l'autre, comme le montre la prédication missionnaire, voir, dire, et croire :

> Ces prédicateurs-missionnaires ne se contentent pas de relater les faits et gestes ou les paroles de Jésus – ici leur témoignage se distingue de l'attestation judiciaire –, ils expriment leur conviction personnelle et s'identifient à la cause qu'ils défendent : en proclamant la Seigneurie de Jésus, ils font la confession publique de leur foi. Il ne s'agit plus seulement de rapporter des faits – qui ont besoin d'être interprétés – mais de dire et de justifier la vérité, d'obliger en quelque sorte à lui rendre justice. (*ibid.*, p. 971)

Or le jugement de Jésus par Pilate préfigure celui de tous les hommes par le Christ. Le Jugement dernier est d'ailleurs constamment rappelé dans le Nouveau Testament, en particulier par Paul. Ainsi dans l'Épître aux Romains :

> Mais toi, pourquoi juger ton frère ? et toi, pourquoi mépriser ton frère ? Tous, en effet, nous comparaîtrons au tribunal de Dieu, car il est écrit : *Par ma vie*, dit le Seigneur, *tout genou devant moi fléchira, et toute langue rendra gloire à Dieu* [Is 49, 18]. C'est donc que chacun de nous rendra compte à Dieu pour soi-même. (Rm 14, 10-12)

Condamner un innocent est tout à fait contraire aux vues de Dieu, « qui rendra à chacun selon ses œuvres : vie éternelle pour ceux qui, par leur persévérance à bien faire, recherchent gloire, honneur et incorruptibilité, mais colère et indignation pour ceux qui, par révolte, se rebellent contre la vérité et se soumettent à l'injustice » (Rm 2, 6-8). Celui qui est condamné au tribunal romain est donc celui qui est venu sur terre annoncer le Jugement dernier ; plus encore, c'est celui-là même qui jugera alors les hommes : « Car il nous faudra comparaître à découvert devant le tribunal du Christ afin que chacun recueille le prix de ce qu'il aura fait durant sa vie corporelle, soit en bien, soit en mal » (2 Co 5, 10)[1]. Surtout, c'est lui qui instaure une nouvelle justice, où l'homme pécheur selon la Loi qui « ne donne que la connaissance du péché » (Rm 3, 20), est jugé par Dieu :

> Mais maintenant, indépendamment de la loi, la justice de Dieu a été manifestée : la loi et les prophètes lui rendent témoignage. C'est la justice de Dieu par la foi en Jésus Christ pour tous ceux qui croient, car il n'y a pas de différence : tous ont péché, sont privés de la gloire de Dieu, mais sont gratuitement justifiés par sa grâce, en vertu de la délivrance accomplie en Jésus Christ. (Rm 3, 21-24)

Comment Pilate, qui ne reconnaît pas en Jésus la Vérité, pourrait-il être apte à juger, lui qui ne connaît que la justice des hommes ? Lui-même s'en avoue incapable (« je suis innocent de ce sang », Mt 27, 24). La femme de Pilate sait, à l'avance, qu'un innocent va être condamné[2] ; c'est cette reconnaissance du « sang » qui justifie sa foi : « C'est lui que Dieu a destiné à servir d'expiation par son sang, par le moyen de la foi » (Rm 3, 25). C'est cette reconnaissance qui offre la grâce à cette païenne.

1 L'hymnographe Romanos le Mélode écrit au VIe siècle dans son *Cantica* 36, 6, v. 3-9 : « Celui qui doit un jour juger les rois et les pauvres, ils l'ont envoyé au tribunal. Le condamné jugeait le juste juge, l'homme qui vivait dans l'obscurité menaçait le Libérateur de le tuer comme un voleur. » (Romanos le Mélode, 1967, p. 210-221)

2 « C'est ton juge que tu juges », lui fait dire l'hymnographe (*Cantica* 36, 13, v. 4-9, *ibid.*, p. 218-221).

Car la nouvelle justice, c'est la miséricorde, que ne connaissent ni Pilate ni ceux qui s'en tiennent à l'ancienne Loi.

Mais ne sommes-nous pas allés trop loin dans la lecture chrétienne de l'histoire de la femme de Pilate ? Pierre Bonnard rappelle à juste titre que l'évangéliste « ne fait pas de cette femme une chrétienne avant la lettre, ni même une admiratrice déclarée de Jésus[3] ». C'est justement par son investissement le plus intime qu'elle est un personnage particulièrement sensible : nulle intellectualisation, nulle reconnaissance directe de Jésus, à travers sa parole ou ses miracles (en tout cas le texte ne le dit pas, même si les exégèses littéraires développeront parfois l'idée d'une rencontre entre la femme de Pilate et Jésus avant le rêve – continuation *analeptique* dans la terminologie genettienne). Ainsi, le témoignage est irréductiblement lié à l'expérience, au vécu, pas à la pensée. Et quoi de plus vécu, de plus personnel, de moins réfléchi, qu'un rêve ? Son expérience s'impose à elle :

> La femme de Pilate ne sait sans doute pas le sens du mot « juste » appliqué à Jésus, mais elle éprouve que ce qui est juste la fait souffrir, que l'innocence bafouée de cet homme la fait souffrir. Alors, elle tente quelque chose, comme si elle pressentait que son tourment lui parlait de ce qu'elle ne sait pas, mais qu'elle espère et que ce juste porte en lui. Tout ceci marquerait alors la positivité du rêve de la femme de Pilate, une positivité qui la met au seuil, justement, de la vérité. Et peut-être la tradition ne s'y est-elle pas trompée en la faisant chrétienne : non pas « avoir la vérité », mais être rencontré puis traversé par elle au point de ne pouvoir se taire. (Cuvillier, 2008, p. 38)

Et quoi de plus universel que le récit d'une femme sans nom qui fait l'expérience la plus humaine qui soit : qui rêve, et qui le dit, et qui se répète pour les siècles des siècles ?

---

3 Pour lui, « la façon dont elle parle de son rêve est typiquement hellénistique, surtout si on la compare aux songes de Joseph dans les chap. 1 et 2 [...] Cette femme a été tourmentée mais ne voit pas clair dans son rêve ; elle ne prend pas positivement la défense de Jésus ; elle désire surtout que son mari ne se compromette pas dans cette affaire ; si elle dit de Jésus qu'il est un *juste*, avec un accent de respect craintif, ce n'est pas au sens de la justice matthéenne ou juive mais dans un sens grec plus général ; elle a peut-être entendu certains récits sur Jésus et a l'impression que c'est un homme de bien ; il est donc peu probable que nous ayons ici une figure typiquement matthéenne d'une païenne plus proche du Christ et du royaume que les chefs du peuple. » (Bonnard, 2002, p. 397)

DEUXIÈME PARTIE

LA FEMME DE L'IRRESPONSABLE

Avant de s'émanciper pour devenir un personnage à part entière, la femme de Pilate se tient dans l'ombre de son mari. De même, avant de devenir un personnage disponible dans l'imaginaire, elle reste sous la tutelle du texte biblique. Mais l'héroïne d'un récit minuscule lance autant de pistes que les autres : une piste historique, qui l'ancre dans ses origines romaines ; une piste exégétique, qui étudie son texte ; une piste théologique qui interroge son rôle dans l'histoire du Salut. Pilate et son épouse forment un couple de païens devant qui comparaît Jésus : comme accusé face au détenteur du droit romain et comme innocent dans le rêve de la femme. Or c'est sa propre innocence que déclare Pilate, laissant condamner l'homme « juste ». Pour François Martin, la « mise en scène du couple » permet de « dédoubler les rôles des acteurs païens ». En effet,

> La femme romaine troublée dans son corps par le rêve accepte que son univers soit touché et réorienté par l'irruption d'une communication radicalement autre qui oblige à prendre position sur la vérité des événements. À ce titre, le rôle de la femme est de dire dans le discours qu'il existerait, du côté païen, une possibilité de sauver Jésus. Cette possibilité ne s'effectuera pas dans le jeu réel des forces narratives du récit, mais au moins cela aura été dit. Le gouverneur, au contraire, occupe une place effective dans le dispositif narratif : celle d'un sujet qui détient le pouvoir-faire que les Juifs lui demandent de mettre en œuvre : comme il apparaîtra, les valeurs dont Pilate est le tenant peuvent devenir compatibles avec celles des Juifs auxquelles elles sont d'abord contraires. (Martin, 1989, p. 42-43)

La femme du préfet, qui n'a pas de rôle attitré lors du procès puisque son intervention est une initiative personnelle, représente donc la possibilité d'une reconnaissance par les païens de la nouvelle religion, sans passer par l'ancienne Loi : ce sont là les prémices de l'universalité du christianisme. C'est pourquoi l'écho entre cette scène, au seuil de la mort de Jésus, et l'épisode des Mages, à son entrée dans la vie, est si significatif : dans les deux cas, les païens sont avertis en songe, reconnaissent « l'être vrai de Jésus figuré par son titre royal » et veulent le sauver, analyse François Martin. Après leur rêve,

> [les Mages] ne sont donc pas renvoyés à un second face à face avec Hérode à la suite duquel l'opposition Juifs/païens devrait être reconduite indéfiniment, mais ils sont déroutés au point de pouvoir retourner chez eux par une autre voie qui les situe désormais entre Israël et les Nations. Pilate et sa femme, au contraire [...], représentent un monde païen dans lequel intervient bien, par le songe, un troisième terme qui n'appartient ni à la loi juive ni au droit romain, mais cette instance n'étant pas prise en compte, elle n'a aucun effet, de sorte qu'est reconduit le jeu de miroirs incessant qui oppose Israël et les païens tantôt selon une radicale contrariété, tantôt, comme ici, selon la complicité d'une complémentarité pratique : « *Il savait qu'ils l'avaient livré par jalousie*[1] ». (*ibid.*)

Mais cette reconnaissance de l'innocence de Jésus par une étrangère païenne, qui nous semble tellement positive, peut être interprétée d'une toute autre manière. En effet, comment son sacrifice peut-il s'accomplir s'il ne meurt pas sur la Croix ? N'est-ce pas l'intérêt du diable que de s'opposer à la Rédemption de l'humanité ?

1 Saint Augustin rapproche l'épisode des Mages de celui du *titulus* rédigé par Pilate : « les premiers virent l'étoile dans le ciel, le second rédigea l'inscription sur la croix ; mais tous cherchaient ou reconnaissaient non le roi des Nations, mais le roi des Juifs. Quant aux Juifs eux-mêmes, ils ne suivirent pas plus l'étoile qu'ils n'adoptèrent le titre. Ce que le Seigneur dit lui-même plus tard était donc déjà signifié par avance : "Beaucoup viendront d'Orient et d'Occident et s'étendront au banquet avec Abraham, Isaac et Jacob, dans le royaume des cieux ; et les fils du royaume iront dans les ténèbres" (Mt 8, 11-12). Les mages effectivement étaient venus d'Orient et Pilate d'Occident ; d'où il vient que les premiers ont rendu témoignage au roi des Juifs au lever, c'est-à-dire à la naissance, et le second au coucher, c'est-à-dire à la mort. » Cité et traduit par Anne-Catherine Baudoin, qui commente : « Les mages et Pilate sont ainsi des *typoi* des Nations qui cherchent Jésus et proclament sa royauté en reconnaissant leur héritage juif. Augustin éclaire son analyse par une référence à Rm 11, la greffe de l'olivier sauvage – les Nations – sur l'olivier domestique – les Juifs. Pilate devient une des figures grâce auxquelles les Nations peuvent prendre part à la Promesse. » (Vercruysse, 2013, p. 54)

L'HISTOIRE D'UNE INJUSTICE

Le préfet de Judée, sa femme, les Juifs et les Romains

Dans les prières de la Messe quotidienne, on ne fait qu'une mention explicite de la Passion, dans le *Credo*, c'est-à-dire la profession de foi qui est récitée après l'homélie. Il en existe deux versions :

- « Crucifié pour nous sous Ponce Pilate, il souffrit sa Passion et fut mis au tombeau » (Symbole de Nicée-Constantinople),
- « A souffert sous Ponce Pilate, a été crucifié, est mort et a été enseveli » (Symbole des Apôtres).

Rappelons que la Messe est une célébration théologique qui ritualise l'Eucharistie :

> Pendant le repas, Jésus prit du pain et, après avoir prononcé la bénédiction, il le rompit ; puis, le donnant aux disciples, il dit : « Prenez, mangez, ceci est mon corps. » Puis il prit une coupe et, après avoir rendu grâce, il la leur donna en disant : « Buvez-en tous, car ceci est mon sang, le sang de l'Alliance, versé pour la multitude, pour le pardon des péchés. » (Mt 26, 26-28)

C'est donc une anamnesis du sacrifice rédempteur.

Le rôle de Pilate est très ambigu : en tant que juge, il participe à ce sacrifice rédempteur, il instaure le culte et fait de Jésus une victime[1]. Dans *La Violence et le sacré* (1972), René Girard développe une théorie de la victime émissaire, fondement de tout rite et de tout culte. Mais comment ce sacrifice est-il rendu possible dans une société pourvue de système judiciaire ? En effet, l'anthropologue suppose que le sacrifice, comme le rite, jouent un rôle essentiel dans les sociétés qui en sont dépourvues et, de ce fait, sont menacées par la vengeance. Ainsi, le sacrifice est une

1 Anne-Catherine Baudoin souligne que Pilate est « le seul homme présent dans le *Credo*, garant avec Marie de la vie humaine de Jésus. » (Parizet, 2016, p. 1794)

violence de rechange, un transfert collectif en vertu duquel la victime est substituée à tous les membres de la société. Son fonctionnement correct exige une apparence de continuité entre la victime réellement immolée et les êtres humains auxquels elle est substituée. La souffrance de Jésus sur la Croix est doublement violente : physiquement, puisqu'un homme est torturé ; moralement, puisqu'il s'agit d'un innocent. Les réactions de son entourage sont aussi des expressions de douleur, et l'une des valeurs essentielles du christianisme est la compassion à l'égard de ce juste supplicié. Or Jésus est condamné par un tribunal humain, à qui incombe donc la responsabilité de sa condamnation ; tous les acteurs du procès sont concernés par cette injustice fondatrice, à commencer par le juge, Pilate.

Venu spécialement de Césarée comme chaque année pour surveiller Jérusalem au moment de la Pâque, Pilate fait, sans le savoir, de la condamnation de Jésus un événement bouleversant l'histoire du monde.

UN HOMME POLITIQUE

De 26 à 37, ce membre de la noblesse (à qui Auguste confiait des postes publics) est préfet[2] de la province de Judée, territoire de l'Empire romain où une présence militaire romaine est alors permanente[3]. Son autorité est administrative, juridique et militaire. Sa fonction est de

2 Et non « procurateur » (comme l'écrit Tacite, *Annales* 15, 44), titre introduit en 44 par l'empereur Claude. « Pendant le règne d'Auguste et de Tibère les gouverneurs d'Égypte et de Judée avaient rang équestre (et non pas sénatorial) et étaient habituellement appelés "préfets". Ce titre soulignait les fonctions militaires, tandis que "procurateur" comportait davantage l'idée d'administrateur financier et (de plus en plus) de délégué personnel de l'empereur. Dans la pratique, cependant, la différence entre un préfet et un procurateur n'avait probablement pas beaucoup d'importance dans une province reculée comme la Judée et, dans le langage ordinaire, on devait employer [...] de façon indistincte et interchangeable, "le préfet" ou "le procurateur". Il n'est donc guère surprenant que ni Tacite, ni Philon, ni Josèphe, ne soient totalement cohérents dans l'usage qu'ils font de ces termes », explique John Paul Meier (Meier, 2004, p. 306, n. 8).

3 « *[Po]ntius Pilatus* » est « *[praef]ectus Juda[ea]e* », comme l'indique l'inscription trouvée en 1961 sur une pierre de remploi dans les ruines du théâtre de Césarée Maritime, siège de l'administration romaine dès l'an 6. Le bloc de calcaire est actuellement exposé au Musée d'Israël, à Jérusalem.

recueillir les impôts, de maintenir l'ordre et de juger[4]. En particulier, précise Simon Claude Mimouni, il a les « pleins pouvoirs pour exercer le droit de vie ou de mort sur les sujets de son territoire : le *ius gladii*, le "droit de glaive" [...] essentiellement dans les affaires dites "politiques", c'est-à-dire celles pouvant ou voulant remettre en cause la domination romaine dans la région » (Vercruysse, 2013, p. 16 et 18), comme dans l'affaire Jésus. Le gouverneur dépendait directement de l'empereur et une inscription trouvée à Césarée atteste qu'un sanctuaire en l'honneur de Tibère (*tiberieum*) y avait été construit par Ponce Pilate. La loi romaine interdisait aux magistrats délégués dans les provinces de se faire accompagner par leur femme, mais cette loi n'était plus appliquée sous l'Empire. Flavius Josèphe (37 – c. 100) évoque d'ailleurs le rôle de certaines « grandes dames » dans la politique locale et impériale. La femme de Pilate passe parfois pour la fille de l'empereur Tibère, ou la fille de Julia, fille unique d'Auguste César. Après la mort de son premier mari, Julia épousa Tibère mais il divorça et la bannit de Rome. Elle donna naissance en exil à celle que la postérité baptisera Claudia Procula, qui revint auprès de Tibère à la mort de Julia. Cependant, rappelle Simon Claude Mimouni, c'est « sans aucune preuve » qu'on a supposé « qu'elle a[vait] appartenu à une très noble famille et avoir été à la base de l'ascension sociale de son époux. » (*ibid.*, p. 19)

Durant le ministère de Jésus, la situation politique est « relativement calme » selon John Paul Meier, qui fait le point sur la « machine politique palestinienne ». C'est dans ce contexte que

> Jésus est subitement apparu, proclamant un message prophétique qui pouvait difficilement être perçu positivement par les politiciens en fonction : le présent ordre des choses allait rapidement toucher à sa fin. Le seul vrai Dieu allait imposer sa souveraineté définitive sur Israël en rassemblant les douze tribus dispersées et en restaurant ainsi son peuple choisi dans son intégralité

4 « Le préteur avait, entre autres fonctions, une fonction juridique. C'était même son attribution première, celle qui avait motivé l'institution de cette charge, lorsqu'on avait créé, à côté des consuls, un puis plusieurs préteurs qui assumeraient la juridiction civile et criminelle pour laisser aux consuls plus de liberté dans la gestion des affaires militaires. Le gouverneur de province, proconsul, propréteur ou même simple procurateur, avait parmi ses attributions celle de rendre la justice dans le territoire de son ressort. Se faisant aider au besoin, il jugeait en dernière instance, sauf le cas de recours à Rome. » (Benoit, 1961, p. 321)

> originale. C'est pour annoncer prophétiquement la venue de ce « royaume [= souveraineté et règne] de Dieu » et pour commencer son actualisation dans des signes de guérison symbolique que Jésus se mit à parcourir la Galilée et la Judée. (Meier, 2005, p. 411-412)

L'exégète américain insiste sur la dimension politique de l'arrestation et de la condamnation de Jésus. Certes, ses paraboles et ses paroles allusives, énigmatiques, ne proposaient pas de programme politique, mais « visaient à provoquer les gens et à changer les perceptions qu'ils avaient d'eux-mêmes, de leurs proches et de leur Dieu », et elles suscitaient des tensions et des affrontements politiques, sociaux et économiques : « Jésus ne déployait pas une stratégie pratique pour restaurer l'autonomie du royaume d'Israël », mais il « annonçait et symbolisait un ordre des choses totalement différent, dont Dieu était le seul créateur ». Ainsi, Caïphe ni Pilate, concentrés sur l'administration de la Judée, ne pouvaient guère saisir ce « royaume de Dieu » proposé par Jésus :

> Ce qu'ils voyaient depuis les fenêtres de leurs palais de Jérusalem était un prophète juif populaire qui remuait une populace juive enthousiaste lors des fêtes de pèlerinage. Non seulement il haranguait les foules attroupées dans le complexe du Temple en leur proposant des visions sur un nouveau royaume imminent ; mais il étayait son message grisant par de supposés miracles qui anticipaient la transformation à venir. Pour aggraver les choses, selon des rumeurs, certains des disciples ou des membres de la famille de Jésus prétendaient même qu'il était le descendant du roi David. (*ibid.*, p. 412-413)

John Paul Meier estime enfin que, tout comme Hérode Antipas avec Jean le Baptiste, Caïphe et Pilate anticipent une insurrection future, « étant donné les tensions qui s'accroissaient à chaque visite de Jésus à Jérusalem durant les fêtes, surtout après les actes provocateurs et prophétiques de son entrée à Jérusalem et de sa "purification" du Temple juste avant la Pâques de l'an 30 de notre ère » (*ibid.*). Ils décident donc de porter un coup qu'ils pensent décisif et préventif, à la tête du mouvement.

APRÈS LA JUDÉE

Le sort de Pilate après sa mission de préfet intéresse beaucoup les premiers auteurs chrétiens. Ils en dressent un portrait très contrasté (Bond, 1998). Les historiens juifs l'évoquaient déjà : dans *Legacio ad Caium* (§ 299-305), Philon d'Alexandrie (c. 20 – c. 45) le dit inflexible, buté, cruel, corrompu, méprisant les coutumes juives, détestant Jérusalem, vivant d'ailleurs à Césarée. Flavius Josèphe raconte également qu'il ne s'entendait pas avec les Juifs : il introduisit des effigies royales dans Jérusalem et vida le trésor du Temple pour construire un aqueduc (*Antiquités judéennes*, 18, 55-64 et *Guerre des Juifs*, 2, 169-177[5]). À la suite du massacre de Samaritains et de l'exécution de leur chef sur le Mont Garizim (*Antiquités judéennes*, 18, 85-89), Vitellius, le légat de Syrie, renvoya Ponce Pilate à Rome pour y répondre de ses crimes devant l'empereur Tibère. Mais celui-ci était mort quand il arriva[6]. Eusèbe de Césarée (265-339) récapitule les propos des historiens précédents et signale d'autres versions de l'histoire de Pilate, dans un texte qui eut une influence considérable puisqu'il est considéré comme la première histoire du christianisme, l'*Histoire ecclésiastique* (achevée vers 324) :

> Pilate communiqua donc à l'empereur Tibère les bruits qui circulaient déjà dans toute la Palestine au sujet de la résurrection d'entre les morts de notre Sauveur Jésus et aussi ses autres miracles, dont il s'était informé, et comment beaucoup déjà croyaient que, ressuscité des morts après la passion, il était dieu. On dit que Tibère en référa au Sénat et que celui-ci écarta la proposition, en apparence parce qu'il n'avait pas d'abord vérifié l'affaire lui-même – une loi antique décidait que, chez les Romains, personne ne pouvait être reconnu dieu autrement que par un vote et un décret du Sénat –, mais en vérité parce que

5 Pourtant, souligne Simon Claude Mimouni, « Ponce Pilate paraît avoir entretenu néanmoins de bonnes relations avec les élites judéennes durant sa préfecture, et notamment avec le grand-prêtre Joseph Caïphe qui est resté en fonction de 18/19 (*Antiquités judéennes* XVIII, § 35) à 36/37 (*Antiquités judéennes* XVIII, § 95) – une longévité politique exceptionnelle pour l'époque, qui montre l'excellence de ses rapports avec les autorités romaines. » (Vercruysse, 2013, p. 24) Rappelons que le gouverneur nomme et dépose les grands-prêtres, héritage des droits des Hérodiens.

6 Le prestige et l'autorité du légat de Syrie sont importants, puisque le préfet de Judée est sous son contrôle et sa tutelle. C'est lui qui possède l'*imperium* complet : civil, militaire et judiciaire. Voir Simon Claude Mimouni (*ibid.*, p. 15).

> l'enseignement sauveur du message divin n'avait pas besoin de l'assentiment et de la recommandation des hommes. (Eusèbe, 2003, p. 89)

Au chapitre 5, l'évêque rapporte ce qu'écrit Philon :

> Sous Tibère, dans la ville de Rome, Séjan, très puissant parmi ceux qui entouraient alors l'empereur, avait déployé son zèle pour faire périr complètement tout le peuple juif. En Judée, d'autre part, Pilate sous lequel furent accomplis les forfaits contre le Sauveur, entreprit contre le Temple de Jérusalem – qui était encore debout – des choses interdites chez les Juifs et les poussa ainsi à de sérieux troubles. (*ibid.*, p. 94)

Il mentionne également *La Guerre des Juifs* de Flavius Josèphe à propos des conflits entre Pilate et les Juifs. Au chapitre VII, il évoque le suicide de Pilate :

> Il faut savoir que, d'après ce qu'on raconte, Pilate lui aussi, qui vivait au temps du Sauveur, tomba, sous Gaius [...], dans de si grands malheurs qu'il devint par nécessité son propre meurtrier et son propre bourreau : à ce qu'il semble, la justice divine ne l'épargna pas longtemps. (*ibid.*, p. 97)

De nombreux textes relatent la suite des aventures de Pilate après l'exécution de Jésus. On le dit soit condamné à mort à Rome, soit exilé en Gaule. Chaque variante se mêle aux légendes locales[7]. Historiquement, on perd la trace de Pilate après son arrivée à Rome en 37. Flavius Josèphe ne l'évoque plus après cette date, mais Pilate réapparaît quelque temps plus tard dans des légendes rapportées par Eusèbe de Césarée qui, au Livre II de ses *Chroniques*, situe ses malheurs et son suicide au cours du règne de Caligula (de 37 à 41), sans préciser ses sources. Pour l'historien chrétien Paul Orose (début du Ve siècle), c'est d'ailleurs à cause de la misère dans laquelle le plonge cet empereur que Pilate se suicide avec son épée. Grégoire de Tours (c. 538-594) et Nicéphore Calliste (c. 1256 – c. 1335) diront que, outragé et affligé, Pilate se suicida, ce qui est parfois interprété comme un châtiment divin. D'autres fois, Pilate est décapité sur ordre de Néron (empereur de 54 à 68), pour avoir condamné

---

7 L'impressionnant ouvrage de Jean-Pierre Lémonon (2007) détaille la vie et le rôle du gouverneur en Judée et après sa destitution et il cite les différentes histoires racontées à ce sujet ainsi que tous les textes exégétiques, apocryphes et légendaires de l'Antiquité et du Moyen Âge le concernant. – Une légende très connue lui fait finir ses jours à Vienne (Cavard, 1975, p. 32-71).

Jésus sans en avoir demandé la permission à l'empereur (par exemple selon Jean d'Antioche, première moitié du Ve siècle). On retrouve une variante de cette condamnation dans la littérature apocryphe. Mais à partir du IVe siècle et de la reconnaissance du christianisme comme religion dans le monde romain, il va être présenté de manière positive. Déjà en 197, dans ses *Apologétiques* (21, 24), Tertullien, selon qui Pilate avait raconté à Tibère les événements survenus en Judée, le dit « chrétien dans le cœur » (« *pro sua conscentia Christianus* », Tertullien, 1998, p. 114-115). Le Pilate des historiens chrétiens est donc bien différent de celui des Évangiles.

MARTYRE ROMAINE OU EXILÉE GAULOISE ?

Si Pilate est retourné à Rome en 37, son épouse l'a certainement suivi. Dans l'hypothèse où elle se serait convertie au christianisme, a-t-elle pu être inquiétée par les persécutions ? Dans ses *Annales* (c. 115), Tacite (c. 56-57 – c. 118), premier historien classique à mentionner le gouverneur, consacre un paragraphe aux chrétiens, dont il parle comme de marginaux sociaux. En 64, Néron est accusé par le peuple d'avoir provoqué le grand incendie de Rome :

> Aussi, pour anéantir [la rumeur], il produisit des coupables et infligea des tourments raffinés à ceux que leurs abominations faisaient détester et que la foule appelait Chrétiens. Ce nom leur vient du Christ, que, sous le principat de Tibère, le procurateur Ponce Pilate avait livré au supplice ; réprimée sur le moment, cette détestable superstition perçait de nouveau non pas seulement en Judée, où le mal avait pris naissance, mais encore dans Rome, où tout ce qu'il y a d'affreux ou de honteux dans le monde afflue et trouve une nombreuse clientèle. On commença donc par se saisir de ceux qui confessaient leur foi, puis, sur leurs révélations, une multitude d'autres, qui furent convaincus moins du crime d'incendie que de haine contre le genre humain[8]. (Tacite, 2014, p. 772-773)

8 Les *Annales* sont l'un des premiers témoignages antiques non-chrétiens sur le christianisme. L'authenticité de ce texte a été mise en doute, mais ne l'est plus aujourd'hui. Voir Maraval, 1992. – On trouve un écho de ces persécutions dans le chef-d'œuvre du romancier polonais Henryk Sienkiewicz, *Quo Vadis* (1896) (Sienkiewicz, 2005, p. 365).

Cette image très négative des chrétiens annonce celle de Suétone (c. 69 – c. 130) dans ses *Vies des douze Césars* (c. 119-122) : il présente Néron (*Nero*, XVI, 3) comme un grand constructeur, un législateur ayant mis des bornes au luxe et aux excès des coureurs de chars mais aussi livré aux supplices les chrétiens, « sorte de gens adonnés à une superstition nouvelle et dangereuse » (« *afflicti suppliciis Christiani, genus hominum superstitionis nouae ac maleficae* », 1996, p. 106-107). Cependant, à supposer qu'à cette époque, Pilate et son épouse étaient à Rome, et qu'il y ait eu une recherche étendue de chrétiens, il y a tout lieu de penser qu'ils n'ont pas été inquiétés, car ils étaient membres de l'aristocratie. Le lien de l'épouse avec Rome après son séjour en Judée, a néanmoins fait l'objet de nombreuses hypothèses[9]. Le prénom qui lui est donné, Claudia, bien que sa première occurrence se trouve dans la *Chronique* du Pseudo-Dexter, en 1619, texte éminemment et légitimement contesté, a joué un rôle dans l'imaginaire concernant ses liens avec le pouvoir latin[10]. C'est d'ailleurs le prénom que lui prêtent le plus souvent les écrivains. Il a l'avantage d'être toujours courant et

9 Son origine et son devenir après la Passion ont suscité l'intérêt, en France particulièrement puisqu'elle serait venue de Gaule. Son historicité est cependant trop peu souvent discutée. Voir par ex. Lémonon (2007) et Doumergue (2008).

10 René Mouterde fait une mise au point à propos du nom de la femme de Pilate : « Pour trouver unis le *nom* et le *cognonem* Claudia Procla, il faut, semble-t-il, descendre jusqu'à la "Chronique de Dexter." Le factum qui porte aujourd'hui ce nom n'est évidemment point, dans sa rédaction actuelle, la Chronique de Dexter signalée par saint Jérôme au chapitre 132 du *De scriptoribus ecclesiasticis.* On a pourtant voulu les identifier, quand le texte actuel fut trouvé sur la fin du XVIe siècle dans une bibliothèque d'Allemagne [...]. On l'imprima d'abord à Saragosse en 1619 et depuis à Lyon en 1637, avec un long commentaire de François Bivarius, moine de Cîteaux. Migne, au tome XXXI de sa *Patrologie latin*e, a réimprimé le tout [...] Il convient d'ajouter que l'authenticité de la *Chronique de Dexter* est très douteuse et parfois même résolument niée. » René Mouterde évoque également une autre découverte, à Beyrouth, de Claudia Procla, dont le *nomen* et le *cognomen* « sont gravés en grec sur deux bracelets d'or, recueillis dans une tombe. Un rapport quelconque entre cette morte et la Procla des *Acta Pilati* est plus que problématique ; tout au plus pourrait-on se demander si le décès d'une femme jeune et connue n'a pas suggéré à l'auteur des *Acta* le nom romain qu'il cherchait pour son héroïne. Mais rien ne donne à penser que cet écrivain ait séjourné à Beyrouth. En outre, d'autres Claudia Procla ont vécu à la fin du IIe siècle ou au commencement du IIIe, c'est-à-dire au temps où s'élaboraient les principaux apocryphes du Nouveau Testament : deux d'entre elles sont connues par des inscriptions ; le même nom pouvait convenir à la fille de quelque fonctionnaire romain, tel que Claudius Proculus, préteur, à qui est adressé un rescrit d'Hadrien. » Il en conclut que « des rapprochements aussi divers interdisent toute hypothèse sur l'origine du nom donné à la femme de Pilate par les Apocryphes ou la Chronique de Dexter. » (Mouterde, 1929, p. 239-240) Voir aussi Fascher (1951) et Kany (1995).

de rappeler ses origines, Claudia étant un nom porté par toutes les femmes de la *gens Claudia*, influente famille de l'aristocratie romaine. De plus, son rapprochement avec une autre Claudia a souvent été fait, renforçant l'idée de son retour et de son martyre à Rome. En effet, une Claudia est citée à la fin de la Deuxième Épître à Timothée : « Tu as le salut d'Eubule, de Pudens, de Lin, de Claudia et de tous les frères » (4, 21). La tradition en fait l'épouse de Pudens, parents de Lin[11], des chrétiens de Rome secourables à l'apôtre Paul durant son assignation à résidence (« *custodia militaris* »). Pudens, souvent considéré comme l'un des soixante-douze disciples évoqués dans l'Évangile de Luc (10), recevait des chrétiens chez lui à Rome et l'apôtre Pierre y officiait. Il serait mort en martyr parmi les chrétiens persécutés par Néron, tout comme, selon certaines traditions, Paul[12].

Mais selon d'autres légendes, Pilate serait mort en Gaule, dans la Narbonnaise ou à Vienne : cet exil n'est-il pas lié aux origines de son épouse ? Jean Aulagnier, dont l'ouvrage compile et synthétise ces légendes, défend l'idée de l'origine gauloise des légions romaines envoyées en Palestine : « [...] la famille de l'empereur Tibère, la gens Claudia, faisait partie de ce que j'appellerai les Pieds-Noirs romains de Gaule ; la région de Lyon était sa patrie d'adoption. Tibère lui-même avait vécu longtemps en Gaule et avait grande confiance en les capacités administratives et militaires de ses habitants[13]. » (Aulagnier, 1989, p. 188) Cette parenté expliquerait le mariage de Claudia avec ce chevalier romain et qu'à celui-ci l'empereur confiât le gouvernement d'une province aussi importante que la Judée, mais aussi qu'elle osât l'interrompre alors qu'il siégeait au tribunal, puisque, certainement suite à une intervention de Claudia, Pilate fut réprimandé par Tibère qui, sans cela, n'eût eu aucune raison

11 Lin, fils de Claudia, est présenté comme un évêque ordonné par Paul dans *Les Constitutions apostoliques* (1992).

12 On dit souvent que Pudens et Claudia étaient mariés et que Claudia était anglaise, fille d'un roi anglais, Cogidunus, allié des Romains, et qu'il avait pris le nom de son patron, Tiberius Claudius, d'où le nom de sa fille. Il existe aussi un Aulus Pudens, centurion de l'armée romaine, ami du poète Martial, lequel lui adressa plusieurs de ses *Épigrammes* (fin du Ier siècle). Martial évoque le mariage de son ami avec *Claudia Peregrina* (« Claudia l'Étrangère », *Épigrammes* I, 13), puis Claudia Rufina (« de Grande-Bretagne », *Épigrammes* XI, 53). Voir Camden (2012, p. 74) et Guest (1883).

13 Jean Aulagnier cite ensuite une lettre que posséderait l'éveché de Carcassonne. Cette lettre évidemment apocryphe est signée Claudia Procula et adressée à son amie Fulvia Hersila (*La Semaine religieuse du diocèse de Carcassonne*, nº 51, 11 avril 1886, et nº 52, 25 avril 1886).

de « s'intéresser au sort de ce petit perturbateur juif à l'autre bout de l'Empire. » (Aulagnier, 1989, p. 189)

Il démontre ensuite à sa manière que Claudia devait avoir environ un ou deux ans de plus que Jésus et que Pilate, de la gens *Pontia*, avait également des origines gauloises, de la vallée du Rhône plus précisément :

> en effet, le suffixe « atus » de son nom « Pilatus » était particulièrement caractéristique chez les « Pieds-noirs » de la Narbonnaise. Les musées de Narbonne, Vienne, Genève, Arles, Nîmes, possèdent des amphores, vases d'argile et autres objets marqués du nom de la gens Pontia. Aussi pouvons-nous, sans laisser par trop notre imagination vagabonder, penser que ce mariage entre Procula de la gens Claudia et Pilate de la gens Pontia eut lieu dans notre pays. (*ibid.*)

Ainsi est-il facile d'imaginer que ce couple était, en Palestine, entouré « de romains de Gaule, comme eux, c'est-à-dire de gallo-romains de la Narbonnaise, dans l'administration et dans l'armée, et de grandes dames de cette société gallo-romaine » (*ibid.*) et que, certainement, d'autres dames furent bouleversées par Jésus et qu'un certain nombre d'entre elles faisaient partie de ses disciples, ou se convertirent, surtout après la Résurrection. Suite à la mort de Tibère, Pilate, rentré à Rome, fut exilé en Gaule, dans la région de Vienne où, rappelle Jean Aulagnier, le mont Pilat porte encore son nom[14]. Il suppose alors que Claudia et l'entourage du couple, imprégnés de l'enseignement de Jésus, retournèrent également dans la Narbonnaise.

Cette piste nous a menés sur les chemins de l'Histoire chrétienne, qui se mêle à des légendes locales. Celles-ci ressurgiront en arrière-plan de certaines réécritures. Mais c'est surtout la littérature exégétique et apocryphe qui va nourrir l'imaginaire littéraire et iconographique, en mettant au cœur de l'histoire de la femme de Pilate, l'origine de son rêve.

---

14 Le Pilat est un massif montagneux à propos duquel il existe une légende concernant l'ancien préfet de Judée (Cavard, 1975). En Suisse, près de Lucerne, il y a un autre Mont Pilate (ou Pilatus) auquel sont associées diverses légendes parmi lesquelles celle du gouverneur de Judée dont le corps reposerait dans un lac au sommet du Mont, maudit pour cette raison.

LA BONNE NOUVELLE D'UNE GENTILLE

Si la Bible est silencieuse sur le contenu du rêve de la femme de Pilate, qui importe moins que sa valeur en tant que signe, la plupart des réécritures reconstituent un rêve prémonitoire, une vision anticipant le christianisme des siècles à venir. Pendant longtemps, c'est en tant que message qu'il est envisagé : on s'interroge sur son objectif et, surtout, sur sa source. La plupart des Pères et des docteurs de l'Église y lisent une inspiration divine incitant la femme de Pilate à essayer de sauver Jésus. Mais la littérature apocryphe des premiers siècles envisage une autre interprétation, qui fleurira au Moyen Âge…

UN PERSONNAGE EN DEVENIR AU REGARD DES PÈRES DE L'ÉGLISE[1]

Rêves et visions sont très importants dans la théologie chrétienne. La littérature patristique met en garde contre les rêves, qui peuvent venir du diable ; elle les considère d'autres fois comme un moyen de communication avec Dieu. Tertullien de Carthage (160 – après 220) consacre aux rêves les chapitres 45 à 49 de son traité *De amina*, écrit entre 208 et 212 : le sommeil serait le miroir ou l'image de la mort (« *imago mortis* », « *speculum mortis* », 42, 10 ; 43, 12 ; 50, 1). Cependant, même durant le sommeil, l'âme est en activité (ce qui prouve son caractère divin et son immortalité) ; c'est pourquoi les rêves la troublent tant. Dans l'état de sommeil, les sens étant endormis, l'âme ne peut agir sur

1 Sur ce sujet, deux articles sont incontournables : Van der Bergh (2012) et Baudoin (Vercruysse, 2013, p. 41-56).

eux ni les contrôler, ce qui est le propre de l'état extatique. Le théologien considère que les rêves sont le lieu de transmission de connaissances prophétiques et il les classe selon leur provenance. Les deux principales sont : le démon, qui envoie des rêves impurs, perturbants, vains, confus ; et Dieu, qui envoie des rêves saints, honnêtes, prophétiques, révélateurs, édifiants, invitant à la vertu (47, 2). De même, les théologiens Thomas d'Aquin (1225-1274) ou encore Bonaventure (c. 1221-1274) attribueront l'origine des rêves à Dieu ou au diable.

Les commentaires chrétiens des théologiens des premiers siècles et des Pères de l'Église proposent des interprétations variées du rêve de la femme de Pilate, mais signalent toujours son influence sur l'attitude du préfet. Origène (185-253) évoque deux fois la femme de Pilate. La première, dans sa *Scholia in Matthaeum*, l'oppose à son mari : à travers le silence de Jésus, qui ne lui répond pas, Pilate peut reconnaître son humanité, mais à travers le message divin (le rêve), il devrait comprendre qu'il est en train de juger, non un homme, mais Dieu. De plus, en apprenant que le rêve a affecté sa femme, il devrait ressentir de la compassion. Origène est l'un des rares commentateurs à insister sur la souffrance et la peur. Le rêve de la femme de Pilate ne lui révèle pas l'identité de l'homme jugé par son époux mais l'invite à considérer et à interroger la providence divine : à travers le rêve, Jésus montre, non pas qu'il ne doit pas endurer sa souffrance, mais que cette femme sera sauvée. Elle est ainsi bénie d'avoir souffert en rêve, car elle ne souffrira plus. Origène conclut qu'elle symbolise l'Église affranchie désormais de toute autre autorité que celle de la foi en Jésus-Christ : « Si celle-ci est un symbole de l'Église des Nations, autrefois régie par Pilate et n'étant plus sous sa domination à cause de sa foi en Christ, tu l'examineras ; cette femme était en effet étrangère[2] ». Pour Origène, le rêve contraste donc avec le silence de Jésus, qui montre son courage, sa force et sa divinité. C'est sa femme, et non Pilate, qui reçoit le rêve car le préfet n'est peut-être pas appelé à partager cette souffrance conduisant au salut. La seconde référence d'Origène au rêve de la femme de Pilate se trouve dans *Contre Celse* (250) : le philosophe épicurien dénie la nature divine du Christ et affirme que Pilate aurait dû souffrir après l'avoir condamné. Réfutant ses arguments, Origène répond que ce sont les Juifs qui l'ont condamné et qu'ils ont été punis, mis en pièces et dispersés sur toute la surface

2 *Commentaires sur Matthieu* 122, cité et traduit par Baudoin (*ibid.*, p. 52).

de la terre (2, 34, 13). Dans son *Commentaire sur l'Évangile selon saint Matthieu*, Jean Chrysostome (seconde moitié du IVe siècle) défend Pilate contre les Juifs[3], parce que, selon lui, le préfet voulait vraiment sauver Jésus. Il fait remarquer que le songe de la femme de Pilate étant une nouvelle preuve en faveur de l'innocence du Christ, les Juifs auraient dû se détourner de leur projet mais qu'ils sont incapables d'être touchés par le rêve de cette femme. Il s'interroge ensuite, dans l'Homélie 86 :

> Mais pourquoi, mes frères, n'est-ce point Pilate lui-même qui est tourmenté de ce songe ? C'est ou parce qu'il ne le méritait pas autant que sa femme, ou parce qu'on ne l'aurait pas cru s'il eût dit qu'il avait eu un songe, ou parce que l'ayant eu il n'aurait point voulu en parler. C'était donc par une providence particulière de Dieu que cette femme eut plutôt ce songe, afin que cet incident fût connu de tout le monde, et que son mari, touché de sa peine, fût plus réservé à condamner l'innocent. (Jean Chrysostome, 2012, p. 530)

Certes, « Pilate a été un homme faible et sans cœur ; mais les prêtres étaient malicieux et cruels » (*ibid.*, p. 531), estime le Père de l'Église, en citant notamment les paroles de Jésus à Pilate : « celui qui m'a livré à toi porte un plus grand péché » (Jn 19, 11). Ainsi, il défend Pilate toujours en regard de l'attitude des prêtres juifs : « pendant que Pilate faisait tous ses efforts pour leur épargner ce crime, ils faisaient de leur côté tout ce qu'ils pouvaient pour y tomber sans qu'il leur restât aucun prétexte pour excuser un si grand excès » (Jean Chrysostome, 2012, p. 531). Dans son *Commentaire sur les Psaumes*, il explique qu'il ne faut pas considérer la mort du Christ comme une défaite, mais comme une source de joie. La Passion est un moment bouleversant : le soleil s'est obscurci, la terre a tremblé, le voile s'est déchiré, Judas s'est pendu, Pilate et sa femme ont été épouvantés et Pilate a déclaré son innocence. Aussi faut-il contempler sa force, même durant sa captivité (47, 27, sur Ps 70, 46). Bien que dans le récit de la Passion, ces événements ne soient pas concomitants, leur coïncidence dans le texte de Jean Chrysostome est d'un puissant effet rhétorique pour démontrer la nature exaltée du Christ. Hilaire de Poitiers (c. 316-367) donne davantage d'importance à la femme de Pilate en considérant qu'elle représente les païens qui étaient déjà appelés vers le Christ ; elle invite ses proches, parmi lesquels son mari, à la suivre dans cette voie d'espoir et de gloire, ce que

3 Voir Laqueur (2006) et Brustein (2003).

symbolise le lavement des mains de Pilate comme une purification de ses péchés antérieurs :

> En elle, on trouve la figure de la foule des Nations : déjà touchée par la foi, elle appelle celui avec qui elle vivait – soit le peuple incroyant – à la foi du Christ. Comme elle a personnellement *beaucoup souffert* pour le Christ, elle invite celui avec qui elle vivait à la même gloire de l'espérance future. (1979, p. 248-249)

On retrouve, déjà exprimée par Origène, l'idée des Nations. Jérôme la reprendra au IVe siècle en traduisant le verset Mt 27, 24 : « Je suis innocent du sang de ce juste » : cette reprise des termes de sa femme par Pilate lui permet de s'inscrire avec elle dans l'Église des Nations. Ainsi, une étrangère reconnaît l'innocence de Jésus. Dans le même esprit, Astérius le Sophiste (début du IVe siècle), dans une homélie sur le Psaume 18[4], évoquait déjà le rêve de la femme de Pilate à propos de la proclamation des bonnes nouvelles annoncées par des personnages « positifs » (en les introduisant chacun par : « le jour révélait au jour ») à d'autres personnages positifs, puis avec des personnages négatifs (« la nuit révélait à la nuit[5] »). Il cite trois de ces derniers : d'abord, un Égyptien raconte l'exode à un Égyptien ; ensuite, « la nuit révèle la connaissance à la nuit, et sa femme à Pilate », avant de citer Mt 27, 19 ; enfin, l'un des larrons crucifiés, dont la confession est louée comme « bouclier de l'église » et « porte du Paradis » : ainsi, le larron, qui a commencé de manière négative, est à présent vu de manière positive. Astérius cite alors Nabuchodonosor et les Babyloniens. Par analogie, la femme de Pilate est certainement ici considérée comme un personnage passant de l'ombre à la lumière et proclamant une bonne nouvelle à un personnage négatif.

D'autres exégètes s'interrogent sur la réaction de Pilate. Sa responsabilité est un enjeu crucial et son épouse joue toujours ce rôle à la fois discret et révélateur. Dans sa treizième *Catéchèse baptismale* (§ 16), l'évêque Cyrille de Jérusalem (c. 315-387) montre un Pilate touché par le rêve : « Jugé, il se taisait, si bien que Pilate souffrait pour lui […] Non qu'il connût le prévenu mais informé du songe de sa propre femme, il

---

4 « Les cieux racontent la gloire de Dieu, / le firmament proclame l'œuvre de ses mains / Le jour en prodigue au jour le récit, / La nuit en donne connaissance à la nuit », Ps 18, 2-3, cité par Baudoin, *Apocrypha*, 2010, p. 144-145.

5 Homélie 31, 29, 16, *ibid.*

avait peur » (1993, p. 197). Dans ses *In Epistula ad Maximum* (1, 20), Athanase d'Alexandrie (295-373) explique que le silence est parfois le meilleur moyen de communication. Jésus ne répond pas à Pilate[6] et le Seigneur préfère envoyer un message divin, sous forme de rêve, à sa femme, ce qui relève du miracle et doit faire comprendre la nature divine de celui qui va être jugé (Baudoin, *Apocrypha*, 2010, p. 146). On remarque qu'Athanase place cet épisode après le lavement des mains, peut-être pour dire que ce n'est qu'à ce moment-là que le message est enfin compris dans toute sa signification. Ephrem le Syrien (306-373), dans son *Sermo in transfigurationem domini et dei salvatoris nostri Iesu Christi*, commente le verset dans le cadre de sa série de questions sur le thème de la nature humaine et divine du Christ : « S'il n'était pas de chair, qui alors se tenait au tribunal de Pilate ? Et s'il n'était pas Dieu, qui envoya son rêve à la femme de Pilate ? » (*ibid.*) Le verset a encore une fois valeur de preuve de la divinité de Jésus. Enfin, Ambroise de Milan (340-397) insiste sur la valeur d'avertissement du rêve dans son *Traité sur l'Évangile de saint Luc* (10, 100-101) :

> Pilate s'est bien lavé les mains, mais il n'a pas effacé ses actes ; car, étant juge, il n'aurait pas dû céder devant la haine et devant la crainte au point de livrer le sang innocent. Son épouse l'avertissait, la grâce l'éclairait dans la nuit, la divinité s'imposait ; même ainsi, il ne s'est pas abstenu d'une sentence sacrilège. Nous avons par avance en lui, à mon avis, le modèle de tous les juges qui allaient condamner ceux qu'ils jugeraient innocents. (1976, p. 189-190)

Pilate est donc coupable parce qu'il a condamné Jésus malgré le rêve, malgré cette grâce révélant la divinité. Ambroise de Milan est le premier à suggérer qu'en condamnant le Christ, il se condamne lui-même[7].

Ainsi, d'Hilaire de Poitiers à Ambroise de Milan, la culpabilité de Pilate est jugée à l'opposé. Origène, comme Cyrille, insiste davantage sur le Salut exprimé par le rêve que sur la réaction de Pilate, et Jean

---

6 « Puis, tandis qu'il était accusé par les grands prêtres et les anciens, il ne répondit rien » (Mt 17, 12) ; « Et il ne lui répondit sur aucun point, si bien que le gouverneur était fort étonné » (Mt 17, 14).

7 « Par tes propres mots, Pilate, tu t'enchaînes, par ta propre sentence tu te condamnes » : Ambroise de Milan, *Expositio Psalmi CVIII 20, 38*, cité par Anne-Catherine Baudoin (Vercruysse, 2013, p. 49). Celle-ci montre le retournement ou l'effet de miroir dans le procès : « [les auteurs patristiques] mettent à leur tour Pilate en procès et s'interrogent sur sa décision de condamner ou de laisser condamner Jésus » : c'est « une sorte de procès enchâssé à l'intérieur du procès du Christ ».

Chrysostome le juge coupable de n'avoir pas assez réagi à l'avertissement de sa femme. Pour la plupart des exégètes, le rêve est une preuve de la divinité du Christ (Origène, Athanasius, Ephrem et Jean Chrysostome), un sujet crucial pour l'Église naissante. Pour Astérius, c'est davantage la « bonne nouvelle » qui est annoncée par la femme de Pilate, messagère et symbole de l'Église. Mais le plus souvent, c'est la réaction de Pilate qui intéresse les exégètes, montrant que notre épisode est un moment fort dans l'économie du récit : c'est un moment qui permet d'innocenter quelque peu le gouverneur, la tradition patristique préférant insister sur la culpabilité des Juifs. Ainsi, la femme de Pilate, figure de l'Église des Nations, contribue, avec le verset psalmiste des Actes des Apôtres[8] et la rédaction, selon l'Évangile de Jean, du *titulus* par Pilate[9], à permettre à celui-ci de jouer un rôle dans la conversion des Nations[10]. Cette tendance à la réhabilitation de Pilate s'accompagne d'une culpabilisation plus prononcée à l'égard des Juifs :

> L'accusation d'être seuls responsables de la mort du Christ, et ceci à l'exclusion des soldats et fonctionnaires romains qui, eux, en sont en même temps disculpés totalement, a été élaborée dès les premiers siècles. Alors, en s'identifiant dans une certaine mesure avec l'Empire romain, l'Église en assurait une défense rétroactive, valable pour une époque où l'entente entre l'Empire et la nouvelle religion n'avait pourtant rien eu de satisfaisant. Malgré le contexte historique chargé, cette même attitude dominera encore par la suite dans l'exposé chrétien de la Passion. (Blumenkranz, 2006, p. 269)

Le rôle de Pilate et celui de sa femme prennent également de l'importance dans la littérature apocryphe. La femme de Pilate y est souvent présentée comme une sympathisante du judaïsme : son intervention, son utilisation du mot « juste » et le silence du texte évangélique sur son paganisme pouvaient conduire à une telle lecture. De plus, cela

8 « *Pourquoi donc / ces grondements des nations / et ces vaines entreprises des peuples ? / Les rois de la terre se sont rapprochés / et les chefs se sont assemblés / pour ne faire plus qu'un contre le Seigneur et contre son Oint.* / Oui, ils se sont vraiment *assemblés* en cette ville, Hérode et Ponce Pilate, avec *les nations et les peuples* d'Israël, *contre* Jésus, ton saint sauveur, que tu avais *oint.* Ils ont ainsi réalisé tous les desseins que ta main et ta volonté avaient établis. » (Ac 4, 26-28)

9 « Pilate avait rédigé un écriteau qu'il fit placer sur la croix ; il portait cette inscription : "Jésus le Nazôréen, le roi des Juifs." Cet écriteau, beaucoup de Juifs le lurent, car l'endroit où Jésus avait été crucifié était proche de la ville, et le texte était écrit en hébreu, en latin et en grec. » (Jn 19, 19-20)

10 Dans l'Évangile de Matthieu, les païens qui entrent en contact avec Jésus, comme la Cananéenne (Mt 15, 21-28), annoncent la mission universelle de celui-ci.

la rapproche paradoxalement d'un autre personnage : Judas[11]. En effet, du point de vue de l'action Judas le Juif, qui se repent trop tard d'avoir livré Jésus, est structurellement la contrepartie de ce que la femme de Pilate est au Christ en tant que Romaine ; mais l'un a accompli son œuvre de trahison quand l'autre va échouer dans sa tentative de salvation. D'un autre point de vue, plus signifiant que celui de l'action et qui est précisément celui du témoignage, ils sont tous deux – et Pilate avec eux – des témoins du « juste » et de l'« innocent ». De nombreux textes contemporains, et avant eux des apocryphes, ont travaillé à une réhabilitation de Judas, et si d'autres tentent le même travail pour Pilate, cette brève péricope n'y est certainement pas étrangère.

LECTURES APOCRYPHES

Si les commentaires des Pères et des docteurs de l'Églises ont joué un immense rôle dans l'orientation théologique du christianisme, ce sont les textes de la littérature apocryphe qui, en proposant d'autres versions des textes évangéliques canoniques, ont développé leur potentialité narrative : ainsi, les trois célèbres Mages sont devenus rois et ont reçu des prénoms. Jusqu'aux deux larrons, à l'hémorroïsse ou à Joseph d'Arimathée, tous les personnages qui ne faisaient que passer dans les

11 Pour Alberto Mello, il y a dans l'Évangile de Matthieu « deux témoins de l'innocence de Jésus (le nombre requis par la loi !) ; ce sont Judas et la femme de Pilate, c'est-à-dire un juif et une non-juive, en conformité avec le redoublement typique de Matthieu ». En effet, poursuit-il, « les gentils sont dans une position plus favorable pour apprécier la "justice" de Jésus, parce qu'ils sont moins en cause, ils ne sont pas placés devant cette alternative radicale de savoir s'il est ou non le Messie. Pilate comprend que Jésus lui a été "livré" "par jalousie". La jalousie est un sentiment qui ne peut naître qu'entre des frères, comme Caïn et Abel, Joseph et ses frères. Les non-juifs ne connaissent pas ce qu'est la jalousie par rapport à Jésus. "Qu'il n'y ait rien entre toi et ce juste" est une neutralité possible pour les gentils, mais pas pour les juifs. » (Mello, 1999, p. 475) Dans l'Évangile de Luc, plusieurs personnes témoignent de l'innocence de Jésus : Pilate lui-même : « Je n'ai rien trouvé en cet homme qui mérite condamnation parmi les faits dont vous l'accusez » (Lc 23, 14) ; le larron : « Pour nous, c'est juste : nous recevons ce que nos actes ont mérité ; mais lui n'a rien fait de mal » (Lc 23, 41) ; et le centurion qui utilise le même mot que la femme de Pilate : « Voyant ce qui s'était passé, le centurion rendait gloire à Dieu en disant : "Sûrement, cet homme était juste." » (Lc 23, 47)

évangiles, ou d'autres, plus importants, comme Judas, s'étoffent dans la littérature apocryphe, s'incarnent dans une histoire qui souvent influencera considérablement leur postérité littéraire et iconographique.

La femme de Pilate fait partie de ces personnages que l'on retrouve dans plusieurs textes apocryphes, alors qu'elle n'apparaît que dans un seul Évangile canonique. On peut même se demander si, à l'instar de Judas ou de Joseph d'Arimathée, qui se voient attribuer femme et enfants, des légendes sur la femme de Pilate ne se seraient pas développées quand bien même elle eût été totalement absente des évangiles. Cependant, certains textes l'ignorent absolument : c'est le cas de l'*Historia apocrypha* médiévale (éd. Knape, 1985), connue et utilisée par Jacques de Voragine (c. 1228-1298) dans *La Légende dorée*. Ce récit constitue une biographie de Pilate, de sa naissance à sa mort. D'autres textes, comme la *Vindicta Salvatoris* (« *La Vengeance du Sauveur*[12] », source principale d'une tradition théâtrale européenne des XIVe et XVe siècles), qui raconte la chute de Jérusalem, perçue comme la vengeance de Dieu à l'égard de la mort du Christ, ignore également la femme de Pilate alors même qu'elle met en valeur le soutien de l'Empire romain à la foi chrétienne. La figure de l'épouse peut avoir été embarrassante pour ceux qui noircissaient entièrement la figure de Pilate. Au contraire, elle est bien présente dans les textes qui vont dans le sens d'une réhabilitation de la figure du préfet, en harmonie avec la conversion de Rome. On constate un intérêt croissant pour celle-ci, dès les premiers siècles du christianisme puis au Moyen Âge. Dans son article « Genèse d'un personnage littéraire. Ponce Pilate dans la littérature chrétienne », Rémi Gounelle rappelle ainsi :

> Les évangiles canoniques et *l'Évangile selon Pierre* attestent en effet déjà de mises en récit de la mort de Jésus dans lesquelles le gouverneur romain joue un rôle non négligeable. Mais il faut attendre le IVe siècle pour que se développent des récits et des lettres autour de la figure de Ponce Pilate, prélude à sa postérité littéraire. (Vercruysse, 2013, p. 29)

Ce développement s'explique par plusieurs raisons : d'une part, c'est une période d'intenses débats entre le judaïsme, le christianisme et la culture romaine, « dans lesquels la figure de Pilate a clairement été impliquée ». D'autre part, pour les chrétiens débattant la chronologie des événements de Pâques, Pilate, « fonctionnaire impérial, peu suspect

12 Sur ce texte de la seconde moitié du IVe siècle, voir Yuval (2012) et Wright (1989).

de christianisme [...] était, par son simple nom, un gage de véracité et une référence incontournable » (*ibid.*, p. 30). Le texte le plus connu, parce qu'il a incroyablement influencé la tradition, est celui des *Actes de Pilate*, écrits en grec mais rapidement traduits en latin.

LES *ACTES DE PILATE* : LE GOUVERNEUR ET SA FEMME ENTRE POUVOIR ROMAIN ET SYMPATHIE JUIVE

La femme de Pilate y joue un rôle déterminant pour sa carrière iconographique et littéraire. Rémi Gounelle le présente ainsi :

> Ce récit, composé dans les années 320-380, raconte dans un premier temps le procès de Jésus et sa mort. Dans un second temps, il rapporte la quête, par les chefs des Juifs, de la vérité sur Jésus : les chefs des Juifs apprennent successivement que Joseph d'Arimathée, qu'ils avaient mis en prison, a été libéré, que Jésus n'est plus dans son tombeau et que trois Galiléens l'ont vu monter aux cieux. Inquiets et désarçonnés, ils enquêtent pour comprendre ce qui s'est passé. Le récit s'achève sur une hymne chantée par le peuple juif, qui semble célébrer en Jésus le Messie-prophète annoncé dans l'Ancien Testament. (*ibid.*, p. 31)

Pilate et sa femme apparaissent surtout dans l'épisode du procès. Tous deux se montrent proches du judaïsme. Le gouverneur cite même des textes de l'Ancien Testament à charge contre ses interlocuteurs juifs[13]. Joseph d'Arimathée dit d'ailleurs de lui, dans la recension grecque ancienne (IVe siècle), qu'il est « incirconcis de chair et circoncis du cœur » (12.2), « autrement dit qu'il est un Juif à qui ne manque que la circoncision » (*ibid.*, p. 32). Sa femme, qui est appelée Procule[14], est,

13 Aux Juifs qui le provoquent en l'accusant de vouloir prendre pour roi Jésus, et non César, Pilate répond avec colère : « Votre peuple a toujours été révolté, et vous vous êtes toujours opposés à ceux qui vous ont été favorables ». Les Juifs lui demandent qui leur a été favorable, et Pilate développe : « Votre Dieu qui vous a arrachés du rude esclavage des Égyptiens, qui vous a conduits hors d'Égypte, qui vous a conduits à travers la mer comme à travers une terre sèche, qui vous a nourris dans le désert de manne et cailles, qui a amené pour vous de l'eau hors de la pierre et vous l'a donnée à boire, et qui vous a donné la Loi. Dans toutes ces choses vous avez irrité votre Dieu, et vous avez cherché pour vous comme Dieu un veau en métal fondu. Vous avez mis Dieu en colère, et il a voulu vous tuer, et Moïse a supplié (Dieu) en votre faveur et vous n'êtes pas morts. Et maintenant vous dites que moi, je hais le roi ? » (*L'Évangile de Nicodème*, 7, 2, 1997, p. 149)

14 À propos de ce nom, Anne-Catherine Baudoin cite une explication : « H.E.G. Paulus fait remonter aux témoins latins de ce passage le nom de Procla, par l'hypothèse d'une mauvaise lecture du texte latin qui aurait conduit à lire, au lieu de la phrase glosant le

dans la même recension, une femme pieuse pratiquant le judaïsme, ce qui était assez courant chez les dames romaines. « Enfin, après avoir appris ce qui s'est passé à la mort de Jésus, Pilate et son épouse jeûneront et demanderont aux Juifs de s'expliquer (11.2) » (*ibid.*). Mais dans la forme la plus répandue des *Actes de Pilate* au Moyen Âge, le couple n'est plus aussi proche du judaïsme. Alors que la recension grecque ancienne était présentée comme ayant été écrite par le juif Nicodème, la recension latine A serait l'œuvre de Pilate, d'après ce que lui auraient rapporté Joseph d'Arimathée et Nicodème, ce qui officialise le document, découvert sous Théodose le Grand dans les archives publiques du prétoire à Jérusalem :

> Il n'est dès lors pas surprenant que les chroniqueurs médiévaux y aient largement recouru pour raconter les événements qui ont immédiatement suivi la mort de Jésus.
>
> Auteur du récit, Pilate ne présente plus tout à fait le même visage que dans la forme grecque du texte. [...] Le gouverneur n'est ainsi plus présenté comme un « incirconcis de chair et circoncis du cœur » ; en lieu et place de cette expression, Joseph d'Arimathée le dit « endurci de cœur » (12.2 [XXI.1]) et affirme par-là que même Pilate, malgré son endurcissement, a reconnu l'innocence de Jésus. D'autre part, le passage dans lequel la femme de Pilate, Procula, était présentée comme une sympathisante du judaïsme (2.1), a disparu[15]. (*ibid.*, p. 32-33)

Dans ce texte, la femme de Pilate intervient de la manière attendue et, si la suite est tronquée, le texte reprend avec une réaction des Juifs accusant Jésus de sorcellerie (en Mt 27, 63, les grands-prêtres et les Pharisiens se présentent chez Pilate pour demander à ce que le tombeau où Jésus vient d'être enseveli soit gardé, craignant que le corps de « cet imposteur » ne soit dérobé par ses disciples et qu'ils annoncent sa résurrection) :

> Lorsque Pilate vit cela, la peur s'empara de lui, et il se mit à se lever de son trône. Pendant qu'il pensait à se lever de son trône, la femme de ce même

texte grec, *matrona ipsius Pilati procul posita misit ad eum dicens*, le nom du personnage : *matrona ipsius Pilati nomine Procula misit ad eum dicens* ». (*Apocrypha*, 2010, p. 141, note 36)

15 Dans la forme grecque byzantine de l'*Évangile de Nicodème* (4.1), la femme de Pilate n'apparaît que conformément à son intervention en Mt 27, 19, sinon la précision de son prénom : « Alors un messager de Procla, la femme de Pilate, arriva auprès de lui. Son message disait : "Prends garde de ne pas consentir à ce qu'on fasse du mal à Jésus, l'homme de bien, car durant la nuit j'ai eu en songe des visions effrayantes à cause de lui." » (*Écrits apocryphes chrétiens*, 2005, p. 268)

> Pilate, appelée Procule, lui fit dire : « Qu'il ne se passe rien entre toi et cet homme juste, car j'ai beaucoup souffert à cause de lui cette nuit ».
> Les Juifs répondirent à Pilate et lui dirent :
> Ne t'avons-nous donc pas dit que c'est un sorcier ? Voici qu'il a envoyé un songe à ta femme[16]. (2, 1)

Le personnage de Pilate, emmenant avec lui son épouse, évolue donc d'une sympathie marquée pour le judaïsme à l'autorité d'un homme de pouvoir, comme le souligne Rémi Gounelle, qui conclut :

> C'est donc l'aspect institutionnel du gouverneur romain qui a fini par prendre le dessus. Il est difficile de ne pas voir dans cette métamorphose le reflet du lien qui unit le christianisme au pouvoir, aussi bien aux temps carolingiens que dans le monde byzantin. Blanchi de la mort de Jésus, Ponce Pilate devient en quelque sorte une figure du pouvoir civil favorable au christianisme. (Vercruysse, 2013, p. 34)

En quête d'ancrage historique, la carrière de ce personnage ne pouvait s'arrêter à la mort de Jésus. Elle se poursuit donc dans d'autres textes apocryphes.

DES LETTRES DE PILATE ?

Dans l'Antiquité, les *Actes de Pilate*, intitulés *Mémoire de notre Seigneur Jésus-Christ, établi sous Ponce Pilate*, étaient attribués à Nicodème, qui apparaît dans l'Évangile de Jean. Mais au Moyen Âge, c'est finalement Ponce Pilate qui est désigné comme leur auteur. Une tradition remontant à Tertullien évoquait un rapport de Pilate à l'empereur concernant la condamnation de Jésus. Grégoire de Tours cite *l'Évangile de Nicodème* en indiquant sa source comme : « Faits et geste de Pilate envoyés à l'empereur Tibère » :

> Ainsi rattaché à une série de témoignages antiques sur l'existence d'un rapport officiel de Pilate, l'apocryphe gagnait en véracité et acquérait un statut de

16 « Plusieurs lignes ont sauté accidentellement, comme le montre le fait que les Juifs répondent juste après cette intervention à une question que Pilate ne leur a pas posée. Le passage omis est conservé dans la recension grecque ancienne, ainsi que dans d'autres formes latines du texte. Il précisait que Pilate a convoqué les Juifs, qu'il leur a demandé de confirmer que sa femme Procule était une sympathisante du judaïsme, et qu'il leur a alors communiqué le message qu'elle venait de lui faire parvenir. Cette omission est ancienne et n'est pas propre au manuscrit que nous traduisons. » (*Évangile de Nicodème*, 1997, p. 134, n. 24)

> document historique. Il en gagnait aussi probablement en portée missionnaire : le fait qu'un païen comme Pilate écrive un texte favorable à Jésus était une preuve éloquente du pouvoir du message chrétien. Par ce processus, l'évangile apocryphe a rejoint au cours des siècles un vaste corpus d'œuvres apocryphes mises sous la plume de Pilate. (*L'Évangile de Nicodème*, 1997, p. 25-26)

C'est ce corpus qui fait de lui un « véritable personnage littéraire » (Vercruysse, 2013, p. 34). Les auteurs chrétiens ont imaginé que Pilate avait dû rendre compte de la condamnation de Jésus à l'empereur (généralement Tibère, parfois Claude) en lui écrivant :

> ces lettres ont pour la plupart une origine grecque et se sont surtout diffusées dans les christianismes grecs et orientaux. Dans l'ensemble, Ponce Pilate s'y dédouane de la mort de Jésus, reportant la responsabilité de sa crucifixion sur les Juifs. Ces courriers sont souvent accompagnés des réponses des destinataires, précisant éventuellement les mesures qu'ils ont prises à l'encontre des Juifs et de Ponce Pilate. (*ibid.*, p. 34-35)

Dans plusieurs textes, Pilate est condamné à l'exil ou à la mort, toujours accompagné de son épouse.

BÉATITUDE CONJUGALE

Dans son article « Genèse d'un personnage littéraire », Rémi Gounelle développe l'exemple du *Rapport (Anaphora) de Pilate*, adressé à Tibère et circulant accompagné de la réaction de l'empereur. Le plus anciennement, c'est un récit de la mort de Pilate, intitulé *Comparution (Paradosis) de Pilate* (*Écrits apocryphes chrétiens*, 2005, p. 322 *sqq.*). Pilate est convoqué dans un temple païen par l'empereur, qui lui reproche d'avoir dû céder à la « multitude des Juifs », nation « prompte à l'émeute et indocile » :

> Quand ils te l'ont livré, tu devais sans attendre le mettre en sécurité et me l'envoyer, et non te laisser persuader par eux ni crucifier un tel homme qui est juste et qui a fait de tels miracles bienfaisants – dont tu parles toi-même dans ton rapport. Car, au vu de tels miracles, il était clair que Jésus était le Christ, le roi des Juifs. (*ibid.*, p. 323)

À l'évocation de ce nom s'écroulent les idoles et le temple. Pilate est de nouveau convoqué, au Capitole cette fois, et condamné à mort pour avoir crucifié « un dieu nommé Jésus » (*ibid.*, p. 325). Au lieu de son exécution, Pilate prie Jésus de lui pardonner d'avoir agi ainsi, par ignorance :

> Ne cause donc pas ma perte, Maître et Seigneur, à cause du péché que j'ai commis, mais prends pitié de moi et de ta servante, Procla, qui se tient avec moi à l'heure de ma mort et que tu as chargée de prophétiser que tu allais être cloué à une croix. Ne la condamne pas elle aussi à cause de mon péché, mais pardonne-nous et compte-nous au nombre de tes justes. (*ibid.*, p. 326)

Une voix du ciel lui répond alors que les générations le proclameront bienheureux : « car par toi se sont accomplies toutes les paroles que les prophètes ont dites à mon sujet. Tu seras en personne un témoin, car, lors de ma seconde venue, tu vas apparaître quand je viendrai juger les douze tribus d'Israël, ceux qui ne m'ont pas confessé et qui n'ont pas cru en moi. » (*ibid.*) Le préfet décapite alors Pilate et un ange recueille sa tête, ce que voyant la femme de Pilate « fut remplie de joie et rendit aussitôt son esprit et fut ensevelie avec Pilate son mari » (*ibid.*, p. 326-327). Pas question donc pour le couple d'être séparé, et de cette manière la femme de Pilate n'a pas à être punie par la justice divine. À son mari qui intercède en implorant la pitié du Christ, elle offre sa présence éternelle à ses côtés, dans la béatitude.

UNE SAINTE EN ÉTHIOPIE

D'autres textes donnent une place plus grande encore à notre rêveuse, comme épouse et comme mère. Dans l'homélie « Martyre de Pilate » qui lui est attribuée, l'évêque Cyriaque al-Bahnasā commence par annoncer que ce qui va suivre concerne « le martyre de Pilate, le gouverneur, dans la ville de Rome, de sa femme et de ses enfants, et de ce qui leur advint de la part des Juifs mauvais[17] ». Jacques-Noël Pérès présente ce texte qui raconte la conversion de Pilate et fait de lui un « saint » et un « martyr », et de Procla, une véritable compagne :

> C'est ainsi que lui et Procla « allaient de bon matin auprès du saint tombeau et y priaient. Quand ils virent les miracles et les prodiges qui se produisaient par lui, ils restèrent, en faisant beaucoup d'aumônes aux pauvres et aux indigents. » [Beylot, 1993, p. 623] Toute la littérature d'édification, singulièrement la littérature hagiographique, propose on le sait l'aumône comme le signe d'une contrition sévère et de la volonté de vouloir partir d'un pas nouveau. (*Apocrypha*, 2010, p. 89-90)

17 Cité par Jacques-Noël Pérès « Les traditions éthiopiennes relatives à Pilate » (*Apocrypha*, 2010, p. 88-89). Ce numéro d'*Apocrypha* est en grande partie consacré aux Actes de Pilate et à leur rayonnement international. Robert Beylot a traduit ce texte du guèze (1993).

Jacques-Noël Pérès poursuit ainsi l'analyse de ce texte :

> Davantage encore, Pilate affirme vouloir consacrer toute sa vie au Christ et la lui remettre. Pour Procla qui s'inquiète de ce qui peut désormais lui arriver de mauvais, Pilate se fait consolateur, empruntant au vocabulaire chrétien en l'appelant sa sœur et l'invitant en des termes très édifiants à ne pas être attristée s'il doit mourir : « Ne t'afflige pas – lui dit-il. Si Dieu n'a pas été attristé par la mort de son Fils et l'a livré pour tous, qu'aurais-je moi ô ma sœur, à m'affliger pour mon corps ? Si je meurs pour lui, ce sera pour moi la vie. » [*ibid.*, p. 633] N'est-ce pas là une manière évangélique de s'exprimer ? (*Ibid.*)

La mort du couple est également sanctifiée :

> Pour finir, on voit encore Pilate demander que son tombeau soit placé auprès de celui de Jésus, afin que sa miséricorde descende sur lui, « et après que Pilate eut dit cela, ils le crucifièrent aussitôt et lui coupèrent la tête, le 25 du mois de Sanē, et portèrent son corps à Jérusalem. Et ils trouvèrent sa femme, aimant Dieu : elle était morte aussitôt en ce jour avec ses deux enfants. Et ils les ensevelirent près du tombeau de Notre Seigneur Jésus, ensemble dans un seul tombeau. » [*ibid.*] C'est à proprement parler une sainte famille qui se retrouve, au travers des épreuves et par le témoignage d'une foi nouvelle dans le giron de celui en qui elle reconnaît son salut. (*Ibid.*)

La famille joue un véritable rôle également dans un texte plus connu, *Le Livre du Coq*[18] (V^e^-VIe siècle). Les filles de Ponce Pilate et de Procla, qui s'appellent Makara et Dorta, sont muettes et ne recouvrent la parole que pour exhorter leur mère à défendre Jésus :

> Annonce-le à notre père, Pilate, dis-le-lui ouvertement : « Évite de t'associer à un crime. Ne te réjouis pas de la crucifixion et de la mort de notre Seigneur Jésus-Christ, le Fils du Seigneur vivant, le Dieu des vivants et des morts. Car

18 Cet apocryphe éthiopien a été « écrit à l'origine en grec, fort probablement dans un monastère près de Jérusalem, dans les années 451-479 avant d'être successivement traduit du grec au copte, du copte à l'arabe et de l'arabe à l'éthiopien. Le titre de l'ouvrage fait allusion à l'épisode, tout à fait extraordinaire, du coq cuit destiné à servir de plat de résistance lors de la cène, que Jésus ressuscite et à qui il donne la faculté de parler, afin qu'il aille espionner les agissements de Judas à Jérusalem (2, 9 ; 4, 1.6-8.11.17-22) » (Piovanelli, *in* Mimouni et Pouderon, 2012, p. 133). Le texte se présente comme une instruction orale de l'auteur par les apôtres eux-mêmes et raconte les trois derniers jours de la vie de Jésus, à partir des Évangiles et des apocryphes. Largement diffusé, il est presque canonique pour les chrétiens d'Éthiopie et inséré dans le lectionnaire de la semaine sainte. Voir l'introduction de Pierluigi Piovanelli, *Écrits apocryphes chrétiens*, 2005, p. 137 *sqq.*

> c'est lui qui t'examinera et te jugera, toi et le monde tout entier, au jour de la rétribution et du jugement, où il n'y aura nulle partialité. Évite aussi de tenir des propos iniques à son sujet, afin de ne pas être livré aux anges des ténèbres en enfer. » (*Écrits apocryphes chrétiens*, 8, 3-5, 2005, p. 188)

La mère envoie ses sœurs et sa belle-sœur auprès de son époux afin de lui rapporter les paroles des enfants et l'avertir qu'elle-même a fait un « grand rêve » au sujet de Jésus. Pilate est stupéfait et émerveillé et ses fils, Adorokonadi et Awlogis, s'écrient : « Celui-ci est vraiment le Fils du Seigneur. Nous avons vu nous-mêmes, en ce jour, la lumière et la puissance qui émanent de son visage. Il n'y a personne qui lui ressemble sur terre. » (*ibid.*, 8, 9, p. 189) Procla entreprend ensuite d'écrire une lettre aux Juifs siégeant au tribunal : « Nous nous tenons prêts, moi et tous les membres de ma maison, à mourir pour le nom de Jésus, si vous refusez de le sauver. Car il n'est pas de ce monde et il ne doit rien lui arriver de mal » (*ibid.*, 8, 10, p. 189). Les Juifs voient dans ce geste épistolaire une preuve que Jésus est un magicien influençant Procla. Jésus efface alors le contenu de la lettre et le remplace par un message à l'adresse de celle-ci :

> Tu es une femme bienheureuse, qui aime le Seigneur. Grande est ta foi, et la parole que tu proclames. En vérité, je te dis que je te donnerai ta récompense dans le royaume des cieux et que je compterai tes fils et tes filles au nombre des cent vierges qui accompagneront ma mère Marie. Toi qui as voulu te sacrifier toi-même pour moi, ainsi que tous les membres de ta maison, je te compterai parmi tous les martyrs. (*ibid.*, 8, 13-14, 2005, p. 189)

Ce texte puise dans différentes traditions pour livrer une version bouleversante de la Passion. Le rôle des personnages secondaires permet de dramatiser une histoire déjà tellement connue, en donnant à voir les émotions qu'elle suscite, non seulement chez Marie, dont l'expression de la douleur est intense (notamment rendue par l'anaphore « elle vit », *ibid.*, 9, 12-20, p. 196-197), mais chez les membres de la famille de Pilate. Pour Pierluigi Piovanelli, la dramatisation de l'histoire est « à l'usage des pèlerins qui se rendent à Jérusalem pour participer aux célébrations de la Semaine sainte. » (« De l'usage polémique des récits de la Passion, ou Là où les chemins qui auraient dû se séparer ont fini par se superposer », Mimouni et Pouderon, 2012, p. 125-160)

LES APOCRYPHES : DES RELAIS FONDATEURS DANS L'HISTOIRE DE PROCLA

En développant le texte évangélique, les textes apocryphes lui donnent une nouvelle dimension, littéraire et théologique. Rémi Gounelle montre que la femme de Pilate est le troisième et dernier degré dans le rapprochement avec Pilate des défenseurs de Jésus :

> D'abord le messager à l'extérieur du prétoire, puis les porte-enseignes dans le prétoire, puis la femme du gouverneur, à son domicile. Tout l'entourage de Pilate, professionnel et privé, est donc progressivement sous la sphère de domination du Christ, qui apparaît comme un roi plus puissant que le pouvoir romain. (Gounelle, « La divinité du Christ dans les Acta Pilati », 1997, p. 127)

Ainsi, la femme de Pilate est présentée comme proche du judaïsme, ce que l'organisation du texte montre très précisément en mettant en place une échelle de quatre degrés du judaïsme :

> au premier degré se trouvent des païens bienveillants [...], puis la femme de Pilate est présentée comme une sympathisante du judaïsme ; sont mentionnés ensuite les prosélytes et enfin, au plus haut degré, les Juifs de naissance. [...] Cette présentation se double d'une distinction entre « bons » Juifs, favorables à Jésus, et « mauvais » Juifs, désireux de le condamner. La femme de Pilate [...] est rapprochée des « bons » Juifs : elle est présentée comme une femme qui aurait vécu une conversion antérieure au judaïsme et se soucierait alors de la destinée de Jésus. Alors que les traditions patristiques préfèrent souligner son statut de païenne pour en faire un symbole de l'*Ecclesia a gentibus*, Pilate insiste [...] sur sa proximité avec les Juifs. (Baudoin, *Apocrypha*, 2010, p. 142-143)

Les textes apocryphes sont aussi des exégèses des textes canoniques. Et il est rare que les représentations littéraires et iconographiques s'inspirent exclusivement de la Bible. L'idée d'une conversion ou d'une amitié pour le judaïsme de la part de la femme de Pilate ressurgit très souvent. La présence des enfants également. Comme le rappelle Sylvie Parizet, qui cite Sylvie Ballestra-Puech, il n'est de « texte fondateur » qu'à un instant donné de l'Histoire car « on ne peut inférer de l'absence de témoignage l'inexistence d'un phénomène » (Ballestra-Puech et Moura, 1999, p. 25) :

> Notons alors que ce qui distingue ici les « mythes d'origine biblique », la notion de canon, rend les choses à la fois plus simples et plus complexes. Plus simples en apparence, car même s'il existe plusieurs versions d'un récit

> biblique, le principe de la constitution du canon est justement d'avoir choisi avec soin, à un moment donné, un texte unique – quitte à écarter des textes plus anciens [...] Dans le domaine de la mythocritique, la Bible représente, à cet égard, un cas bien particulier, puisqu'il y a eu volonté (religieuse, et donc politique) de créer un « texte fondateur unique » et d'exclure les autres versions qui auraient pu contribuer à donner naissance à ce texte. (Husshert et Reibel, 2002, p. 203)

Il est certain que, voyageant dans l'imaginaire, la femme de Pilate n'est pas sans bagages. Partie du texte matthéen, elle vient à nous chargée des commentaires et réécritures dont cet évangile a fait l'objet au fil des siècles, même si l'on peut choisir de ne considérer que le texte biblique apparemment fondateur. Le Moyen Âge en tout cas ne l'envisage pas sans cette richesse.

DIABLERIES

Le Moyen Âge est très méfiant à l'égard des rêves (Le Goff, 1977, p. 299-306). Le Père de l'Église Grégoire le Grand (c. 540-604), l'évêque Isidore de Séville (c. 560/570-636) ou encore l'abbé Bernard de Clairvaux (1090-1153) invitaient déjà à être sur ses gardes : individuels, les rêves sont forcément limités et ne peuvent servir d'arguments officiels. De plus, ces illusions, ces tromperies, pourraient avoir des connivences avec le diable… Or celui-ci est un personnage très important au Moyen Âge. Ainsi, dans le *Traité de Saint Bernard contre quelques erreurs d'Abélard au Pape Innocent II*, l'abbé de Clairvaux évoque son pouvoir :

> Le Sauveur a reconnu que le démon avait empire même sur lui, de même que Pilate, qui n'était que l'instrument du diable ; il a dit en effet : « Vous n'auriez aucun pouvoir sur moi, si vous ne l'aviez reçu d'en haut » (Jn 19, 11). […] Le démon usurpe ce pouvoir, l'homme s'y assujettit lui-même ; tous deux sont criminels ; Dieu seul est juste en soumettant l'un au pouvoir de l'autre. Car ce n'est pas le pouvoir, mais bien la volonté qui nous rend justes ou injustes. Ainsi cette espèce de pouvoir que le démon s'est acquis sans justice, qu'il a même usurpé par sa malice, ne laisse pas de lui avoir été attribué avec justice. Mais s'il était juste que l'homme fût esclave, la justice ne se trouvait ni de son côté ni de celui du démon, elle était uniquement du côté de Dieu[1].

Dans son *Sermon pour le jour de Pâques. Sur les sept sceaux brisés par l'Agneau* (§ 3), Bernard de Clairvaux interprète la crucifixion comme un acte de charité, d'obéissance, de patience et d'humilité, quatre pierres précieuses attachées aux quatre bras de la croix. Ainsi, à propos de ceux qui invectivèrent Jésus sur la Croix en ces termes : « sauve-toi toi-même, si tu es le fils de Dieu, et descends de la croix ! » (Mt 27, 40) et des grands prêtres, des scribes et des anciens (« Il en a sauvé d'autres et il ne peut pas se sauver lui-même ! Il est Roi d'Israël, qu'il descende maintenant de la croix, et nous croirons en lui ! », Mt 27, 42), l'abbé écrit :

---

1 Lettre 190, chap. 5, § 14. https://www.pierre-abelard.com/text-bernard-capitula.htm (page consultée le 09 janvier 2020).

> Ce qui peine surtout le rusé et venimeux serpent, c'est le serpent d'airain qu'il voit élevé dans le désert, et dont la vue seule guérit les blessures qu'il a faites (Num. XXI, 8). Aussi n'est-ce pas un autre que lui, du moins je le pense, qui suggéra à la femme de Pilate la pensée de lui envoyer dire : « Ne vous embarrassez point dans l'affaire de ce Juste, car j'ai été aujourd'hui étrangement tourmentée, dans un songe, à cause de lui » (Matth. XXVII, 19). Il était donc déjà vivement tourmenté alors, mais c'est surtout en ce moment que, se sentant singulièrement affecté par la vertu de la croix, cet ennemi du salut se repent, mais trop tard, de ce qui s'est fait.

Ce serait pour cette raison que le serpent inspire aux Juifs d'invectiver Jésus de cette manière :

> C'est bien là la ruse du serpent, c'est bien une invention de cet esprit pervers. L'impie avait entendu le Sauveur dire un jour : « Je n'ai été envoyé qu'aux brebis perdues de la maison d'Israël (Matt. XV, 14) » et il savait quel zèle il semblait avoir pour le salut de ce peuple ; voilà pourquoi, animant de son excessive malice la langue des blasphémateurs, il leur suggère de dire : « Qu'il descende et nous croyons en lui. » Comme s'il n'y avait plus rien qui s'opposât à ce qu'il descendît, puisqu'il avait tant à cœur de les voir croire en lui[2].

Dans la Deuxième Épître aux Corinthiens, Paul mettait en garde déjà contre les faux apôtres : « rien d'étonnant à cela : Satan lui-même se camoufle en ange de lumière. C'est donc peu de choses pour ses serviteurs de se camoufler en serviteurs de la justice. Leur fin sera conforme à leurs œuvres. » (2 Co 11, 14-15) Dans ses *Homélies sur les Évangiles* (16, livre 1), Grégoire le Grand le reconnaît ainsi dans les participants au procès du Christ :

> De tous les méchants le diable est bien la tête, et les méchants sont tous membres de cette tête. Ne fut-il pas membre de cette tête, Pilate ? Ne furent-ils pas membres du diable, les Juifs qui le poursuivirent, et les soldats qui le crucifièrent[3] ? (Grégoire le Grand, 2005, p. 349)

Le trompeur règne sur le monde des illusions et des menteurs. Mais aussi sur celui des acteurs, et le Moyen Âge, nourri des traditions apocryphes, représente volontiers le diable.

---

2 http://jesusmarie.free.fr/bernard_de_clairvaux_sermons_du_temps_4.html (page consultée le 09 janvier 2020).

3 Le Père de l'Église est alors l'un des rares à ne pas faire porter la culpabilité de la crucifixion aux seuls Juifs.

PASSIONS MÉDIÉVALES

Les *Acta Pilati* ont considérablement influencé les représentations de la Bible au Moyen Âge[4]. Non seulement ces textes ont contextualisé de nombreux passages des Évangiles, leur offrant une dimension visuelle et théâtrale beaucoup plus forte, mais ils ont permis à certains personnages de poursuivre leur vie hors de ces textes canoniques en racontant ce que sont devenus les acteurs du procès de Jésus et en leur offrant souvent un ancrage familial. Les apocryphes jouent un rôle dans l'inscription historique des Évangiles, en leur donnant des garanties (comme on a vu avec Pilate, représentant du pouvoir romain), mais ouvrent aussi de nouvelles perspectives. De plus, les textes apocryphes sont déjà un déploiement du texte biblique et apportent des réponses à « ce qui n'est pas encore dit. » (Pelletier, 1991, p. 391) D'ailleurs, l'Évangile de Jean prévenait déjà : « Jésus a opéré sous les yeux de ses disciples bien d'autres signes qui ne sont pas rapportés dans ce livre » (Jn 20, 30), et celui de Luc indique : « beaucoup ont entrepris de composer un récit des événements accomplis parmi nous » (Lc 1, 1). Enfin, comme le rappelle Marie-Geneviève Grossel dans son article « Pilate dans les représentations dramatiques du Moyen Âge »,

> Une grosse partie de l'apocryphe est composée de dialogues et les courtes remarques qui introduisent ces dialogues ont déjà un aspect de didascalie. D'autre part, le texte dessine dans l'espace du récit une géographie des déplacements soigneusement indiqués et cela recoupe la conception de l'espace théâtral médiéval, pour lequel l'imagination des spectateurs suppléait sans difficulté au décor, des plus réduits. (Vercruysse, 2013, p. 70)

On retrouve ainsi dans les Passions médiévales une place de choix pour notre personnage, son entrée au tribunal et ses dialogues avec le diable et avec son mari.

---

4 « Lorsqu'on considère le nombre de familles textuelles et de traductions conservées de *l'Évangile de Nicodème*, on s'étonne peu de la profonde influence que cet apocryphe a exercée sur un large éventail de productions religieuses de l'Europe de l'Ouest au Moyen Âge. Il a en effet été cité ou utilisé dans des chroniques historiques, des traités théologiques, des documents didactiques, des exercices de dévotion, des pratiques et des textes liturgiques, et des compositions littéraires ; l'iconographie n'a pas échappé à son influence. » (Gounelle et Izydorczyk, 1997, p. 31) Voir aussi Izydorczyk (1997) ; Ford (1973) ; et Thiry (1982).

THE HELIAND : LA FEMME DE PILATE VICTIME D'UN IMPOSTEUR

L'origine diabolique du rêve de la femme de Pilate se pose déjà dans *The Heliand* (« *Le Sauveur* »), poème épique en ancien saxon de la première moitié du IXe siècle qui s'inspire de la théologie de Raban Maur (c. 780-856). C'est une paraphrase de la vie de Jésus en vers allitérés, typique des sagas germaniques :

> *The Jewish people said many different sinful things about mighty Christ. He stood there, keeping silent in patient humility. He did not answer their hostile words, He wanted to free the whole world with His life – that is why let the evil clan subject Him to whatever terrible torture they desired. He did not want to let all the Jewish people know openly that He was God Himself. For, if thy really knew how much power He had over this middle world, their feelings would turn cowardly within their breasts and they would never dare to lay their hands on the Son of God, and then the kingdom of heaven, the brightest of worlds, would never be unlocked to the sons of men.* (*The Heliand*, chant 64, 1992, p. 177)
>
> « Les Juifs disaient beaucoup de choses scandaleuses à propos du Christ puissant. Il se tenait là, silencieux, patientant humblement. Il ne répondait pas à leurs paroles hostiles, il voulait sauver le monde entier en donnant Sa Vie – et c'est pourquoi il laissait ceux du clan diabolique Le soumettre à toutes les tortures qu'ils désiraient. Il ne voulait pas que les Juifs fussent convaincus qu'Il était Dieu Lui-même. En effet, s'ils avaient vraiment connu Son pouvoir sur ce monde intermédiaire, leurs sentiments seraient lâchement retournés dans leur sein et ils n'auraient jamais osé poser leurs mains sur le Fils de Dieu, et alors le royaume du ciel, l'univers lumineux, ne s'ouvrirait jamais pour les fils des hommes[5]. »

Au chant suivant, après que la foule a réclamé la libération de Barabbas, c'est Satan lui-même qui est évoqué :

> *The enemy, the worst of the wicked, Satan himself, became aware of all this when Judas's soul arrived down at the bottom of cruel Hel. At that moment Satan knew for certain that the One who was standing there in chains was the Ruler, Christ, the Son of the Chieftain. Satan then knew for sure that Christ wanted to set the whole world free from oppression of Hel by His hanging, freeing everyone to go to God's light.* (*ibid.*, chant 65, p. 178)
>
> « L'ennemi le plus malicieux, Satan lui-même, comprit tout cela lorsque l'âme de Judas arriva au fond du cruel Enfer. C'est à ce moment que Satan

---

5 Je traduis à partir de l'anglais moderne. Il n'existe pas, à ma connaissance, de traduction en français de ce texte.

fut assuré que Celui qui se tenait là, enchaîné, était le Souverain, Christ, le Fils du Chef. Alors, Satan fut convaincu que le Christ voulait libérer le monde entier de l'oppression de l'Enfer par Sa pendaison, rendant chacun libre d'aller vers la lumière de Dieu. »

Pour éviter cela, Satan commence à envoyer des signes mystérieux à la femme du gouverneur militaire afin qu'elle défende le Christ :

> *The woman was very worried, she was frightened by the visions that were coming to her in broad daylight. They were the doings of the deceiver, who was invisible, hidden by a magic helmet. She sent a request to her lord in her words, commanding that he be told truthfully what was coming to her in visions because of the holy man. She asked her lord to help the man and to save the man's life. « I have seen so many strange things here on account of Him that I know that the sins of any earl who dares to kill that man's life-spirit will be horribly increased. »* (*ibid.*, chant 65, p. 179)

> « La femme était très inquiète, elle était terrifiée par les visions qui lui apparaissaient vers l'aube. C'était l'œuvre de l'imposteur, qui était invisible, caché par un heaume magique. Elle envoya une requête à son seigneur, s'exprimant de manière à ce qu'il fût convaincu que des visions lui apparaissaient à cause de l'homme saint. Elle lui demanda de lui venir en aide et de sauver cet homme. "J'ai vu tant de choses étranges à cause de Lui que je sais que les péchés de tout homme de valeur qui oserait tuer l'esprit de vie de cet homme seraient horriblement décuplés." »

C'est la peur de ce qui arriverait à Pilate, mais non le bouleversement de l'intuition de Jésus comme « juste », qui poussent l'épouse du gouverneur à intervenir. Elle répond ainsi tout à fait au projet satanique et envoie un messager auprès de Pilate :

> *The governor became very upset, inside he was churning, the thoughts of his mind turned despondent. Both things were painful to him : that they should kill an innocent man ; and that he did not dare to dismiss the case in the presence of these people because of what they had said. Then, in his heart, his mind gradually inclined toward the Jewish leadership, toward acting according to their will. He did not defend himself in the slightest from the serious sin he was there doing to himself.* (*ibid.*, chant 65, p. 180)

> « Le gouverneur fut très affecté, il était très agité intérieurement et les pensées de son esprit l'abattaient. Ces deux choses étaient douloureuses pour lui : qu'ils pussent tuer un homme innocent ; et qu'il n'osât pas renvoyer le cas en présence de ces gens à cause de qu'ils avaient dit. Alors, en son cœur, son esprit peu à peu s'inclina vers les dirigeants Juifs, jusqu'à agir selon leur volonté. Il ne se défendit pas lui-même le moins du monde du grave péché qu'il était en train de s'infliger à lui-même. »

Pilate fut puni et malheureux toute sa vie pour avoir obéi à la volonté des persécuteurs du Christ rédempteur. Le travail de G. Ronald Murphy sur la structure du *Heliand* (Murphy, 1992, p. 153-158) met en évidence la symétrie entre le rêve des Mages et celui de la femme de Pilate, deux épisodes proprement matthéens. En effet, rappelons que dans l'Évangile de Matthieu, les Mages sont « avertis en songe de ne pas retourner chez Hérode » et prennent alors une autre route pour s'en retourner chez eux (Mt 2, 12). Le rêve de la femme de Pilate est également l'avertissement d'un danger. Elle témoigne ici du reflet entre le début et la fin de la vie d'accomplissement de Jésus. Dans ce texte, la réflexion stratégique du diable occupe beaucoup plus de place que l'intervention de la femme de Pilate : celle-ci n'est qu'un instrument dans la lutte entre le mal et la Rédemption.

LE TRIOMPHE DE SATAN

Dans les siècles suivants, l'intervention de la femme de Pilate sera plus ou moins développée dans la littérature. Parfois, l'inspiration diabolique prendra beaucoup d'importance ; d'autres fois, ni femme, ni diable : la filiation de Pilate prend le relais. L'époux est aussi un père, et les enfants font partie de la maison, du domaine de l'intime.

Il n'est pas dit que le rêve soit d'origine diabolique dans la *Passion d'Autun* (fin XIIIe-début XIVe siècle[6]), mais son contenu est enfin détaillé : la femme de Pilate voit l'avenir de son mari et celui des Juifs de Jérusalem, confondus dans une vision terrifiante. Pourtant, Pilate est ici particulièrement touché par Jésus (« Voulés vous que je fasse octire / Celuy qui sur tout est maistre et syre ? », *Passion d'Autun*, 1934, v. 843-844). Craignant le pouvoir romain, il le condamne tout en continuant à s'interroger sur sa responsabilité :

> Or dictes, Seigneurs, s'y vous plait,
> N'y ai-je pas trop grant meffait ?
> (*ibid.*, v. 770-771)
>
> […]
> Or regardés, Joseph, beaulx syre,
> Se j'ay mespris en ce martyre.
> (*ibid.*, v. 1607-1608)

6 Copiée à Autun par Philippe Biard en 1470, cette *Passion* est en fait très ancienne.

La conscience de Pilate et le rôle du diable sont très liés. C'est le diable qui est responsable de la terreur dans la *Passion Isabeau*, texte traduit pour Isabeau de Bavière en 1398, d'un auteur anonyme. Dès les premières lignes de son texte, l'auteur s'identifie comme le traducteur d'un texte latin, sans le nommer, mais dont on reconnait le modèle dans le texte pseudo-bonaventurien *Meditationes Vitae Christi* (c. 1300). À la requête de la reine qui épousa Charles VI en 1385, l'auteur de la *Passion Isabeau* écrit l'histoire de la Passion en prose française, depuis la résurrection de Lazare jusqu'aux moments précédant celle de Jésus, en mettant au premier plan les souffrances de Marie, en particulier pendant le procès, très détaillé. Il ne s'agit pas de théâtre, mais les détails visuels et les enjeux du texte rappellent les mystères médiévaux. Voici le passage concernant la femme de Pilate :

> Et comme Pylate se fut assis en siege et
> Jhesus posé devant lui ainsi travaillié et
> horriblement navré et defiguré, la femme
> Pylate envoya devers Pylate en lui mandant,
> que bien se gardast que de Jhesus ne s'entre-
> mist et que nullement ne le condampnast a mort.
> Aucuns dient que le diable apperceust la
> joye que les sains peres avoient ou limbe et
> pour ce il doubta que Jhesus ne les deust
> tous delivrer par sa mort, et pour ce il
> lui desplaisoit qu'il avoit fait prendre
> Jhesus. Si se penssa que auci comme par
> fame il avoit introduit la mort, aussi
> par fame il enpetreroit que Jhesus ne
> morust point. Et pour tant celle nuitee
> paravant il avoit mis plusieurs visions
> en l'entendement de la fame dudit Pylate,
> ad fin que elle / mandast a son mary.
> (éd. DuBruck, 1990, v. 2764-2781, p. 139)

Les détails de la souffrance de Jésus, la présence du diable cherchant une stratégie, l'écho aux apocryphes (c'est le diable qui envoie le rêve à la femme de Pilate), correspondent bien aux Passions du XVe siècle[7].

7 Dans son texte liminaire, Edelgard DuBruck établit ces distinctions entre les mystères de la passion du XVe siècle et leurs antécédents : « 1) leur longueur, 2) leur envergure, qui comprend souvent l'Ancien Testament et le Nouveau, 3) la grande quantité de passages

Le texte a une valeur explicative : il s'agit de donner une raison à l'intervention de la femme de Pilate et d'inscrire la mort de Jésus en écho avec l'introduction de la mort dans le monde. Ève et la femme de Pilate se répondent donc ici, par l'entremise du diable.

On retrouve le diable dans la *Passion des Jongleurs* (fin du XIIe-début du XIIIe s.), puis dans le *Mystère de la Passion* (*Passion d'Arras*) d'Eustache Mercadé, vers 1420-1430, et sa reprise par Arnoul Gréban vers 1450, dont la Passion est à son tour remaniée par Jean Michel (*Passion d'Angers*, 1486), où un rôle plus important est donné à Satan : il tente de donner mauvaise conscience à Pilate s'apprêtant à condamner un innocent. En effet, la Rédemption met à mal l'influence de Satan. Il a donc tout intérêt à faire en sorte que le sacrifice de Jésus n'ait pas lieu. La femme de Pilate joue soit le rôle d'une complice de Satan, soit celui d'une simple intermédiaire tentant de convaincre Pilate par la peur du châtiment qui l'attend, en faisant donc appel à son instinct élémentaire, puisqu'il n'est touché ni par la grâce de Jésus ni par l'argumentation des grands-prêtres.

Dans la troisième Journée de la *Passion* de Gréban, Pilate se montre hésitant : il ne veut pas condamner le « povre homme » qu'est Jésus, mais il veut aussi satisfaire le peuple et retrouver sa tranquillité. Il annonce qu'il va siéger au tribunal. Prend alors place un intermède donnant la parole à Adam et Ève réclamant la mort de Jésus pour les absoudre, puis Dieu le père leur envoyant Michel pour les réconforter et leur annoncer la Nouvelle, avant que Ésaïe, Ézéchiel, Jérémie et David chantent de joie. S'ensuit une autre scène, en symétrie, où Lucifer, dans un dialogue avec ses comparses, s'inquiète du sacrifice rédempteur de Jésus. Il envoie alors Satan auprès de la femme de Pilate[8] :

> A la femme Pilate iras
> qui encore en son lit sommeille,

---

lyriques, méditatifs et didactiques, 4) le nombre évidemment considérable de textes apocryphes consultés par les auteurs, 5) l'élaboration du système dualiste (Dieu / le bien vs. Le Diable / le mal), 6) le recours, à maintes reprises, aux concordances typologiques, au principe de la préfiguration entre l'Ancien Testament et le Nouveau, non seulement pour montrer la continuité de l'histoire du salut, mais aussi pour justifier les souffrances et la mort du Sauveur, 7) le réalisme quasi mélodramatique des scènes de moqueries et de tourments du Christ, 8) le rôle de la Vierge, protagoniste secondaire du drame de la passion, 9) la présence de scènes d'un comique assez grossier. » (*Passion Isabeau*, 1990, p. 14-15)

8 On trouve la même démarche de la part de Lucifer et Satan dans le *Mistere de la Passion*, troisième Journée, v. 14176-14241, 1976, p. 165-166.

> et luy monstre par grant merveille
> que tous ceulx, qui entenderont
> et couppables se renderont
> de la mort Jhesus le prescheur,
> seront condampnés.
> (Gréban, 1970, v. 23398-23403, p. 306)

Satan obéit et se rend à Jérusalem :

> Femme qui droit cy te reposes,
> Entens cy une advision
> Ou point n'y a d'abusion.
> Entens donc ce que je te somme :
> Ton mary tient ung tres saint homme
> Innocent, qu'oncques ne meffit :
> C'est Jhesus qui s'appelle Crist,
> Et par envye qui le mord
> On le veult condampner a mort,
> Dont ton mary doit estre juge.
> Garde bien que point ne le juge,
> Car s'il luy assiet la sentence
> C'est contre Dieu et conscience,
> Et cy après le temps verrez
> Que toy et luy destruis serez
> Et porterez pugnicion
> De la faulce execucion
> Qu'il en fera : bien t'en souviengne ;
> Garde que ja ne luy adviengne,
> Empesche le tant que pourras
> Ou villainement en mourras,
> Et brief je te le certiffie.
> (*ibid.*, v. 23418-23439, p. 306-307)

À ces mots, la femme de Pilate se réveille terrifiée et se recommande aux dieux païens qu'elle croit lui avoir envoyé cette « vision laide et obscure » (v. 23442, p. 307), avant de se lever et d'interpeller Sardine, sa femme de chambre, à propos du tumulte de la foule. Celle-ci lui révèle que « Jhessus, le saint homme et divin », est aux mains des Juifs qui requièrent de Pilate une condamnation à mort. L'épouse la prie alors d'aller trouver son mari pour lui dire de bien se garder de se mêler de cette affaire et de sauver Jésus malgré les cris du peuple. Elle fait part de son rêve, dont son cœur frémit encore (v. 23464-23479, *ibid.*).

Sardine s'en va donc trouver Pilate, qui est en train de s'adresser à la foule depuis son « siège de haulte justice » (v. 23487, p. 307) et implore sa compassion pour le « povre homme » (23491, p. 307). Comme avec la femme de Pilate, Gréban met en scène un véritable dialogue entre Pilate et Sardine, à qui il donne la permission de s'adresser à lui brièvement :

SARDINE

Ma dame a vous se recommande,
Sire, et vous prie en sa clamour
Que sur le plaisir et l'amour
Que james faire luy sçavez,
Que cest homme que vous avez
Puist estre de la mort recous,
Et comment qu'il soit, gardez vous
De le juger s'il fault qu'il muyre.

PILATE

Je ne luy veil aidier ne nuyre,
Je ne m'en mesle quant a moy ;
Mes je te prie, par ta loy,
Qui la meust de faire ce mand ?

SARDINE

Elle a veu ennuyt en dormant
Grans merveilles et de grant monte
De ce Jhesus, comme elle compte,
Et les vous dira cy apprès ;
Mes comment qu'il soit, par exprès
M'a dit que vous en deschargez,
Et gardez que ne le jugez
Pour quelque couleur qu'on vous baille.

PILATE

Nous en ferons bien, ne te chaille,
Se pourvoir y puis nullement.
Va t'en et luy dis hardiment
Que du fait de sa delivrance
J'en feray ma plaine puissance
A sa requeste.

SARDINE

Monseigneur,
Nos dieux vueillent qu'a vostre honneur
En puissiez vostre main lever.
(v. 23502-v. 23527, p. 308)

Après avoir de nouveau prié le peuple en faisant appel à sa pitié, il se dégage de sa responsabilité en se lavant les mains « a la coustume des Romains » (v. 23582, p. 308). Par la suite, dans la quatrième Journée, Pilate s'en repent amèrement, mais sa femme lui reproche ses propos offensants pour les dieux et lui demande de cesser ses plaintes :

> S'il est mal, ainsi demourra,
> S'il est bien jugé, bien sera,
> Et n'en prenez jamès ennoy,
> Car je cuide tant qu'est a moy
> Que jamès parler n'en orrez.
> (v. 32329-32333, p. 424)

Comme le rappellent Gaston Paris et Gaston Reynaud dans l'introduction, les scènes de diables faisaient rire le public des mystères. En outre, la femme et sa servante figurent l'arrière-plan, la vie quotidienne de Pilate : ainsi, les petites gens, le juge, sa femme et Jésus, toutes les classes de la société étaient représentées, et « cette variété infinie donnait au poëte l'occasion de varier son style et son langage, de reposer, par des changements continuels de ton, l'attention des spectateurs d'alors » (Gréban, 1970, p. XVIII). La femme de Pilate, terrorisée lors de l'intervention de Satan, se montre particulièrement décevante dans la quatrième Journée : loin d'être visionnaire, elle confirme alors son paganisme originel. Quant à Pilate, sa conversation avec Sardine montre, dès qu'elle le quitte, à quel point il est influencé par la foule. Cependant, à la fin c'est lui qui se repent, tandis que sa femme n'est plus du tout dans une perspective chrétienne : elle avait, après tout, accueilli l'influence du diable, et non une révélation divine.

De même dans les *Mystères d'York*, cycle de quarante-huit pièces en moyen anglais, représentées le jour de la Fête-Dieu entre le milieu du XIVe siècle et 1569 par les différents corps de métier de la ville. La trentième, interprétée par les tapissiers, a pour sujet le rêve de la femme de Pilate. Dame Precious Percula fait un rêve dicté par le diable qui lui explique que si Jésus est condamné à mort, le diable lui-même prendra le contrôle des âmes humaines, avant de lui révéler que Jésus étant innocent, Pilate et elle-même perdront leur position privilégiée s'il est condamné. À son réveil, la dame envoie donc un message à Pilate, mais Anne et Caïphe persuadent celui-ci que ce rêve est le fruit de la sorcellerie de Jésus.

C'est dans la *Passion d'Auvergne* (deuxième moitié du XVe siècle) que nous trouvons la femme de Pilate la plus originale[9]. Une grande importance est donnée à son rêve, puisqu'il ouvre la journée de représentation. De plus, la forme strophique adoptée (huitains ababbcbc) remplaçant les couplets d'octosyllabes, lui confère toute sa gravité. Enfin, alors que dans les Passions de Gréban et de Mercadé la rêveuse invoquait les Dieux de l'Olympe, elle invoque ici Adonay (v. 1912) et elle ne dit pas que le diable la menace, mais utilise l'indéfini « on ». Elle est émotionnellement très expressive, tout comme la Vierge Marie, celle-ci éplorée au pied de la Croix, celle-là effrayée à son réveil :

> Helas ! Adonaÿ, helas !
> Romain, vien t'en a moy parler,
> car je n'ay plus jambes ne bras,
> de quoy je me puisse ayder.
> De peur je ne faiz que trambler
> pour les choses que j'ay songé,
> car on m'est venu menasser
> que Pilate sera dampné.
>
> Tantost qu'il ara condempné
> Jhesus a mort, com il veult faire,
> il sera après accusé
> es empereurs pour le desfaire ;
> lors arey je doleur amere.
> (*La Passion d'Auvergne*, 1982, v. 1912-1924, p. 167)

On remarque que la crainte de Percula est que Pilate subisse une condamnation du pouvoir romain. La question de savoir à qui obéir se pose de manière récurrente, mais souvent implicitement, pour Pilate. Les grands-prêtres, la foule, l'empereur, sont autant de forces menaçantes. Le salut par le Christ ne fait encore que l'effleurer. Mais ce qui est inédit, à notre connaissance, dans cette *Passion*, est le contenu du rêve :

> En songe je veyes liompars,
> chiens, chatz, loups et renars,
> ouls, lions, colevres, sanglers,

9 Dans l'introduction de son édition, Graham A. Runnalls fait d'ailleurs remarquer qu'elle est « totalement différente de toutes les autres Passions françaises. » (*La Passion d'Auvergne*, 1982, p. 8)

> noirs hommes et fort estrangiers
> trestous a l'environ d'un jucge,
> qui disoyent : « Si Pilate jucge
> Jhesus le prophete tresgrand,
> a tous vous faiz comandement
> que l'estranglés luy et sa femme,
> car Jhesus est homme sans blasme,
> tresparfait et juste personne[10] ».
> (v. 1929-1939, p. 167-168)

Le bestiaire ne comprend que des animaux de la terre : c'est ici et maintenant qu'il faut agir. De plus, cette domination animale correspond à un retournement fondamental de la supériorité humaine (« Dieu dit : "Faisons l'homme à notre image, selon notre ressemblance, et qu'il soumette les poissons de la mer, les oiseaux du ciel, les bestiaux, toute la terre et toutes les petites bêtes qui remuent sur la terre !" », Gn 1, 26) : il s'agit bien d'un véritable cauchemar. Le messager Romain, bouleversé, la presse de l'envoyer rapporter ceci à Pilate :

> Parcula, ma dame, a songé
> q'un grant juge vous condempnoit
> a mort vilaine et disoit :
> « Si se Pilate jucge a mort
> Jhesus, ce sera a grant tort ;
> pour ce comende a vous dïables
> que luy soyés si tresnuisables
> que destruiés luy et sa femme,
> de corps, de bien et de leur ame. »
> (*ibid.*, v. 1958-1966, p. 168-169)

On reconnaît bien sûr la recension grecque ancienne des *Actes de Pilate* : Pilate demande aux Juifs leur avis sur le rêve et ceux-ci accusent Jésus de sorcellerie. Mais il défend sa femme (« Je ne croy pas qu'elle soit telle », *ibid.*, v. 1986, p. 169) et ne reste pas tranquille ; agité, il regrette presque sa décision et la reproche aux Juifs. Percula s'impose ici avec plus de force encore en revenant rappeler à son époux, désespéré et effrayé par ce qu'il a fait, qu'elle l'avait bien prévenu :

10 On retrouve cet impressionnant bestiaire dans le péplum *Ponzio Pilati* de Gian Paolo Callegari et Irving Rapper (1962).

> J'avoye esté bien asseuree
> et advisee
> que mal fariés de le jucger.
> Pour ce fus triste et desolee,
> quant reportee
> me fut la crie pour aler
> le bon Jhesus accompaignher
> Cruxiffier.
> Dobtant d'avoir punicïon,
> je vous en fis bien adviser,
> car mespriser
> veoye nostre nacïon.
> Vous advés desolacïon
> de l'actïon
> qu'advés faicte injustement.
> Il gist bien, car m'opponïon
> en fictïon
> advés mis a desprisement.
> Conseilh de famme bien souvant,
> quant on le prent,
> a sages gens porte profit,
> mes qu'il soit pris d'entendement,
> le dirigent
> par raison que tout dirigit !
> (*ibid.*, v. 4481-4504, p. 277-278)

Et Pilate de le reconnaître. Ces propos féministes sont très pertinents et s'opposent, comme nous le verrons, à la misogynie que la femme de Pilate n'a pas manqué d'inspirer[11]. Chloé Lelong compare cette Passion à celle du poète franco-italien du XIVe siècle :

> E sa fame a dir li envoia landeman,
> Che Jesu il ne fist soufrir mort ne achan,
> Qar mesfeit ne li avoit ne a nul home terran ;
> E en vision pour lu avoit eü grand afan
> Und che ancour de peour avoit le cuer tout plan.
> (v. 691-695)

Pour elle, Nicolas de Vérone justifie la vision nocturne de manière rationnelle puisqu'au vers 693 l'argument de l'innocence, qui explicite

11 Dans la Passion de Mercadé, c'est justement une crainte qu'elle exprime quant à la crédibilité de sa parole de femme : « Que puet estre tenrez a folle / Disant qu'est de femme parolle. » (v. 14219-14220, p. 166)

le « juste » des Évangiles, précède la mention du rêve et prime sur lui comme la raison sur l'irrationnel. En effet,

> Cet épisode révèle un sens tout différent dans la Passion d'Auvergne où il est largement développé. Le personnage, qui s'appelle ici Percula, est effrayé d'un cauchemar fait la nuit. Couleuvres, serpents et autres bêtes féroces lui sont apparus en vision et des menaces ont été proférées à l'encontre du gouverneur romain et de sa famille. C'est donc par strict intérêt personnel, motivé par sa propre peur, que la femme prie son mari de ne pas condamner le Christ, et non par goût de justice, au nom de l'innocence de Jésus. Ce n'est pas le cas dans le texte de Nicolas de Vérone. Dans sa chanson de geste, les hommes n'agissent pas conformément à telle ou telle forme de surnaturel qui s'impose à eux ; ils font d'abord confiance à leur raisonnement humain. (Lelong, 2011, p. 200-201)

C'est donc une opposition entre merveilleux et rationnel qui prend le pas sur l'opposition entre inspiration divine ou diabolique. Cela ouvre la voie à un ancrage beaucoup plus authentique dans la société médiévale.

LES ENFANTS PRENNENT LE RELAIS

Plusieurs Passions de la moitié du XIVe siècle n'évoquent pas le rêve, mais les enfants de Procula l'accompagnent, voire la remplacent : la vie intérieure se déplace à la vie familiale. On n'est déjà plus dans le merveilleux. Dans sa présentation de la *Passion du Palatinus* (mystère du XIVe siècle), Jacques Ribard le rappelle : « La civilisation médiévale est une civilisation traditionnelle, au sens plein du terme. Elle ne cherche pas l'originalité, mais l'authenticité – ce qui est bien différent. » Quoi de plus naturel que Pilate, marié, ait des enfants ? Et, puisqu'il paraît que son épouse intervient dans le procès, pourquoi ceux-ci resteraient-ils en coulisses ? Jacques Ribard rappelle aussi qu'il faut garder à l'esprit la dimension spectaculaire de la Passion :

> une œuvre de théâtre conçue pour être jouée, animée, et pour faire vibrer un public d'ailleurs mêlé où se côtoient et communient dans une même foi le petit peuple des villes et des campagnes environnantes, les marchands et les bourgeois, des seigneurs aussi et les intellectuels du temps, les clercs. (*Passion du Palatinus*, 1992, p. 12)

Dans *Le Mystère de la Passion Nostre Seigneur* (manuscrit de la Bibliothèque Sainte Geneviève, milieu du XIVe siècle), c'est la femme, la fille et le fils de

Pilate, solidaires de leur mère, qui interviennent chacun à leur tour. Après la mère, la fille exprime une grande douleur à propos de Jésus et supplie son père de le délivrer ; quant au fils, il fait honte à son père (v. 177-181). La mère n'évoque pas son rêve[12]. Dans *La Passion du Palatinus*, elle est même totalement absente, mais Pilate a un fils qui prend sa place dans la narration. Il s'appelle Joel et apporte à son père l'eau pour se laver les mains, tout en accusant l'injustice des Juifs. Sans aucune intervention de sa famille, Pilate expédie rapidement le procès, après qu'un Juif lui a rappelé que relâcher Jésus, c'est s'en prendre à César :

> *Or ça, de l'iaue pour laver !*
> *De Jhesu me veil delivrer !*
>
> « De l'eau, pour m'en laver les mains !
> Et Jésus, m'en débarrasser ! »
> (*La Passion du Palatinus*, v. 740-741, 1992, p. 147)

Joel lui apporte de l'eau avec soin, une eau décrite de manière tout à fait exceptionnelle :

> *Veez la ci, fresche et nete et gente.*
> *Du perrecin et de la mente*
> *I ai je mis a grant foison.*
> *Sachiez vous bien, tout sanz raison*
> *Veulent li Juis trestout a tort*
> *Cest preudome jugier a mort.*
> (*ibid.*, v. 742-746)
>
> « En voici, de la fraîche et pure ;
> et du persil et de la menthe
> j'y ai mêlé en quantité.
> Sachez-le bien,
> c'est sans raison
> que les Juifs veulent à grand tort
> faire mourir cet honnête homme. »

Son père en est tout ému :

12 Dans la *Passion catalane-occitane* (milieu du XIVe siècle), elle intervient rapidement sans évoquer son rêve non plus : « *Senher, aujat que vulh ieu dir : / Aquest que vos volet ausir, / Vos dic que no mer negun mal ; / E alarguat lo deleial ?* » (« Seigneur, entendez ce que je veux vous dire. Je vous dis que celui que voulez tuer n'a rien fait de mal. Libérez-vous le déloyal ? », v. 1350-1353, 1999, p. 162-163)

Par le grant Dieu, biax fiex Joel,
J'ai oÿ maintes foys paller
Anfans mout bien et sajement,
Mais, se ja le grant Dieu m'ament,
Je onques en jour de mon aage
Ne vi ne si preuz ne si sage
Com tu es. Si com il me plait,
Mout est bien son office fait.
Va t'an ; au grant Dieu te commant !
Ce poise moy de son tourment,
Ainssi me delit de sa mort.
Juïs, vous l'ocïez a tort !
Je vous decri, se poise moy.
Faites en selonc vostre loy.
(*ibid.*, v. 748-761, p. 146-147)

« Par le Très Haut, petit Joël,
j'ai souvent entendu parler
des jeunes gens avec sagesse,
mais vraiment, que Dieu me protège,
non, jamais de toute ma vie
je n'en vis d'aussi noble et fin
que toi. (Il comble mes désirs,
tant il accomplit bien sa tâche.)
Va donc, je te confie à Dieu !
Je suis peiné de ce supplice
et ne prends part à cette mort.
Ah Juifs, vous le tuez à tort !
Je vous le dis, j'en suis peiné.
Agissez selon votre loi. »

Dans son étude littéraire, Jacques Ribard explique :

> La *Passion du Palatinus*, pas plus que les autres Passions, n'a la prétention d'être une œuvre originale, au sens que nous donnons aujourd'hui à ce mot, et l'on aurait bien tort de s'imaginer y trouver par exemple, une figure de Judas ou de Pilate qui renouvellerait ces personnages de l'intérieur en leur conférant une dimension inattendue. (*ibid.*, p. 13)

On est pourtant loin de la figure du lâche et de l'homme violent portée par d'autres textes. Ce père tout chrétien bénissant son fils ne peut que toucher le public médiéval. Et ce fils inspiré est bien digne de sa rêveuse de mère.

Les *Acta Pilati*, par leur forme même (comme leurs nombreux dialogues) devaient trouver dans les Passions, et surtout au théâtre, un lieu propice où se développer littérairement. Ainsi, les ajouts et développements de l'*Évangile de Nicodème* avaient un but littéraire, celui de dramatiser la scène[13]. Les auteurs du Moyen Âge, ne pouvant inventer d'autres récits que ceux des Écritures, ont, « chacun à leur façon, développé les péripéties et les personnages annexes », rappelle Marie-Geneviève Grossel (Vercruysse, 2013, p. 77). La femme de Pilate prend naturellement un véritable rôle dans ces pièces, qui aiment d'ailleurs donner de l'importance aux *diableries*. Cette même veine se retrouve dans l'iconographie médiévale.

MINIATURES AU DIABLE

Montrer le maître des enfers, « Prince de ce monde » (Jn 12, 31), ne va pas de soi au Moyen Âge. En effet, explique l'historien Jérôme Baschet dans « Satan ou la majesté maléfique dans les miniatures de la fin du Moyen Âge »,

> l'image médiévale n'est pas seulement représentation ; elle est aussi susceptible de conférer au surnaturel une véritable présence. C'est sans doute dans ce contexte qu'il faut comprendre la lenteur avec laquelle apparaît l'image de Satan. Il n'y a quasiment pas avant le IXe siècle d'iconographie chrétienne de Satan, et encore n'est-ce qu'au IXe siècle qu'elle se développe véritablement. On peut situer vers l'an mil un tournant décisif : c'est seulement alors que Satan est vraiment représenté avec des traits négatifs, qui montrent en lui une figure mauvaise. Représenter Satan tel qu'il est après sa chute, c'est reconnaitre l'existence d'une puissance autre, séparée de Dieu. (Nabert, 1996, p. 187-188)

L'une des miniatures de l'*Hortus deliciarum*[14] de l'abbesse Herrade de Landsberg (1167-1195) montre la femme de Pilate endormie tandis

13 Voir Christiane Furrer, « Du récit au drame : Passion évangélique et *Actes de Pilate* » (Marguerat et Curtis, 2000, p. 313).

14 Herrade de Landsberg (1167-1195), *Hortus deliciarum* (1952). Ce célèbre codex enluminé de la seconde moitié du XIIe siècle, le plus somptueux du Haut Moyen Âge, fut en grande partie brûlé dans l'incendie de la Bibliothèque de Strasbourg, installée dans l'ancienne

qu'un démon tout noir se tient debout près de son lit et lui parle en lui enjoignant de la main d'agir. On la voit ensuite sur le pas de sa porte s'adressant à un messager. Le commentaire de la Planche XXIXb transcrit et traduit les textes accompagnant chacune des parties du sujet :

> *Uxor Pilati patitur per visum sompnii diabolicam fantasiam, qua diabolus voluit dissuadere per eam passionem Christi, imens divinitatem eius* (« La femme de Pilate est tourmentée dans le sommeil par une vision diabolique, par laquelle le démon voulut la pousser à empêcher la passion du Christ, craignant sa divinité »). Procula envoie un messager à Pilate pendant qu'il était assis au tribunal : *Uxor Pilati mittit nuncium ad Pilatum dicens nichil tibi de justo illi. Multa passa sum per visum propter eum* (« Qu'il n'y ait rien entre vous et ce juste, car j'ai beaucoup souffert aujourd'hui dans un songe à cause de lui »). (Herrade de Landsberg, 1952, p. 86-87)

Comme souvent, cet épisode est mis en rapport avec un autre rêve matthéen, celui des Mages (troisième partie de la planche XXII), couchés côte à côte, les yeux fermés (comme la femme de Pilate). L'ange attrape le plus âgé par l'épaule, comme le diable pour elle. Dans la deuxième partie du sujet, également délimitée par la porte, l'ange tient par le poignet le plus âgé des Mages et de son autre main montre la direction à prendre pour ne pas retourner chez Hérode. Dans le rêve de la femme de Pilate, le diable montre de la main vers la droite, l'autre partie de l'image, qui la représente debout (enveloppée du même vêtement que dans son lit pour bien marquer l'immédiateté de sa réaction), envoyant un messager en lui montrant aussi de la main la direction vers la droite, geste que le messager fait également.

Dans le Psautier de la reine Mary (1310-1320), on trouve une illustration dans le même esprit[15]. Dans les deux œuvres, le diable apparaît auprès de la femme endormie dans son lit, et la miniature suivante montre la délivrance du message. Dans la première, la femme est en train d'envoyer un messager pour Pilate ; dans la seconde, elle s'adresse elle-même à Pilate. On observe une chose tout à fait extraordinaire dans le Psautier : la deuxième image (en bas à droite) représente deux scènes

---

église des Dominicains, lors des bombardements allemands du 24 août 1870. Il était orné de 344 miniatures (90 ont disparu).

15 Ms Royal 2 B VII, fol. 249, British Library, Londres, libre de droits. Voir l'image (page consultée le 09 janvier 2020) : http://www.bl.uk/catalogues/illuminatedmanuscripts/ILLUMIN.ASP?Size=mid&IllID=52095.

successives : la délivrance du message, puis le lavement des mains, alors que ces deux scènes sont le plus souvent représentées concomitantes. Or ici, c'est une véritable histoire qui est racontée. En effet, alors que la femme est toujours vêtue de bleu, montrant sa constance, Pilate change de couleurs : s'il a hésité au moment du message, il s'en lave désormais les mains. Mais la femme, qui était à demi-nue dans son lit, le bas de son corps recouvert d'un drap bleu (rappelant, peut-être, la Vierge, dont le bleu est la couleur et la poitrine un attribut), s'adresse à son époux vêtue de ce tissu bleu, et lorsqu'il se lave les mains, elle est nimbée du même bleu. Ses mains sont également éloquentes. C'est un véritable trajet vers la sainteté qui nous est ici suggéré, tandis que le regard de Pilate est toujours tourné vers la gauche, c'est-à-dire vers la vignette où apparaît le diable. Ainsi, du point de vue narratif, les auteurs reconstituent la chronologie des faits en la mêlant à l'interprétation courante au Moyen Âge de l'origine diabolique du rêve. Notons qu'il est rare que deux images du même ensemble soient consacrées à la femme de Pilate. Citons un exemple postérieur, celui de deux gravures sur bois de la *Passion* (1693) de l'artiste allemand Christoph Weigel l'Ancien (1654-1725) représentant les deux moments, le rêve et le messager auprès de Pilate : on remarque l'absence du diable dans la première gravure, qui laisse place à l'agitation extrême de la femme réveillée par son cauchemar (Weigel, 1693, p. 44).

La plupart du temps, la femme de Pilate se tient près de son époux pendant qu'il se lave les mains, faisant coïncider les deux moments et invitant à lire la déclaration d'innocence de Pilate comme une réponse à sa femme. Exceptionnellement, dans un panneau du Rhineland du début du XVe siècle[16], un petit démon ailé et cornu apparaît dans la scène, murmurant à l'oreille de la femme. Un détail de la porte occidentale en bronze de la cathédrale d'Hildesheim[17] (Basse-Saxe), montre en revanche un démon de bonne taille, aux pieds et mains palmés, s'agrippant directement à Pilate pour lui parler à l'oreille alors que Jésus lui est présenté. Sa femme n'est pas représentée dans ce chef-d'œuvre de l'art pré-roman qui figure le Temple des anges. Le diable était plus à même de marquer une opposition.

16 Catharijneconvent Museum, Utrecht, reproduit en noir et blanc dans Hourihane, 2009b, p. 137.

17 Portes de Bernward, 1015, pan de droite, quatrième moulage. Voir l'image (page consultée le 09 janvier 2020) : https://upload.wikimedia.org/wikipedia/commons/1/1e/Bernwardst%C3%BCr.jpg.

LECTURES MISOGYNES

Cette interprétation ne devait pas tarder à faire émerger celle qui affleurait peut-être déjà dans certaines représentations médiévales : la femme qui accueille un avertissement du malin, n'est-elle pas forcément une mauvaise femme ? La nature fondamentalement maléfique de la femme, en écho à l'étymologie d'Isidore de Séville selon laquelle Ève, prototype féminin, porte le malheur (*vae*) en son sein, a nourri la querelle autour du *Roman de la rose* de Jean de Meun (c. 1240 – c. 1305), qui illustre les tensions entre féministes et antiféministes s'opposant durant tout le Moyen Âge jusqu'au célèbre traité d'Inquisition de Henry Institoris et Jacques Sprenger, le *Malleus Maleficarum* (*Marteau des sorcières*, 1486) : la femme serait naturellement encline à suivre la voie du démon et à y entraîner l'homme[18]. La femme du préfet de Judée, dans la lignée des textes apocryphes attribuant son rêve à une influence diabolique, n'y échappe pas et rejoint le cortège des femmes bibliques communément citées comme les pires exemples de tentatrices (Ève, Dalila, Salomé, parfois même la reine de Saba…). Dans ce contexte, que le diable la choisisse comme intermédiaire n'est nullement étonnant : selon le *Malleus Maleficarum*, intrinsèquement imparfaite « puisqu'elle a été faite d'une côte courbe, c'est-à-dire d'une côte de la poitrine, tordue et comme opposée à l'homme : … comme un *vivant imparfait*, elle déçoit toujours » (Institoris et Sprenger, 1990, p. 203). D'ailleurs, « femina vient de *fe* et *minus*, car toujours ele a et garde moins de foi » (*ibid.*). Les femmes agissent sans réfléchir et sans retenue, sont dotées de moins de « raison » (*ibid.*, p. 452), plus « crules » et « impressionables » (*ibid.*, p. 201) que les hommes, « elles sont plus fragiles et portées à s'imaginer des choses extraordinaires » (*ibid.*, p. 456). C'est une « chière », un « monstre », un « diable », et même pire que le diable lui-même. Par exemple, le prédicateur Pierre de Limoges (première moitié du XIIIe siècle-1306) rapporte un épisode qu'il tient de Nicolas de Gorron (mort en 1295), confesseur de Philippe le Bel et commentateur assidu de la Bible :

---

18 Voir Danièle James-Raoul, « La femme maléfique dans la littérature romanesque de la fin du Moyen Âge » (Nabert, 1996, p. 11-33).

> Une noble dame invita un frère prêcheur à donner un sermon dans sa chapelle, bien que le mépris de celui-ci pour les femmes fût notoire. Au début, tout se passa bien, jusqu'au moment où il dépassa les bornes et blâma l'intercession de la femme de Pilate en faveur du Christ, car ce faisant, elle avait voulu mettre obstacle à la rédemption du genre humain. À ce point, l'hôtesse elle-même, incapable de réfréner plus longtemps son indignation, demanda au prêcheur de cesser de calomnier son sexe[19].

La femme de Pilate est également citée dans l'ouvrage du toulousain Gratien Du Pont (av. 1500-av. 1545), *Controverses des sexes masculin et femenin* (1534), considéré comme le « couronnement de la littérature anti-féministe au Moyen Âge » (Rigaud, 1973, p. 44). Elle y apparaît comme une complice de Satan, agissant encore une fois pour faire obstacle à la Rédemption. L'idée d'une origine diabolique du rêve se poursuit dans les siècles suivants, mais de manière beaucoup plus sporadique. Ainsi, l'historien Scipion Dupleix (1569-1661), qui interprète l'intervention du diable comme une tentative d'empêcher la crucifixion rédemptrice :

> Sur ce sujet est très notable encore la vision qu'eut en songe la femme de Pilate la nuit avant la mort de celui qui nous donna la vie. Car le diable ayant quelque doute de la divinité d'iceluy et craignant que notre rédemption s'accomplît (comme vraiment il advint) par l'effusion de son sang si on le faisait mourir il s'adressa en songe à cette femme lui donnant avis que son mari ferait un acte très inique en répandant le sang d'un homme juste et innocent. Ces suggestions et remontrances étaient feintes en apparence et feintes quant à la fin. Car il présupposait un petit bien pour nous priver du souverain bien. (Dupleix, 1606, p. 117)

Pour le Jésuite Cornelius a Lapide (1567-1637), s'adresser à une femme était de toute façon voué à l'échec : « En vérité, si le démon avait voulu libérer Jésus, il aurait mieux fait de tourner les Juifs et les chefs vers la grâce et la pitié envers Jésus, plutôt qu'une femme ! » (1747, p. 520, cité par Baudoin, *Apocrypha*, 2010, p. 147) Dans son dialogue entre femmes *Les Américaines, ou La Preuve de la Religion chrétienne par les lumières naturelles*, Jeanne-Marie Leprince de Beaumont (1711-1780) écrit : « Je regarde aussi le rêve de la Femme de Pilate comme l'ouvrage du Diable qui désespéré du mauvais succès de la tentative qu'il venait de faire pour sauver Jésus, redoubla de rage et la communiqua à tous

19 *Distinctiones* de Pierre de Limoges, 1306, au terme « Eva », *Ms lat.* 16482, fols. 1-284, cité par Horowitz et Menache (1994, p. 205).

ses bourreaux » (Leprince de Beaumont, 1770, p. 200). L'interprétation inverse apparaissait sous la plume de la femme de lettres féministe Marie de Gournay (1565-1645), dans son ouvrage sur l'*Égalité des hommes et des femmes* (1622) : « Quel honneur faict aux femmes aussi, ce songe survenu chez Pilate, s'addressant à l'une d'elles privativement à tous les hommes, & en telle & si haute occasion. » (Gournay, 1634, p. 72) À la manière de Montaigne, dont elle était la fille de cœur, Marie de Gournay cite les Anciens, la Bible et les Pères de l'Église comme arguments d'autorité, afin de montrer que l'égalité entre les hommes et les femmes est depuis toujours reconnue[20]. Mais il faut attendre Charlotte Brontë, puis les auteurs des XXe et XXIe siècles pour que la femme de Pilate soit de nouveau mise à l'honneur dans sa féminité.

Ce parcours de l'histoire romaine de la femme de Pilate et des textes exégétiques et apocryphes aux Passions médiévales peut sembler hétéroclite : il est certes composé de documents très divers, mais il révèle la richesse de ce personnage, c'est-à-dire la multiplicité des lectures bibliques qui déjà s'expriment. Il est certain que les arts et la littérature, lorsqu'ils évoquent un épisode de la Bible, se nourrissent aussi d'autres sources, comme des relais au texte biblique, proposant des détours et des variations : c'est ainsi que se constitue la tradition. Dans son article sur « Ponce Pilate au Ier siècle : histoire et tradition[21] », Simon Claude Mimouni commence par rappeler :

> Sous le règne de Tibère, dans une province éloignée et instable de l'Empire, un fonctionnaire condamne à la peine capitale un obscur agitateur politico-religieux. Il n'aurait pu s'agir que d'un fait aussi divers que banal du quotidien d'une province romaine à cette époque, seulement voilà, le condamné a pour nom Jésus et du coup le fonctionnaire gagne une célébrité que rien ne

20 Sur la rhétorique de Marie de Gournay, voir Venesoen, 1990, p. 24 *sqq.* – Dans ses *Vers chrétiens*, la poétesse Gabrielle de Coignard (c. 1550-1586) évoquait déjà la femme de Pilate d'une manière positive et presque convaincante : « Mais les cruels Hebrieux d'un courage felon, / Prient pour Barrabas, homicide et larron, / Tous altereaz du sang de l'aigneau d'innocence. / Mais le juge tousjours differoit sa sentence, / Le desirant sauver par ce qu'en ceste nuict / Sa femme avoit songé la justice de Christ. / Mais voyant des Hebrieux la cruelle malice, / Il eust peut que Caesar luy ostat son office / Et dit : non, je n'y veux en rien participer, / Je ne veux point au sang de ce juste tremper. » (Coignard, v. 713 *sqq.*, 1995, p. 510-511)

21 Dans cet article, l'historien fait le point sur la situation de la Palestine entre 6 et 41 avant de retracer les événements qui ont eu lieu sous Ponce Pilate.

le prédestine à acquérir. Il se nomme Ponce Pilate et nul ne peut dire avec certitude quelles ont été sa vie et sa mort, ses pensées et ses amours, la trame même de son existence d'homme. (Vercruysse, 2013, p. 13)

L'histoire de Pilate et de sa femme est cette extraordinaire rencontre entre l'Histoire, le spirituel et l'imaginaire. Et ce que l'on dit à propos de son irresponsabilité relève en fait de ce mélange des genres. En effet, comme le rappelle Simon Claude Mimouni,

> il n'est pas possible de considérer la figure de Ponce Pilate de manière aussi négative que le disent certains critiques : ce n'est en tout cas nullement « un lâche qui fuit ses responsabilités[22] » [Maurice Sartre, *in* Lémonon, 2007, p. 5], mais plutôt un gouverneur romain qui les assume en fonction de la charge que lui a confiée l'empereur. Ponce Pilate, en effet, a convenablement rempli sa charge, ayant nombre de qualités pour ce faire : certes il est sans grand sens politique, mais cela ne l'empêche pas pour autant d'être rusé, avisé et prudent[23]. (Vercruysse, 2013, p. 13-14)

L'irresponsabilité est proprement la non-responsabilité de Pilate dans la mort de Jésus : il n'en veut pas faire partie, et s'en dégage. Quand bien même il aura fait preuve de négligence ou de désinvolture, la conséquence, parce qu'il s'agit de Jésus, est disproportionnée par rapport à son attitude. Il n'a même pas ordonné son arrestation. Jésus prêche à ses disciples et aux foules ; ceux-ci voient sa conduite au quotidien,

22 Callie Callon tient aussi à montrer toute la négativité du personnage, et s'oppose vigoureusement à ceux qui le défendent. Selon elle, ces commentateurs traitent Pilate comme un personnage exclusivement littéraire, comme si Matthieu pouvait en faire ce qu'il voulait. Elle suggère que l'intervention d'une femme gentille en faveur d'un condamné juif pouvait trouver résonnance dans la commuanuté de Matthieu car elle pouvait évoquer d'autres femmes de la noblesse romaine favorables au judaïsme alors que leurs maris étaient virulemment anti-juifs. En évoquant ce topos, Matthieu rappelle donc à son audience l'attitude antijudéenne de Pilate. Qu'il ne réponde pas à sa femme contraste avec les maris romains qui répondaient, et rend Pilate pire qu'eux. Elle cite Poppaea Sabina, deuxième femme de Néron, comme exemple notable d'intercession par une Gentille. (Callon, 2006, p. 62-71)

23 La fonction de gouverneur n'était pas facile, explique plus loin Simon Claude Mimouni : « Dans la hiérarchie des carrières administratives, le poste de gouverneur de Judée a toujours été considéré, en raison du statut particulier de ce territoire et de l'insécurité permanente qui y règne, comme ingrat et redouté autant que subalterne. À cause des difficultés de la charge, les gouverneurs de Judée ont développé une stratégie consistant à neutraliser les forces locales les unes par les autres, de jouer les antagonismes ethniques (les Iduméens ou les Samaritains contre les Judéens) et sociaux (les notables de la classe sacerdotale et de la classe aristocratique contre le peuple). » (Vercruysse, 2013, p. 16)

assistent à ses miracles et embrassent la nouvelle Loi. Mais qu'attendre du préfet romain, qui n'en a jamais entendu parler ? On lui présente Jésus comme se prétendant « roi » (bien qu'il ait toujours affirmé son loyalisme envers les autorités romaines), ce qui est une remise en cause de la domination impériale, à laquelle Pilate se montre parfaitement obéissant. Qu'il ne reconnaisse en Jésus ni roi, ni Sauveur est tout à fait normal. Plus encore, d'un point de vue religieux, c'est parfaitement attendu et Jésus lui-même, qui l'a annoncé, le sait très bien : Pilate laisse s'accomplir ce qui doit s'accomplir. Sa femme, en revanche, essaie de l'en empêcher. C'est pourtant elle qui aura finalement le beau rôle.

TROISIÈME PARTIE

LA FEMME FIDÈLE

La femme de l'« irresponsable » Pilate est une femme fidèle. La parole de celle-ci reste lettre morte auprès de celui-là, mais elle résonne dans d'autres formes de communication. Dans la Bible même, où elle se fait entendre comme témoin, et dans l'art, où son témoignage se fait rappel. Par son extrême discrétion dans l'Évangile, elle aurait pu ne rester qu'un détail, et c'est bien souvent le cas. Mais le texte biblique est tellement signifiant que la femme de Pilate ne peut se contenter d'être insignifiante. L'interprétation que l'on a voulu donner à son intervention la dégage du détail des illustrations bibliques ; leur rareté rend d'autant plus riches ses représentations. Les artistes qui lui ont donné une véritable place dans une œuvre l'ont ainsi extirpée du texte biblique, ont mis en exergue cet « intermède », rendu cette femme à son histoire. Comme au ralenti, on la verra donc dormir, s'adresser à un messager, regarder le procès par la fenêtre, s'approcher de Pilate… Autant de moments que le texte biblique ne fait que suggérer. C'est que tout texte est « un tissu d'espaces blancs, d'interstices à remplir […] Un texte veut que quelqu'un l'aide à fonctionner », écrit Umberto Eco dans *Lector in fabula* (Eco, 1985, p. 63-64).

Dans la Bible, c'est la mission apostolique qui le fait fonctionner. La voix du ciel dit à Jean :

> Va, prends le livre ouvert dans la main de l'ange qui se tient debout sur la mer et sur la terre.
> Je m'avançai vers l'ange et le priai de me donner le petit livre.
> Il me dit : Prends et mange-le.
> Il sera amer à tes entrailles,
> mais dans ta bouche il aura la douceur du miel.
> Je pris le petit livre de la main de l'ange et le mangeai.
> Dans ma bouche il avait la douceur du miel,
> mais quand je l'eus mangé, mes entrailles en devinrent amères.
> Et l'on me dit :
> Il te faut à nouveau prophétiser sur des peuples, des nations, des langues et des rois en grand nombre. (Ap 10, 8-11)

Cette fonction est prise en charge par les faiseurs d'images mais la femme de Pilate s'illustre aussi dans d'autres arts : on l'entendra chanter, on la verra danser, et jouer la comédie. Car, dit Friedrich Schlegel, « sans l'art – qui est bien plus qu'une chose raisonnable, qui est enthousiasme divin – [l'homme] serait privé de l'un des moyens les plus efficaces d'entrer en relation avec le divin[1] ».

1 Cité par Saint-Martin, 2014, p. 103. Isabelle Saint-Martin cite également, au sujet de l'émotion artistique et la foi, Benjamin Constant, qui écrit, après avoir vu les peintures de Holbein à la bibliothèque de Bâle, qu'elles « sont une meilleure démonstration de l'Évangile que tous les ouvrages de théologie du monde. Il y a deux ou trois panneaux dans un tableau de la Passion qui font pénétrer la religion jusqu'au fond de l'âme » (*ibid.*).

DE L'OMBRE À LA LUMIÈRE

La femme de Pilate s'illustre

La femme de Pilate est rarement représentée dans l'iconographie, et elle apparaît assez tardivement. La manière dont cette femme de l'ombre passe peu à peu au premier plan, tandis que son époux disparaît, est tout à fait remarquable. C'est sa tête qui est d'abord le plus souvent représentée, puis son corps. Il faut attendre les XIXe et XXe siècles pour que son corps soit vraiment en mouvement, ou allongé nonchalamment, loin de tout cauchemar et de tout époux.

UNE FIGURE DE LA CONSCIENCE

Dans un manuscrit d'origine italienne[1] du XIIIe-XIVe siècle qui en 1566 appartenait à l'abbesse Claudia del Duca, on trouve une version intégrale latine (type A) de *L'Évangile de Nicodème* comprenant dix-sept illustrations d'inspiration byzantine (six sont consacrées aux miracles accompagnant l'arrivée de Jésus au tribunal). L'une d'elles représente la femme de Pilate[2] lors de la scène où celui-ci condamne Jésus. Seul son visage apparaît, à une fenêtre du prétoire devant lequel siège Pilate, de trois quarts également et à la même hauteur, la tête elle aussi tournée vers Jésus. C'est la position la plus répandue. Dans un Livre d'Heures français de la fin du XIIIe siècle, une enluminure la montre à droite de son mari, qui cache son corps, plus haute que lui d'une tête[3]. Elle

1 Madrid, Bibliothèque nationale, Vitr. 23-8 (vol. II), f°s 162r-200v. Voir la présentation de ce manuscrit par Gounelle et Izydorczyk, 1997, p. 45.

2 F^o^ 173v, reproduit *ibid.*, p. 152.

3 Londres, British Library, Ms. Stowe 17, fol. 72r.

semble ainsi dominer la scène, à laquelle elle ne participe pas mais dont elle est témoin[4].

La plupart du temps, elle apparaît derrière Pilate, regardant à travers une fenêtre du prétoire, comme une visualisation de la conscience du juge. C'est ainsi qu'elle est représentée dans le sacramentaire de Fulda[5] (c. 970-980) et sur une fresque de la partie gauche de la nef centrale de l'église Sant' Angelo in Formis (fin XIe-début du XIIe siècle), où elle semble chuchoter à l'oreille d'un Pilate représenté selon les critères raciaux de l'époque, basané et barbu comme un Juif (c'est souvent le cas au Moyen Âge, Hourihane, 2009b), alors que son épouse reste toujours romaine et claire et lumineuse, semblable à Jésus. La scène précédente montre deux personnages étalant un tissu sous les pieds de Jésus. À notre connaissance, seul *l'Évangile de Nicodème* (I, 2-6) évoque cet épisode (Gounelle et Izydorczyk, 1997, p. 127-134), qui précède l'intervention de la femme de Pilate (2, 1, *ibid.*, p. 134-135). On retrouve cela sur une fresque de l'église San Marco de Venise, sur l'une des colonnes de droite soutenant le dais de l'autel. Procula, dont la tête seule est représentée, se tient à la fenêtre, derrière Pilate, exceptionnellement assis. Cela montre encore une fois l'influence de ce texte dans l'art médiéval, même si, rappellent Rémi Gounelle et Zbigniew Izydorczyk,

> l'influence exacte de l'évangile apocryphe sur l'iconographie est cependant aussi délicate à estimer que son influence sur la littérature. Il est en effet souvent extrêmement difficile de savoir si des images s'inspirent de l'évangile apocryphe directement, ou indirectement, au travers des nombreuses autres traditions textuelles ou orales qui ont circulé en même temps que lui. (*ibid.*, p. 44)

Dans la nef de l'église Sant'Urbano alla Caffarella de Rome, en revanche, la femme de Pilate est enfin représentée debout.

4 Miniature d'un Livre d'Heures de la fin du XIIIe siècle, fabriqué à Arras. Ms. W. 86, fol. 15v, Baltimore, Walters Museum. Voir l'image (page consultée le 09 janvier 2020) : http://www.thedigitalwalters.org/Data/WaltersManuscripts/html/W86/

5 Göttingen Universitätsbibliothek, Theol. 231, fol. 60r.

UNE AVOCATE AU PROCÈS DE JÉSUS

Mais elle n'est pas toujours spectatrice. Elle peut prendre une part active à la scène du procès, conformément au texte biblique. Dans la cathédrale Santa Maria Nuova de Monreale (dans la province de Palerme, en Sicile), basilique papale mineure, construite et décorée entre 1173 et 1190 environ par Guillaume II, on trouve une représentation exceptionnelle de la femme de Pilate, au niveau inférieur de l'aile droite du prebysterium[6]. D'un côté de la voûte (en arc brisé), siège Pilate, face à Jésus et aux grands prêtres. De l'autre se tient son épouse ; entre eux, le messager, sur la courbe de la voûte, se rend de l'un à l'autre, comme s'il marchait sur un pont, ce qui renforce l'impression que la femme est loin de Pilate mais qu'elle communique avec lui : ses mains sont tournées vers lui comme celles de Pilate vers Jésus.

Une magnifique tapisserie montre également la femme de Pilate, dans la Catedral del Salvador en su Epifanía de Saragosse[7], dont on peut lire une belle présentation dans l'ouvrage de Kate Dimitrova (Dimitrova, 2009). Parmi les soixante-dix tentures franco-flamandes de la cathédrale, deux représentent la Passion. Elles ont été tissées entre 1400 et 1410 (laine teintée, soie, fils d'argent et d'or) et sont les premières tapisseries connues représentant ce thème. Dans la première, Jésus apparaît devant Pilate. Kate Dimitrova rappelle qu'au Moyen Âge, la haine de Pilate était égale à celle vouée à Judas, Caïphe, Hérode et au diable, au point que son visage était parfois effacé, notamment dans des Livres d'heures, et que « les images médiévales le représentent souvent de façon négative avec une caractérisation similaire à celle des Juifs – les yeux et la bouche élargis, un nez crochu, et un chapeau pointu – reflétant l'accroissement de l'antisémitisme qui lui est typiquement associé » (Dimitrova, 2009, p. 90), image qui s'adoucit vers la fin du Moyen Âge, certainement en raison de l'influence de textes comme celui de Jean Chrysostome et

6 On trouve une excellente reproduction de toutes les mosaïques dans Abulafia, 2013. Le Christ devant Pilate est p. 212-213. On la voit aussi à 5'03 de ce petit film, tout à droite (page consultée le 09 janvier 2020) : https://www.youtube.com/watch?v=4whJWdIqV3w.

7 Aragon, Espagne. La construction commença dans la deuxième partie du XIIe siècle et se poursuivit au XIIIe.

des apocryphes. Il apparaît désormais davantage comme un lâche et un faible. La tapisserie de Saragosse le montre en train de se laver les mains. À sa gauche se tient un soldat, puis Jésus :

> Ce dernier apparaît, non avec les mains liées et résigné sur son sort comme habituellement, mais faisant des gestes animés avec ses deux mains. À sa droite, se trouve un officiel romain bien habillé. Il porte une tunique orange et un chapeau festonné qui ressemble à une couronne. De l'autre côté de Pilate, est représentée son épouse, Claudia Procule. Elle porte une coiffe blanche, une mentonnière et un manteau rouge (probablement recouvert d'hermine) au-dessus d'une robe longue à pois orange et bleu. Elle effectue des gestes animés avec sa main droite, comme si elle était en conversation avec son époux. (*ibid.*)

Pour Kate Dimitrova, « l'inclusion de Claudia dans l'histoire renforce non seulement l'idée de l'innocence du Christ, mais également, l'incarnation de la conscience de Pilate » et « augmente le pathos de l'histoire » (*ibid.*) La femme de Pilate essaie donc activement de le détourner de sa décision fatale, en prenant elle-même la parole. La représenter auprès de Pilate, au lieu du messager (la médiation introduit une distance), en plus de renforcer le pathos par cette figure de l'intériorité, permet d'identifier la scène et de lui faire jouer un rôle. En effet, le rêve a déjà eu lieu au moment de l'intervention du messager, et en un autre lieu, et il est rare qu'une image soit consacrée au rêve de la femme de Pilate : c'est traditionnellement son intervention qui est montrée, et souvent au moment où Pilate se lave les mains, ce qui révèle à la fois son inefficacité et, peut-être, la conscience de celui-ci.

Toujours en retrait par rapport à son mari, la femme de Pilate est souvent représentée à proximité de lui, sans que jamais il n'y ait de communication réciproque entre eux. Sur l'aile supérieure du retable de Wurzach, le peintre allemand Hans Multscher a représenté *Jésus devant Pilate*[8] (1437) : seule la femme n'est pas en action ou tendue vers Pilate. Si elle est la seule avec Caïphe à être de face, son regard s'extrait de la scène comme pour montrer qu'elle voit un au-delà, quand celui du grand prêtre fixe méchamment Pilate : il est dans l'attente de sa décision, dans un immédiat auquel échappe la vision de la femme de

8 Huile sur panneau, 296 cm × 300 cm (mesure de chaque aile), Gemäldegalerie, Berlin. La partie centrale du retable a disparu. Les ailes représentent la vie de Marie et la Passion du Christ.

Pilate. La composition du tableau semble faire écho à celui de la visite des Mages, autre partie du retable : comme les Mages, la femme de Pilate a reçu un rêve prophétique concernant Jésus, et comme Marie, elle cherche à le protéger. Dans plusieurs textes, la femme de Pilate fera d'ailleurs partie des femmes au tombeau.

Admirons enfin deux magnifiques femmes de Pilate au tribunal. La première, dans un *Christ devant Pilate* (avant 1520[9]) de Jan Baegert (1465-1535), qui faisait partie d'un groupe de huit panneaux du retable de l'abbaye bénédictine de Liesborn (Allemagne, IXe siècle), la montre gracieuse, avec des colliers et une coiffe dont les couleurs rappellent la tête de Jésus ceinte de la couronne d'épines et auréolée. Elle dépasse tout le monde, suggérant peut-être que le message vient d'en-haut. Elle s'adresse à son époux, qui ne semble pas lui prêter attention et regarde Jésus. Pourtant au même moment, comme dans le tableau de Hans Multscher, il se lave les mains, comme si la déclaration d'innocence de Jésus par sa femme faisait écho à la sienne : c'est une réponse à l'avertissement qui lui est donné.

Elle est tout aussi jolie sur la nef de la Chapelle Notre-Dame-des-Fontaines de la Brigue (Alpes-Martimes)[10], avec une robe magnifique et des souliers rouges. À droite, Pilate domine légèrement la scène. Exceptionnellement blond et clair de peau, il ressemble à sa femme et à Jésus. Tous trois ont l'air de débattre tranquillement, comme le montrent les regards très expressifs et les jeux de mains. Mais le bâton que tient Pilate et la bannière SPQR du soldat, semblent enfermer l'épouse et Jésus dans l'autorité romaine. De l'autre côté de la scène, les soldats en armes, aux visages effrayants, forment un contraste avec la sérénité de notre trio. Ici, la femme ne se tient plus derrière son époux. Elle a un véritable rôle et elle est mise en valeur physiquement et vestimentairement. La composition de cette peinture rappelle celle d'une très belle miniature du Livre d'heures de Marguerite de Rohan qui ne la montre

---

9 Huile sur bois, 99, 1 × 69, 2 cm, National Gallery, Londres. Jan Baegert était autrefois identifié comme Maître de Liesborn, dit aussi de Cappenberg. Deux des tableaux du retable se trouvent aujourd'hui à la National Gallery ; les autres sont au Landesmuseum de Münster.

10 Cycle de la Passion du Christ : le Christ devant Pilate (11/25), nef, mur latéral sud, registre inférieur. Voir l'image (page consultée le 09 janvier 2020) : https://upload.wikimedia.org/wikipedia/commons/7/7b/La_Brigue_-_Chapelle_Notre-Dame-des-Fontaines_-_Nef_-_Fresques_de_la_Passion_du_Christ_-11.JPG.

pas non plus derrière Pilate mais perpendiculaire à lui, faisant face à Jésus tenu par un soldat, tandis qu'au fond se tiennent les Juifs et, par une fenêtre haute, une foule composite (hommes en turban, soldats et gens du peuple, brandissant fourches, lances et une bannière SPQR). La femme, de la main droite levée à hauteur de sa poitrine, paume face à Pilate, semble l'inviter à la retenue ; de l'autre, elle retient sa robe et tient un message enroulé[11].

Dans ces ouvrages et ces lieux de culte pour lesquels furent créées ces images – même si certaines aujourd'hui se trouvent dans des musées –, peut-être regarde-t-on autrement la femme de Pilate : l'image lui donne corps, la tire de l'ombre dans laquelle le texte biblique la dérobait aux regards (un seul verset dans un seul évangile). Elle prend ainsi sa place parmi les personnages qui vont figurer dans la « Bible des illettrés ». Mais la valeur d'enseignement, que prêtent les clercs médiévaux eux-mêmes aux décors des églises pour les justifier, ne doit pas occulter l'autre raison d'être de ces peintures : des ornements luxueux pour la maison de Dieu, l'église préfigurant sur terre la Jérusalem céleste. Ces images, à la fois figuratives et symboliques, n'épuisent pas leur sens : leur finesse et leur complexité, la chorégraphie des gestes et des motifs, les liens entre les unes et les autres sont à observer, à méditer, comme le faisaient les moines qui passaient des heures dans l'église à prier et à chanter les louanges de Dieu[12].

11 Livre d'Heures de Marguerite de Rohan, par l'atelier de Jean Bourdichon, Tours, c. 1475-1485, Princeton University Library, Manuscripts Division, Department of Rare Books and Special Collection, Robert Garrett Collection of Medieval and Renaissance Manuscripts 55, fol. 43r. On en trouve une reproduction dans l'ouvrage de Colum Hourihane (2009b, p. 141). Dans son article « She who is not named. Pilate's Wife in Medieval Art » (2009a), Colum Hourihane présente aussi plusieurs miniatures ou peintures très intéressantes, parmi lesquelles une belle Procula avec Pilate se lavant les mains, tous deux très élégants, dans une Bible du début du XIVe siècle (Frieburg im Breisgau), ainsi qu'une Procula en pied dans un missel du XIVe siècle (Library Domgymnasium, Halberstadt, 114, fol°21r).

12 Voir le film documentaire de Jérôme Prieur, *Le Triomphe des images. Il y a 1000 ans*, production La Chambre aux Fresques / France 3, 52 mn, 2016. Recension (page consultée le 09 janvier 2020) : http://www.lemondedesreligions.fr/une/le-triomphe-des-images-il-y-a-1000-ans-16-01-2017-6072_115.php.

FIDES EX AUDITU[1]

Dans ces édifices religieux que nous venons de visiter, le seul regard n'est pas convoqué : l'ouïe l'est aussi, accueillant la Parole. Comme la peinture, la musique s'inspire de textes religieux, et dans ces deux arts notre enquête nous mène à explorer des œuvres en cherchant si la femme de Pilate n'a pas été oubliée. Du reste, ces absences ne sont pas forcément vides de sens, et sa présence n'est parfois que pure fidélité au texte. La musique nous dit-elle quelque chose de plus, de différent, à propos de la femme de Pilate, des autres arts ? Nous invite-t-elle à être sensibles à un aspect du personnage en particulier ? C'est en tout cas une entrée particulière dans la religion qu'elle nous offre : le musicien n'est-il pas « un médium, délivrant les messages de l'au-delà surnaturel par l'intermédiaire de son art » ? À propos de son opéra *Saint François d'Assise* (créé en 1983), Olivier Messiaen paraphrase ainsi Thomas d'Aquin : « La musique peut nous porter à Dieu par symbole et par image, donc par défaut de vérité, mais en même temps elle est comme le soleil, on ne peut pas le regarder en face, le sommet de la contemplation, c'est un éblouissement, donc un excès de vérité[2] » (cité par Sutter, *in* Sutter, 1996, p. 23). Au XIIIe siècle, le religieux philosophe avait rassemblé la tradition pythagoricienne de la musique comme principe universel et les conceptions aristotéliciennes situant la musique dans le cadre de la théorie des affects, expliquant notamment l'effet religieux qu'elle produit

---

1 « Or, comment l'invoqueraient-ils sans avoir cru en lui ? Et comment croiraient-ils en lui, sans l'avoir entendu ? Et comment l'entendraient-ils, si personne ne le proclame ? Et comment le proclamer, sans être envoyé ? Aussi est-il écrit : *Qu'ils sont beaux les pieds de ceux qui annoncent de bonnes nouvelles !* Mais tous n'ont pas obéi à l'Évangile. Ésaïe dit en effet : *Seigneur, qui a cru à notre prédication ?* Ainsi la foi vient de la prédication, c'est l'annonce de la parole du Christ » (Rm 10, 14-17).

2 Jacques Sutter ajoute en note : « Dans l'opéra, saint François mourant, reprend les paroles de l'ange : "Musique et Poésie m'ont conduit vers toi : par image, par symbole, et par défaut de Vérité […] Seigneur, éblouis-moi pour toujours de ton excès de Vérité !" » (Sutter, 1996, p. 23)

(*ibid.*, p. 32). Comme la foi, la musique entre dans les cœurs par l'ouïe : « La musique [...] s'adresse au "cœur", elle est de l'ordre des sentiments et des affects ; les signifiants sonores relèvent de la sensorialité : le "ex auditu" » (*ibid.*, p. 44).

MATTHAÜS-PASSION

La dimension théâtrale et narrative de l'Évangile de Matthieu est certainement la raison pour laquelle il est celui qui a le plus souvent été mis en musique (et adapté au cinéma, voir *infra*). Le musicologue et organiste Philippe Charru analyse la « motivation théologique » de la passion de Luther pour la voix :

> Il s'agit du lien entre croire et écouter. Croire en un Dieu qu'on ne peut voir, mais dont on peut entendre la Parole. On se souvient de la scène biblique d'Ex 3 où Dieu apparut à Moïse au buisson ardent et fit entendre sa voix au milieu de ce buisson, tandis que Moïse se voilait la face de crainte que son regard ne se fixât sur Dieu. Le monde spirituel sur lequel ouvre le baroque luthérien garde la trace de cette scène inaugurale : c'est un monde invisible, puisque Dieu est « caché » au regard toujours tenté d'idolâtrer ce sur quoi il se fixe. C'est pourquoi seule l'écoute peut donner accès à Dieu. Elle est constitutive de l'événement singulier de la rencontre qui survient, imprévisible et insaisissable. (*Jean-Sébastien Bach, lecteur de l'Écriture*, 2012, p. 92)

L'un des premiers auteurs d'une *Passion selon saint Matthieu* est Claudin de Sermisy (c. 1495-1562), chantre de François Ier. Dans cette Passion polyphonique, la femme de Pilate chante à quatre voix (qui sont, au moins pour trois, des voix d'hommes) (Chailley, 1984, p. 19-20). Mais « l'invraisemblance du traitement polyphonique des personnages isolés ne devait pas tarder à apparaître [...] intervenant dans un dialogue aux personnages caractérisés, dont le dramatisme voulu répondait à une tradition déjà bien établie, elle parut bientôt déplacée » (*ibid.*, p. 20-21). Au départ, en effet :

> La lecture chantée de l'Évangile de la Passion (saint Matthieu le dimanche des Rameaux, saint Jean le Vendredi-Saint) est accompagnée, aux offices solennels, d'un cérémonial inaccoutumé. Alors que les autres Évangiles sont

> simplement psalmodiés par le prêtre (ou le diacre) sur un timbre uniforme, celui-ci est l'objet d'une véritable mise en scène. Trois officiants s'en partagent la lecture chantée ; le prêtre, plus élevé en dignité, tient le rôle du Christ ; le sous-diacre, ministre inférieur, s'adjuge les répliques des personnages profanes, familièrement désignés sous le nom de « la canaille » ; entre les deux, le diacre, comme dans un oratorio moderne, joue le « récitant » en lisant les textes de liaison : c'est « l'Évangéliste ». (*ibid.*, p. 11)

Après le XVIe siècle, le genre musical de la Passion ne se poursuit qu'en Allemagne[3]. La plus célèbre est la *Passion selon saint Matthieu* (*Matthaüs-Passion*, BWV 244) de Jean-Sébastien Bach (1685-1750), créée en 1727 (version définitive en 1736). Thomas Dommange analyse brillamment « le paradoxe de la double appartenance de la *Passion* à la sphère liturgique d'une part et opératique de l'autre », qui se fait particulièrement sentir dans une salle de concert et qui consisterait « en ceci que le plaisir pris par le spectateur se transfigurerait en un affect sacré au sein duquel le recueillement viendrait s'ajouter au tressaillement des nerfs » :

> Loin de signifier alors la disparition de la liturgie, le transport de la *Passion* dans la salle de concert témoignerait d'un déplacement du culte hors du culte. Submergée mais non supprimée par le plaisir, la liturgie sortirait pour ainsi dire d'elle-même, pour se reterritorialiser dans le spectacle. Un tel déplacement tiendrait à la constitution même de l'œuvre qui, édifiée à la frontière du spectacle d'opéra et de la liturgie, tenant par ses airs et par ses chorals, l'un et l'autre en une même main, ferait se confondre des lieux et des assemblées que tout devrait opposer. Le sentiment religieux qu'on avait

3 « Passion-Répons ou Passion-Motet, la Passion latine tomba en désuétude à la fin du XVIe siècle. [...] C'est à peu près exclusivement en Allemagne que se poursuivit l'histoire du genre. Dans ses cérémonies, l'Église catholique sembla se désintéresser de toute amplification musicale de l'Évangile des Rameaux ou du Vendredi-Saint. Elle se vit alors relayée avec splendeur par sa redoutable concurrente du Nord : l'Église luthérienne ». Luther, très attaché au chant liturgique, recommanda « de conserver les chants d'église dans leur langue originale pour les élèves des écoles latines, mais de les traduire en allemand pour les fidèles non-clercs, sans en modifier la mélodie au-delà de ce qu'exigeait l'adaptation prosodique ». Suite à cela, entre 1530 et 1534, Johann Walter rédigeait les premières Passions allemandes de la nouvelle liturgie : selon Matthieu et selon Jean, passions-répons avec *turba* à 4 voix, composé comme instrument de culte, simple, austère, de déclamation facile (Chailley, 1984, p. 31-32). Dans une lettre à Spalatin fin 1523, Martin Luther écrivait : « J'ai l'intention, à l'exemple des prophètes et des anciens Pères de l'Église, de créer des poèmes allemands pour le peuple, c'est-à-dire des cantiques spirituels, afin que la Parole de Dieu demeure parmi eux grâce au chant », cité par Philippe Charru, *Jean-Sébastien Bach, lecteur de l'Écriture*, 2012, p. 92.

> cru congédié par l'irruption du plaisir au sein de l'office, viendrait en retour hanter le spectacle qui l'avait refoulé. (Dommange, 2010, p. 11)

C'est ce qui montre l'indissoluble lien entre l'art et le sacré :

> Les exécutions successives de la Passion témoignent alors non pas d'un mouvement uniforme de désacralisation mais de l'inéluctable basculement de la liturgie dans le spectacle et, inversement, de l'impossible arrachement du spectacle à l'ordre du culte : c'est-à-dire de l'enveloppement réciproque du sentiment religieux et du plaisir spectaculaire, comme s'il fallait au plaisir spectaculaire, la terre de la liturgie pour éclore, et au sentiment religieux, le monde du spectacle pour s'accomplir. (*ibid.*)

Dans la *Passion selon saint Matthieu* (*Matthäus-Passion*, BWV 244) de Jean-Sébastien Bach, le rôle de la femme de Pilate est le même que dans l'Évangile, puisque le compositeur respecte intégralement le texte des chapitres 26 et 27 de l'Évangile de Matthieu, depuis le couplet des grands-prêtres et anciens du peuple (Mt 26, 1-5) à la mise au tombeau (Mt 27, 66) :

> *Und da er auf dem Richtstuhl saß, schickete sein Weib zu ihm une ließ ihm sagen : – Pilati Weib : Habe du nichts zu schaffen mit diesem Gerechten ; ich habe heute viel erlitten im Traum von seinetwegen*[4] ! (n° 54, mes. 18-20)

La ligne principale, celle de l'Évangéliste, laisse place aux paroles rapportées, chantées par des solistes : huit (quatre dans chaque chœur), se détachant du chœur. Il y a aussi trois autres voix qui n'appartiennent pas au chœur : la femme de Pilate est interprétée par une soprano, ce qui en fait une voix particulière, individuelle ; elle prend aussi le rôle des deux servantes ; dans le même cas, l'un joue Judas et le Prêtre 1, l'autre Pierre, Pilate, Caïphe et le Prêtre 2. Pour le chef d'orchestre Nikolaus Harnoncourt (1929-2016), la *Passion selon saint Matthieu* est une œuvre d'architecture admirable, construite autour d'un point central, qui correspond au changement d'attitude de Pilate. C'est donc autour

4 Le compositeur travaillait avec « les trois volumes de Calov », c'est-à-dire « la *Biblia illustrata alten und neuen Testaments* (1672), en trois volumes et six parties, du théologien luthérien orthodoxe en vogue à Leipzig et à Wittenberg. Il s'agissait de la Grande Bible allemande dans la traduction de Martin Luther (1545), commentée au moyen d'extraits d'œuvres du Réformateur, puis de courtes additions d'Abraham Calov dans la même perspective luthérienne », explique Gilbert Dahan dans « Bach : une exégèse en musique ? » (*Jean-Sébastien Bach, lecteur de l'Écriture*, 2012, p. 6)

de la seule répétition du récit matthéen (le cri du peuple : « *Lass ihn kreuzigen* », « Qu'il soit crucifié »), que Bach établit son axe de symétrie :

> Le point architectonique central dans cette première conception de l'œuvre se trouve effectivement entre ces répétitions :
>
> CHORAL : « *Wie wunderbarlich ist doch diese Straße* »
> ÉVANGÉLISTE : « *Der Landpfleger sagte* »
> PILATE : « *Was hat er den Übels getan ?* »
> SOPRANO : « *Er hat uns allen wohlgetan* »
> « *Aus Liebe will mein Heliand Sterben* »
>
> Ces pièces ressortent de l'ensemble de l'œuvre, à tout point de vue : textuellement (c'est ici qu'est mis en évidence le sens de la souffrance innocente de Jésus) et musicalement (par une instrumentation confiée tout du long aux vents dans le registre de soprano et d'alto, ce qui crée une atmosphère complètement distante). (Harnoncourt, 1985, p. 268)

Ce passage, qui suit de quelques répliques l'intervention du messager de la femme de Pilate, lui fait écho musicalement, insistant sur l'innocence de Jésus. Jacques Chailley rappelle qu'une Passion est conçue comme instrument de culte et que « pour un luthérien de Leipzig, en 1729, chez qui la moindre allusion à une mélodie de choral éveillait des réflexes aujourd'hui atténués ou évanouis, c'était l'essentiel de l'office des vêpres du Vendredi-Saint, et ses deux parties obligatoires encadraient le sermon » (Chailley, 1984, p. 1). Expérience religieuse et expérience esthétique se rejoignent ainsi dans le chant de la Passion.

UNE VOIX TUE : BERNSTEIN ET PASOLINI

Mais l'intervention de la femme de Pilate est souvent sacrifiée. C'est le choix de Leonard Bernstein, qui enregistre la *Passion* de Bach en 1962 en anglais, avec l'orchestre Philharmonique de New York. Il coupe des scènes entières : ainsi toutes celles qui célèbrent Jésus comme « juste » (« *Gerechten* » pour la femme de Pilate), sa nature divine (ainsi la Résurrection) et ce qui a trait à la trahison de Judas et aux accusations des dignitaires juifs, tout ce qui touche aux qualités de Rédempteur et de Messie. Les coupes de Bernstein ont souvent été commentées, à juste titre, dans ce sens, mais nous remarquons aussi que le rôle des femmes est effacé : l'onction à Béthanie (« Salbung in Bethanien »), la femme de Pilate et les femmes au tombeau : « *Und es waren viel Weiber da, die von ferne zusahen, die da waren nachgefolget aus Galiläa und hatten ihm gedienet, unter welchen war Maria Magdalena und Maria, die Mutter Jakobi und Joses, und die Mutter der Kinder Zebedäi* » (« Il y avait là plusieurs femmes qui regardaient à distance ; elles avaient suivi Jésus depuis les jours de Galilée en le servant ; parmi elles se trouvaient Marie de Magdala, Marie la mère de Jacques et de Joseph, et la mère des fils de Zébédée », Mt 27, 55-56). C'est donc leur témoignage qui est effacé… De même, dans le film *Il Vangelo secondo Matteo* (1964) de Pier Paolo Pasolini (1922-1975), qui utilise de nombreuses musiques (Prokofiev et Mozart, du negro spiritual, des chants congolais) mais surtout la *Passion* de Bach, certaines scènes ont été coupées, parmi lesquelles un certain nombre de miracles, la péricope sur la reine de Saba et l'intervention de la femme de Pilate. Le réalisateur italien s'est pourtant voulu « absolument fidèle » (Ceccatty, 2018, p. 99) au texte de Matthieu, qu'il considère comme l'Évangile le plus « réaliste ». Pilate (interprété par Alessandro Clerici) est d'ailleurs vu de loin, avec les yeux de Pierre, de Judas puis de Jean. En février 1963, juste avant de commencer son film, Pasolini avait écrit à Lucio Caruso, responsable de la section cinéma de la Citadelle d'Assise :

> Mon idée est la suivante : suivre point par point l'Évangile de Matthieu, sans en faire un scénario ou une adaptation. Le traduire fidèlement en images, suivant son récit, sans une seule omission ni un seul ajout. Les dialogues mêmes devraient être rigoureusement ceux de Matthieu, sans une seule phrase d'explication ni aucun raccord : car aucune image ni aucun mot insérés ne pourront jamais être à la hauteur poétique du texte. (*in* Naldini, 1991, p. 267)

Le texte de Matthieu, lu par hasard, d'un trait, un soir dans un hôtel, le frappe par son réalisme épique, qu'il trouve révolutionnaire. Pasolini est saisi par la réalité du monde paysan qu'il y découvre (*ibid.*, p. 257)[5]. Mais s'il n'a ajouté aucune parole à l'Évangile de Matthieu, le cinéaste l'a condensé et enlevé le message de la femme de Pilate : peut-être parce qu'il faudrait donner à voir le message, ou le faire lire par le messager,

5 Sur le choix de l'Évangile de Matthieu, voir aussi Ceccatty, 2018, notamment p. 113, 296 et 320.

qui devrait alors préciser d'où il vient, ce qui ne peut se faire sans ajouter de paroles ? Il ne peut non plus faire apparaître la femme, puisque ne le fait pas l'évangéliste, ni faire entendre sa voix, qui serait toujours une manière de l'imaginer... Le procès est d'ailleurs vu d'assez loin, en caméra subjective au milieu de la foule, à une dizaine de mètres de distance de Pilate. Tout en interrogeant Jésus, celui-ci tient nonchalament (1.58-1.59 min) un récipient mais on ne le voit pas s'y laver les mains : il n'y a pas d'arrêt sur ce passage, dont on a dit déjà qu'il signifiait une sorte de réaction à l'intervention de l'épouse. C'est l'attitude flegmatique de Pilate qui remplace ce geste et gomme à la fois toute allusion à une arrière-pensée du préfet. Ainsi, il n'y a pas de fiction ici : même si l'interprétation du poète-cinéaste est tout à fait personnelle, elle n'est pas de l'ordre de l'invention. Le cinéaste, comme le chef d'orchestre, procède donc à une « *amputation* » du texte évangélique : « le procédé réducteur le plus simple, mais aussi le plus brutal et le plus attentatoire à sa structure et à sa signification, consiste donc en une suppression pure et simple, ou *excision*, sans autre forme d'intervention. » (Genette, 1982, p. 323) Ce geste s'inscrit dans une transformation « *intermodale* », ici « *dramatisation* » (*ibid.*, p. 396) et affecte la temporalité de l'hypotexte narratif, qui nécessite d'être resserrée. La suppression de l'intervention de la femme de Pilate permet d'accélérer le cours du procès, sans laisser place au trouble ou à l'hésitation de Pilate. Toute la sensibilité est du côté de l'entourage proche de Jésus dont les visages bouleversés sont filmés en gros plan.

Le rôle de la femme de Pilate est en revanche magnifié dans la chorégraphie de la *Passion selon saint Matthieu* (1981) de Bach par John Neumeier (né en 1939) où la danseuse monte sur le dos de Jésus et lui fait exécuter les mêmes mouvements des bras que ceux qu'elle avait elle-même faits devant Pilate (Neumeier, 2005).

UN *ORATORIO* DE CARL LOEWE

Inspiré par la *Passion* de Bach[6] et par les oratorios d'Händel, Carl Loewe (1796-1869) compose un oratorio qui suit la trame des quatre Évangiles et s'ancre dans la tradition protestante de son époque : *Das Sühnopfer des neuen Bundes* (*Le sacrifice de l'Alliance nouvelle*, paroles de Wilhem Telschow), écrit vers 1847 et exécuté en 1855 à Stettin[7] (actuelle Pologne). Le texte de l'Évangile racontant l'intervention de la femme de Pilate est suivi d'un très bel air de soprano dans lequel elle décrit les images épouvantables qui l'ont effrayée :

> *Da aber Pilatus auf dem Richtstuhle saß schickte sein Weib zu ihm und ließ ihm sagen : Habe du nichts zu schaffen mit diesem Gerechten ; denn ich habe heut' viel erlitten im Traum von seinetwegen.*
>
> *Sopran-Arie : Laß, o Pilatus, dich erbitten, leih' nicht der Bosheit deine Hand, ich habe viel um ihn gelitten, den wunderbar ich nun erkannt. In voriger Nacht hat ein Traumgesicht mich zittern gemacht, o richte nicht. Die Erde erbebte, die Sonne ward schwarz, der Mond wie Blut ; die Sterne fielen vom Himmel, wie von großen Winde bewegt, des Feigenbaums unreife Früchte, die Berge wichen aus ihrer Stelle. Du aber verbargest dich vor dem Zorne des Himmels in den Höhlen der Felsen, du aber rangest mit Angst und Verzweiflung, als wärest du schuldig der entsetzlichsten Tat. Laß, o Pilatus, dich erbitten, leih' nicht der Bösheit deine Hand, ich habe viel um ihn gelitten, den wunderbar ich nun erkannt, er ist gerecht, o richte nicht, für den des Himmels Stimme spricht.*

> « Mais lorsque Pilate se fut assis à sa place de juge, sa femme lui fit dire : Ne te mêle pas des affaires de ce juste, car aujourd'hui j'ai beaucoup souffert en rêve de lui.
>
> Soprano Aria : Ô Pilate, je te supplie de ne pas prêter ta main à la cruauté, j'ai beaucoup souffert au sujet de celui que je reconnais à présent comme miraculeux. La nuit dernière, un rêve m'a effrayée, ô ne le juge pas ! La terre tremblait, le soleil s'était assombri et la lune était comme du sang ; les étoiles tombèrent du ciel comme les fruits encore verts d'un figuier arrachées par un vent déchaîné et les montagnes se déplacèrent. Mais tu t'es caché devant la colère du ciel, dans les grottes entre les rochers, mais tu as lutté dans le trouble et le désespoir, comme si tu étais coupable de l'épouvantable action. Ô Pilate, je te supplie de ne pas prêter ta main à la cruauté, j'ai beaucoup

6 Elle avait été redécouverte et reprise par Felix Mendelssohn à Berlin en 1829.

7 Loewe y avait dirigé les *Passions* de Bach : la *Passion selon saint Matthieu* en 1831 puis la *Passion selon Saint Jean* (1724) en 1841.

> souffert au sujet de celui que je reconnais à présent comme miraculeux. Il est juste, ô ne juge pas celui pour qui parle la voix du Ciel[8]. »

Ces images apocalyptiques, accompagnées par des trémolos de violon et d'alto exprimant son agitation, font de la femme de Pilate une visionnaire. Les images évoquées rappellent celles de l'Apocalypse[9]. Musicalement, les paroles des personnages ne sont pas ici séparées de celles des Évangélistes : le même chanteur prend en charge les paroles de son personnage et le texte qui les introduit, alors que dans la Passion de Bach, l'Évangéliste était un personnage à part entière, assurant les textes introductifs aux paroles des personnages et les passages narratifs.

Nous sommes sans cesse renvoyés, à travers les œuvres étudiées, à « la Parole, à l'intellect, à la pensée ». Pour Jacques Sutter, c'est qu'il faut s'en remettre « au langage symbolique qui permet à l'homme de reconstituer son unité, en prenant en compte les différents niveaux de sa perception » :

> C'est sans doute aussi dans cet espace que se retrouvent la religion et la musique, comme deux termes renvoyés l'un à l'autre, pour exprimer le même désir de l'homme confronté aux mystères de la vie et de la mort. Religion et musique tendent, l'une et l'autre, vers une exploration de l'Invisible, vers un au-delà de l'apparence, vers la découverte de la face cachée de l'homme, vers l'accueil du divin. On entre là dans le temple des mystères, là où l'imaginaire côtoie la foi, où la poésie rejoint la pensée mythique. (Sutter, 1996, p. 44)

Et il pose cette question qui dit toute la relation entre l'art et la religion :

> Si on adopte ce commun regard, faudrait-il penser que la religion emprunte les signes sensibles mis en œuvre par la musique pour exprimer, dans son

8 Je traduis. Lire les textes (page consultée le 09 janvier 2020) : http://www.naxos.com/libretti/loewe.htm.

9 « Quand il ouvrit le sixième sceau, / il se fit un violent tremblement de terre. / Le soleil devint noir comme une étoffe de crin, / et la lune entière comme du sang. / Les étoiles du ciel tombèrent sur la terre, / comme fruits verts d'un figuier battu par la tempête. / Le ciel se retira comme un livre qu'on roule, / Toutes les montagnes et les îles furent ébranlées. / Les rois de la terre, les grands, / les chefs d'armée / les riches et les puissants, / tous, esclaves et hommes libres, / se cachèrent dans les cavernes et les rochers des montagnes. / Ils disaient aux montagnes et aux rochers : / Tombez sur nous et cachez-nous loin de la face de celui / qui siège sur le trône, / et loin de la colère de l'agneau ! / Car il est venu / le grand jour de sa colère, / et qui peut subsister ? » (Ap 6, 12-17)

> propre champ, le message de foi qui lui serait propre, ou que la religion est une autre manière de se saisir des interrogations humaines, en adoptant, pour y répondre, le langage de la symbolisation dont les arts, et particulièrement la musique, sont coutumiers ? (*ibid.*)

Dans son commentaire sur les Psaumes, Martin Luther écrivait déjà :

> On remarquera que chanter et parler sont deux choses différentes, que psalmodier ou dire un psaume ne constituent qu'une connaissance ou un enseignement intellectuels. Mais quand on y ajoute la voix, on obtient le chant, et la voix est sentiment [*affectus*]. Car de même que le Verbe est intellect, la voix relève intrinsèquement du sentiment. C'est pourquoi le psaume 98 dit : *Jouez pour le Seigneur sur la cithare avec les trompettes, au son du cor*, c'est-à-dire : proclamez l'Évangile avec sentiment et publiquement. (cité par Charru, *Jean-Sébastien Bach, lecteur de l'Écriture*, p. 92)

C'est dire que l'intelligence de l'esprit et celle du cœur sont indispensables et trouveraient leur plus haute harmonie dans la musique. C'est la même intelligence qui permet à la femme de Pilate de faire confiance à ce qu'elle a ressenti dans son rêve.

Le cultuel et l'art liturgique, tous deux anamnèses et représentations, suscitent une émotion esthétique et religieuse : existentielle. Pour François Vouga,

> Les rituels et les chorals sortent de l'Église pour investir le monde. Le cadre formel des œuvres est celui du culte : il s'agit bien de Passions du Vendredi-Saint, de Requiem, de Messes. Elles s'y enracinent et y puisent leur sève. Mais, de toutes parts, dans la diversité des chemins, il éclate. C'est évident chez Beethoven ou chez Britten, mais déjà chez Bach à qui l'on reprochait de faire du théâtre et encore chez Verdi. Le cultuel est le point d'ancrage d'une liturgie beaucoup plus large. Inversement, il y trouve son sens et sa portée : la liturgie est d'abord service, service dans le monde et pour le monde. L'engagement éthique de l'artiste et la perfection esthétique de l'œuvre offerte tissent indissolublement le lien entre ces deux pôles et leurs lieux. (1983, p. 99)

La dimension théâtrale des Passions, les rôles interprétés par les voix, font revivre les textes bibliques, le temps du culte, par tous les participants. Qu'en est-il des réécritures théâtrales ?

EN SCÈNE

Quels rôles pour la rêveuse ?

Comme en peinture et en musique, la femme de Pilate a son rôle à jouer au théâtre. On l'a vue déjà sur les scènes du Moyen Âge. Elle disparaît ensuite, laissant place à d'autres personnages féminins à l'action biblique plus dramatique, avant de revenir à la fin du XIXe siècle et au XXe. Il n'est plus question de faire apparaître un diable ou de s'interroger sur la provenance du rêve, mais de mettre en lumière la femme de Pilate comme épouse et mère : le théâtre religieux s'est embourgeoisé.

Le théâtre est rarement rituel, même si ses origines ont à voir avec le sacré. La messe en revanche est anamnèse :

> Manifestation collective qui fonde la communauté, sa force vient de son institution. Souvenir de la Cène par lequel Jésus a partagé son dernier repas avec ses apôtres et de la Passion durant laquelle il est mort, elle plie le temps historique pour le faire vivre aux fidèles. Elle est à proprement parler un « sacrifice » renouvelé. (Martin, 2016, p. 57)

Mais au théâtre, le fidèle n'est plus que spectateur : il ne participe pas au sacrifice. Son émotion est ailleurs.

CLAUDIA, UNE MÈRE DE FAMILLE

La fin du XIXe siècle et le début du XXe connaissent une efflorescence de pièces d'inspiration biblique, en particulier des Vies et des Passions du Christ, qui fournissent « un cadre solennel qui s'harmonise avec les mystères, les tragédies, les drames ou les pièces en tableaux » (Autrand, 2006, p. 89). Ce théâtre chrétien a une visée édifiante, au risque de réduire ses personnages à des stéréotypes. Pour Henry Phillips,

> La faiblesse du théâtre chrétien relève d'une vue trop simple de la vertu et du vice, étayée par la formule manichéenne du mélodrame, fort apprécié dans les patronages, par la répugnance des dramaturges à s'engager dans les complexités du « drame humain tout entier », selon l'expression de Daniel-Rops, et par l'évacuation de tout ce qui sent le soufre. (Phillips, 2007, p. 132)

Commençons par évoquer trois pièces d'auteurs très peu connus (l'homme de théâtre René Fauchois l'est davantage[1]), autant de variations autour de notre personnage. Il est relativement rare dans la littérature que le couple ait des enfants mais c'est le cas dans certains apocryphes et certaines Passions médiévales. Ici, c'est la fille de Pilate qui parfois prend le rôle le plus intéressant, d'autant plus que cela permet une intrigue sentimentale avec Jésus, ce qui serait peu chrétien de la part d'une femme mariée comme sa mère[2]. Ainsi, dans *La Fille de Pilate*[3] de René Fauchois (1882-1962), il n'y a que peu d'allusions au rêve de Claudia Procula, qui essaye de dissuader un Pilate triste et insomniaque de condamner Jésus. Leur fille Pontia tombe amoureuse de lui et ils se fiancent en prison. Elle subit à distance le même martyre et meurt. De même, dans la pièce de Gabriel Colmet Dâage (1813-1893), *La Famille de Pilate*[4], qui met en scène Pilate, sa femme Claudia et leurs enfants Julie et Marcus. Dès la première scène, Julie déclare, angoissée, qu'elle brûle d'apprendre ce qui va se passer pour Jésus. L'attitude du fils fait écho à celle du père alors que Julie trouble sa mère en répondant à son songe. Elle a rêvé qu'elle entrait au tribunal qui se tenait en secret, la nuit, et qu'elle découvrait la violence de la foule et du grand-prêtre, et surtout la victime, auréolée d'une vive clarté :

> C'était un beau jeune homme, au maintien doux et sage,
> Triste, mais résigné, calme dans sa douleur.
> Quelque charme secret ou l'attrait du malheur
> Donnaient à sa personne une grâce imposante.

1 Il est cité plusieurs fois dans Autrand, 2006.

2 Dans « Le Procurateur de Judée » (*L'Étui de nacre*, 1893), Anatole France évoque également, mais sans en faire un personnage de son conte, la fille de Pilate, mais pas sa femme. Pontius Pilatus vit désormais en Sicile avec sa fille Pontia et a complètement oublié l'affaire Jésus. (France, 1984)

3 Tragédie en trois actes, en vers, 1908. Cette pièce connut un certain succès. Jouée en 1908 au Théâtre des arts, elle fut reprise l'année suivante à la Porte-Saint-Martin.

4 Tragédie chrétienne en cinq actes et en vers, 1885.

Un ange lui apparaît alors pour lui révéler les mystères de l'avenir :

> « De l'avenir apprends, me dit-il, le mystère :
> « Malheur aux ennemis de Jésus sur la terre :
> « Jésus les jugera comme ils l'auront jugé !
> « Regarde, Claudia. » La scène avait changé.
> Des torrents de lumière inondaient cette salle ;
> Sur un trône éclatant, de grandeur colossale,
> Était assis Jésus plus imposant qu'un roi ! (I, 5, p. 25)

À son réveil, elle apprend qu'en effet Pilate doit juger cet innocent. Le gouverneur reconnaît :

> Sans doute, Claudia, votre songe est étrange.
> Ce double jugement, cette scène qui change,
> Cet homme aux ailes d'or, tout paraît surprenant.
> Mais vous pouvez calmer vos terreurs maintenant.
> Cette ombre de danger que vous sembliez craindre
> Vient de s'évanouir et ne peut plus m'atteindre. (II, 1, p. 29)

La suite est conforme à ce que l'on attend. Citons enfin, dans ce même répertoire, le mystère d'Antoine Campaux (1818-1901), *La Femme de Pilate*[5]. Dans sa préface, l'homme de lettres déclare vouloir « évoquer l'âme d'une femme, qu'il est permis de ranger parmi les plus nobles et les plus sympathiques, et lui donner une physionomie » (Campaux, 1900, p. VI). Il lui prête donc un intérêt particulier pour Jésus. Pilate et Procula ont une fille, Camilla, 6 ans, et un fils, Lucius, 8 ans. La préface d'Antoine Campaux est particulièrement intéressante. Elle nous montre la manière dont l'imaginaire est suscité à la lecture de Mt 27, 19. C'est tout d'abord la curiosité qui est éveillée par ce succinct verset : qui était cette femme ? Aussitôt est convoqué *l'Évangile de Nicodème*, qui complète l'Évangile canonique et précise que Claudia Procula était affiliée à la religion juive. Pour l'auteur, c'est une preuve de la « générosité de cette âme, aux exigences de laquelle ne suffisait plus la religion païenne [...] C'était évidemment une âme travaillée, une âme en mal de la Vérité, et par suite toute préparée à recevoir les enseignements de l'Évangile ». Il légitime alors son intrigue : « Il n'est pas invraisemblable de penser... » Dans ce Mystère, Claudia

5 Mystère en trois parties, 1900.

Procula raconte son rêve à sa suivante : même au théâtre, le rêve reste un récit et n'est pas mis en scène. Au Jardin des Oliviers, dans une atmosphère effrayante, est arrêté un homme au visage majestueux sous l'insulte et la menace : c'est Jésus de Nazareth, dont elle a, la veille, « entendu raconter des paroles et des actes à le faire adorer du monde entier. » (Campaux, 1900, II, 2, p. 55) Le voir traiter ainsi lui cause une souffrance inexprimable, d'autant plus qu'il va être livré à son époux Pilate, frère de sa confidente Livia. Le rêve se poursuit avec la crucifixion. Elle se voit ensuite loin de la Judée sur un chemin difficile, avec ses enfants, suivant un Pilate accablé et traité de lâche par les ombres humaines qu'ils croisent sur ces chemins de la disgrâce, de la misère et de l'exil. C'est donc la condamnation de Jésus et le destin de sa propre famille qui apparaissent à Procula. Comme dans les pièces de René Fauchois et de Gabriel Colmet Dâage, les femmes sont enfin au premier plan[6]. En effet, comme nous le verrons de manière plus approfondie dans la Quatrième partie, elles représentent l'intimité du

6 Signalons trois autres pièces : *La Passion, drame biblique en 8 tableaux*, de Philippe Casimir (1853-1939), musique de scène d'Édouard Coupin, créée au Théâtre Français de Nice en mars 1891 (Nice, édité par les auteurs), commence par l'entrée de Jésus à Jérusalem, alors que Pilate et Caïphe sortent de chez Magdeleine, ivres, et s'accusent mutuellement de fréquenter une courtisane. Claudie a suivi son mari. Lorsqu'il s'est éloigné, elle frappe à la porte et reproche à Magedeleine sa vie dissipée ; celle-ci se repent aussitôt et jure d'en changer. Elles deviennent amies et Magdeleine l'incite à écouter le Nazaréen. Elles se mêlent, voilées, à la foule qui accueille Jésus. « Qu'il est beau ! quelle majesté et quelle grâce !... », s'écrie Claudie en le voyant (Casimir, 1891, p. 15). C'est Magdeleine qui se jettera aux pieds de Pilate pour le supplier de ne pas condamner « ce juste », puis Claudie, en racontant son rêve. Dans sa tragédie biblique *Il a été crucifié* (Paris, Nouvelle Pléiade, 2000), Paul Bellat (1905-2001) imagine également une aventure amoureuse entre Pilate et Magdeleine. Celle-ci supplie Caïphe de libérer Jésus, tandis que la voix off de Claudia se charge de s'adresser à Pilate, avant de se jeter à ses pieds, magnifiquement décoiffée : « Ils veulent Sa mort, parce qu'Il représente la Force de l'Âme et de l'Amour. Pontius chéri, ne leur livre pas ce Juste ; ils ne peuvent rien faire contre Lui, si toi, toi, tu ne leur cèdes pas. » (Bellat, 2000, p. 157). Désespérée, elle s'écroule dans ses bras : « Pilate (*la tenant serrée contre sa poitrine, sanglotant et hurlant de rage après eux et contre lui et de passion pour elle*) Claudia ! Claudia ! Ils t'ont tuée ! et moi, moi, je t'ai assassinée ! (*Il hurle comme une bête*) Les salauds ! Les salauds ! » (*ibid.*, p. 188). Enfin, la pièce légère de Jean-Marie Pélaprat (1927-1995), *Ponce Pilate, procurateur de Judée* : un groupe de touristes visite le « musée apocryphe et vivant du théâtre qui, comme son nom l'indique, évoque les morts de façon apocryphe mais vivante », explique le guide. Chaque salle contient un épisode interprété par un groupe d'acteurs. Pilate et Claudia ont des disputes d'amoureux et une plus sérieuse à propos de la condamnation du Christ (Pélaprat, 1988, p. 3-43). Mise en scène de Robert Manuel, avec Claire Versane dans le rôle de Claudia et Jean-Noël Sissia dans celui de Pilate, spectacle créé pour une croisière sur le Mermoz le 22 octobre 1987.

gouverneur : sa famille, son cœur, son âme – puisque nous sommes dans un contexte chrétien –, c'est-à-dire ce qui lui appartient en propre et non au pouvoir impérial : ce qui en lui n'est pas préfet de Judée, ce qui en lui pourrait être touché par Jésus. La présence de la famille du préfet, dont on a vu qu'elle apparaissait déjà sur les scènes médiévales, s'inscrit dans l'exaltation de valeurs traditionnelles d'ordre et de morale. En effet la dimension mélodramatique de ces pièces est au service de leur objectif d'édification. Le genre du mélodrame, réputé forme facile, sentimentale et larmoyante, flattant le public et manquant de subtilité, met en scène des personnages irréalistes et phraseurs et des intrigues sans surprise : les bons sont persécutés et récompensés, les méchants punis. Les valeurs chrétiennes y sont surenchéries[7].

MADAME PILATE, LA VOISINE

La femme de Pilate est souvent associée aux saintes femmes au tombeau avec Marie, Marie-Madeleine, parfois aussi Véronique, comme si c'était le moment où toutes les femmes ayant joué un rôle dans la vie de Jésus se retrouvaient (Mt 28, 1-10 ; Mc 16, 1-18 ; Lc 24, 1-10). Ce moment de la découverte du tombeau vide est l'un des avatars du théâtre religieux, explique Bernard Forthomme interrogeant le lien entre le théâtre et le culte religieux, avec

> la dramatisation d'un dialogue entre les saintes femmes qui viennent visiter le tombeau de Jésus et un messager de Dieu, au cours de la liturgie pascale. Dialogue qui nous est rapporté avec des indications scéniques précises par l'évêque de Winchester Ethelwood, dans sa *Regularis Concordia* – datée des années 965-975 –, ouvrage destiné au monde bénédictin. Dialogue intitulé généralement selon sa première question : *Quem quaeritis ? Qui cherchez-vous ?* [...] C'est ainsi que la *liturgie bénédictine* témoigne de la liberté chrétienne de laisser une place à la forme théâtrale en son sein différencié – en cela fidèle à la dimension dramatique présente dans le Nouveau Testament, en même temps qu'à l'absence de forme théâtrale dans la tradition biblique. (Forthomme, 2008, p. 157 et 166)

7 Voir Thomasseau (1984) et Fix (2011).

Il montre la distance prise par la forme théâtrale par rapport aux rites religieux. Un rite :

> N'est-ce pas d'abord ce qui doit rendre favorable des forces obscures ou invisibles, et renforcer, harmoniser le lien social, que ce soit sur le mode de la correspondance avec des influx cosmiques ou simplement sur le mode de la coutume, de l'usage apaisant ? Or le théâtre n'a pas pour but principal de rendre des forces favorables, ni même de guérir les passions, l'angoisse ou les forces érotiques. Il s'agit pour lui, avant tout, de configurer au mieux un *monde fictionnel* et de produire des effet émotionnels ou cognitifs comme *réponses* attendues d'une telle configuration par un *public* – et non une assemblée d'initiés ou de *fidèles*. (*ibid.*, p. 150)

Qui sont donc ces femmes qui se rendent au tombeau[8] ? D'où arrivent-elles ? Qu'ont-elles fait depuis la crucifixion ? Le drame en un acte de Michel de Ghelderode (1898-1962[9]), *Les Femmes au tombeau*[10],

---

8 Elles varient quelque peu suivant les textes, laissant le chemin du tombeau ouvert à bien d'autres femmes évangéliques. « Après le sabbat, au commencement du premier jour de la semaine, Marie de Magdala et l'autre Marie vinrent voir le sépulcre. » (Mt 28, 1) « Quand le sabbat fut passé, Marie de Magdala, Marie, mère de Jacques, et Salomé achetèrent des aromates pour aller l'embaumer. Et de grand matin, le premier jour de la semaine, elles vont à la tombe, le soleil étant levé. » (Mc 16, 1-2) « Les femmes qui l'avaient accompagné depuis la Galilée suivirent Joseph ; elles regardèrent le tombeau et comment son corps avait été placé. Puis elles s'en retournèrent et préparèrent aromates et parfums. Durant le sabbat, elles observèrent le repos, selon le commandement et, le premier jour de la semaine, de grand matin, elles vinrent à la tombe, portant les aromates qu'elles avaient préparés. » (Lc 23, 55-56 ; 24, 1-2) « Le premier jour de la semaine, à l'aube, alors qu'il faisait encore sombre, Marie de Magdala se rend au tombeau et voit que la pierre a été enlevée du tombeau. » (Jn 20, 1)

9 Il était « l'un des grands animateurs du théâtre chrétien et du théâtre amateur en Belgique » (Phillips, 2007, p. 288).

10 Le sous-titre « Tragédie pour marionnettes » fut remplacé en 1952 par « Drame en un acte ». La pièce, datée de 1928, fut en fait écrite en 1933 et publiée à Bruxelles dans *Tréteaux* en juin 1934. Son burlesque fit scandale, bien qu'en 1960, le dramaturge en vantât l'aspect « hautement respectueux » et la « mise en lumière du côté humain, assez sympathique après tout, des saintes femmes mêlées à la vie du Christ. Il oubliait que vingt-ans plus tôt il avait qualifié la même œuvre de "clownerie sacrée". […] La pièce se rattache davantage au cycle de la désintégration des mythes qu'à l'inspiration religieuse de *Barrabas*. Elle suggère que, regardés de près, l'homme en général, et la femme en particulier, ne sont pas beaux, mais "poignants et parfois risibles", comme les drames qu'ils jouent », analyse Roland Beyen, avant de conclure : « *Les Femmes au Tombeau* est une des meilleures pièces en un acte que Ghelderode ait écrites, ne fût-ce que pour sa concentration et pour ce moment intensément dramatique où les pleurs de la mère de Jésus viennent laver soudain toute impureté – si humaine – des "saintes femmes" », *in Michel de Ghelderode ou la hantise du masque*, 1971, p. 230-233, cité *in* Beyen, 1980, p. 113-114.

nous les présente avant qu'elles n'aillent au tombeau, « dans une maison pauvre, à Jérusalem, le soir du Vendredi Saint », selon la didascalie initiale. Dans la maison où se sont installées une accoucheuse et une laveuse de mort pour échapper à la foule, entrent scène après scène : Madeleine, Marthe et Marie, Véronique, la femme guérie, la femme adultère, Madame Pilate, Jean et Marie la mère de Jésus, enfin Yochabeth la femme de Judas, qui les trouve tous en rentrant chez elle. Toutes parlent beaucoup, se plaignent, rient, sont très agitées. Madame Pilate déclare en arrivant chapeautée et gantée : « Mesdames, j'errais... L'insomnie persiste. Affreuse journée ! On ne voulut pas me croire. Pourtant le livre des songes explique beaucoup d'événements. Comment faire pour aller au tombeau ? » (Ghelderode, 1952, p. 202) Elle se présente comme une étrangère et cherche à savoir ce que l'on dit de Pilate « dans le public ». Marthe lui répond : « On dit qu'il se montra fin politique dans ce procès, mais on lui reproche de s'être ostensiblement lavé les mains, avec des manières d'acteur ». Madame Pilate avoue alors être sa femme, ne pas l'aimer (parce qu'il est « neurasthénique ») et lui donner tort. Jean arrive, accompagné d'une vieille femme qui lui a été confiée. Les autres partent au tombeau et Jean reste avec elle. Une fois l'apôtre endormi, elle se met à balayer la chambre avant de prier et de pleurer loin des regards : c'est la mère de Jésus.

Cette pièce est assez drôle et le spectateur adhère facilement à cette familiarité avec les personnages bibliques. Le rôle de Marie en revanche est dramatique. On ne sait pas tout de suite que c'est elle qui accompagne Jean, et cette distance permet de suspendre l'émotion comique : c'est toute la pesanteur du sacré, le sérieux de la Bible, qui ressurgit et rappelle que cette réunion de femmes a lieu parce qu'un homme est mort. Dans *Barrabas*, la même année, Michel de Ghelderode offre à la femme de Pilate un rôle plus attendu. Comme Pilate, elle est insomniaque, et comme dans de nombreux textes littéraires, elle le met en garde tandis que lui reste indifférent : « Tais-toi ! Les rêves sont à toi. La raison m'appartient » (Ghelderode, 1972, p. 115). Dans *Les Femmes au tombeau*, en situant son propos avant le départ pour le sépulcre, Michel de Ghelderode ancre ces personnages bien connus dans les coulisses imaginaires du texte. Mais il ne s'agit pas uniquement d'un jeu de l'esprit. Ces femmes ne savent pas encore que c'est un tombeau vide qu'elles vont trouver et qui ne pourra que les interroger sur ce que c'est que la mort : celui qu'elles cherchent, est-il vivant ou est-il mort ? Elles seront les premiers témoins de cette absence, qui se révèle présence éternelle, et les premières à s'interroger sur le mystère de la Résurrection. La femme de Pilate rejoint ici les saintes femmes et trouve sa place parmi ces témoins, parmi ces héroïnes issues, comme elle, de récits minuscules.

UNE STARLETTE SUSCITE DES PASSIONS

Comme épouse et mère, Procula tient un rôle des plus respectables. Dans la littérature romanesque sentimentale, elle est aussi belle, une beauté associée à sa noblesse. C'est un digne personnage que nous avons là, avec lequel l'humour est rarement de mise. On ne s'attend pas à le voir interprété dans une Passion par une starlette. Le public de l'église de Random, le village breton des *Hommes illustres* (1993), non plus. Dans ce roman qui est un très bel hommage à son père, Jean Rouaud (né en 1952) raconte que celui-ci, dans sa jeunesse, mit en scène *Les Trois Mousquetaires*, sur fond d'occupation allemande ; il confia le rôle de Milady de Winter à sa petite amie, Émilienne : « Comme la jeune starlette n'avait aucune expérience de la scène, l'occasion se présenta pour elle de faire un bout d'essai dans une Passion que montait le vicaire de Random » (Rouaud, 1993, p. 126). Mais suite à la grossesse d'une sainte Véronique dans une commune du diocèse, l'évêque de Nantes fait interdire les représentations mixtes de la Passion. Il accorde finalement trois femmes : la Vierge, Marie-Madeleine et la femme de Ponce Pilate :

> Le vicaire remercia chaleureusement son supérieur et, tandis qu'il baisait la pierre violette au bout du bras qu'on lui tendait, cherchait vainement à retrouver dans ses souvenirs de lectures évangéliques trace d'une quelconque épouse de Pilate. Mais c'est ainsi qu'Émilienne hérita du rôle muet né de la fantasmatique épiscopale. (*ibid.*, p. 128)

Émilienne est désormais surnommée « la femme de Pilate ». La prose de Jean Rouaud, terrienne, fine, pleine d'humour, de poésie et de religiosité, peint une représentation haute en couleurs :

> Vêtue d'une longue tunique blanche ceinturée à la taille par une corde dorée, elle illumina la Passion de sa présence. Quand elle présenta un linge à son mari pour qu'il se sèche les mains, les hommes dans la salle se sentirent la paume moite. Sa blondeur et ses formes captèrent à ce point l'attention qu'il n'y eut que le vicaire pour s'arracher les cheveux lorsque le Christ en croix, au milieu des ténèbres de la scène, le visage seul éclairé par un faisceau de projecteurs, lança d'une voix pleine de conviction, comme s'il venait d'en terminer avec ses travaux des champs : « J'ai souèf. » Il est vrai qu'il n'y avait pas là de quoi choquer l'assistance habituée à parler et entendre le patois vernaculaire. (*ibid.*)

« La femme de Pilate » ne fait finalement que passer dans ce récit, le temps de l'incarnation de deux femmes à l'opposé : l'une que même le vicaire a oubliée, l'autre que tout le monde connaît par son prénom ; l'une, femme de Pâques, l'autre de l'hiver. Quant à Jésus, il se réincarne en D'Artagnan. L'histoire minuscule de la femme de Pilate, témoin de la grande Histoire, se trouve ici mise en abyme dans l'autobiographie familiale : Émilienne est témoin d'un moment de la jeunesse du Père, Joseph, qui a dû, au moment des représentations de la Passion et des *Trois Mousquetaires*, fausser compagnie à sa troupe de théâtre pour aller combattre au front.

CLAUDIA AU CINÉMA

Ces quelques femmes de Pilate au théâtre la montrent sous un jour inédit. Sa carrière cinématographique est également remarquable : *The King of Kings* de Cecil B. DeMille (1927), *The Passion of the Christ* de Mel Gibson (2004), *Monty Python's Life of Brian* de Terry Jones (1979) où elle apparaît dans une scène hilarante mais coupée au montage… Le verset Mt 27, 19 est prometteur comme une bande-annonce. Nous avons évoqué déjà son absence dans *Il Vangelo secondo Matteo* de Pier Paolo Pasolini (1964[11]) et son rêve dans *Ponzio Pilati* de Gian Paolo Callegari

11 Dans son article, « Jésus au cinéma, de Gibson à Pasolini », Gérard Billon évoque l'efficacité de la mise en scène du film de Mel Gibson, qui emporte l'adhésion car il n'y a pas d'espace de liberté pour celui qui reçoit la violence émotionnelle des images, « au coup de poing […] (ralentis, musiques, effets spéciaux, surcharge visuelle) ». Alors que devant le film de Pasolini, écrit-il, « on respire. Pas seulement à cause des larges plans

et Irving Rapper (1962). Selon René Barjavel (1911-1985), elle aurait pu apparaître dans un autre film… L'écrivain avait écrit un scénario, mais le projet échoua, le financement du Centre National du Cinéma faisant défaut au dernier moment. En reste un roman très original, dédié à Michel de Ghelderode : *Jour de feu* (1957). Enthousiasmé par *Barabbas*, le romancier voulut porter à l'écran la pièce du dramaturge flamand : « Il y avait là une matière admirable pour un film : une action violente, brutale, un conflit intérieur très simple et très grand, tout cela se détachant sur le fond de la Passion… », explique-t-il dans le *Journal d'un homme simple*, le 3 août 1950 (Barjavel, 2015, p. 10). Il rapporte dans son Journal comment il voulut réaliser cette adaptation cinématographique en se servant du décor fourni par les Fêtes de Saint-Vincent à Collioure (Pyrénées-Orientales) qui ont lieu tous les ans, au mois d'août. L'histoire, dans le roman, est finalement prise en charge par un vieil homme qui descend de la montagne pour assister aux fêtes. S'installant sur une barque couchée sur les galets, il entreprend de raconter une histoire aux enfants du village. Le récit mêle l'histoire du tournage et l'histoire biblique, d'autant plus que Barjavel refuse de faire un film « à costumes » et se réclame de Brueghel peignant les scènes bibliques dans son décor des Flandres :

> Pourquoi ne pas essayer de retrouver au cinéma, qui est de la peinture en mouvement, cette simplicité d'âme des primitifs et cette façon directe qu'ils avaient d'aller à l'essentiel ? […]
>
> J'ai donc écrit mon adaptation sans transposer une virgule de l'histoire. Il s'agit bien de Pilate, de Caïphe, de Jésus, de Barabbas […] …
>
> Mais cela se passe, très simplement, de nos jours. […] Pilate présente Barrabas et Jésus à la foule assemblée dans les arènes pour voir la corrida. Caïphe fait couler à flots le pastis dans tous les bistros pour que tous les ivrognes crient le nom de Barrabas, et jeter par avion sur la ville des milliers de tracts : « Libérez Barrabas ! » (*ibid.*, p. 11)

La femme de Pilate, en particulier, vit un grand moment de crise conjugale dans cette parodie poétique qui rappelle la dimension théâtrale de la scène du tribunal. Installé sur sa terrasse, Pilate attend le feu d'artifice, tandis qu'elle dort. Alors qu'il réfléchit à la décision qu'il doit prendre

---

de paysages ou parce qu'il serait moins sanglant (la violence est autre), mais parce qu'au bout du compte, le réalisateur, parti dans l'intention de prêcher et de convaincre, lâche prise et laisse advenir à l'écran une part de mystère. » (Billon, 2004, p. 99)

concernant Jésus, il aimerait lui demander conseil, mais son sommeil rythme toute la soirée du gouverneur : « Mais elle dormait… […] Et pendant ce temps, la femme de Pilate dormait… […] Elle seule pourrait le faire changer d'avis, et elle dort… » (*ibid.*, p. 107-108). Pris par l'histoire, les jeunes auditeurs autour de la barque du vieillard interviennent :

> *Mercedes se leva brusquement :*
> *– Madame Pilate ! Tu vas pas laisser faire ça ?*
> *Et Michel, furieux :*
> *– Vieille taupe ! Tu as pas fini de roupiller ?*
> Sur le grand lit blanc, la jeune femme en chemise de soie s'agita, se retourna, essayant de retenir un sommeil menacé.
> […]
> *– Allez debout ! Lève-toi ! Et dépêche-toi ! Va trouver ton mari ! Et secoue-lui les puces ! Allez ! Allez ! Vite ! Debout !*
> Et ouvrit les yeux, se leva et écouta. (*ibid.*, p. 108-109)

L'interaction entre les auditeurs des années 1950 et la femme des années 30, entre l'histoire événementielle (récit-cadre) et le récit emboîté, crée une coïncidence temporelle entre les acteurs, du film et de la Passion. C'est cette métalepse (Genette, 2004) qui permet de faire vivre les événements anciens que l'on connaît déjà comme si on les vivait pour la première fois, c'est-à-dire en y participant (« Hé dis ! Si c'est de Jésus ton histoire, tu peux te la garder, on la connaît mieux que toi ! », proteste un enfant à l'annonce du vieil homme : « C'était à Jérusalem, il y a deux mille ans », Barjavel, 2015, p. 43). Pour autant, le romancier ne considère pas son livre comme une « transposition » : il s'agit bien de Jésus, de Caïphe, de Pilate et de sa femme, mais ce sont des personnages de notre temps, puisque « Jérusalem, ce jour-là, c'est toujours et c'est partout », déclare-t-il dans un entretien avec Pierre Desgraupes (Barjavel, 1957). Il y a toujours un pays occupé, il y a toujours une femme qui dort, et qui rêve, et un mari qui voudrait bien « faire plaisir » (Barjavel, 2015, p. 113) à sa jeune épouse épouvantée :

> Je t'ai vu en rêve en train de condamner à mort un innocent. Et quelque chose me disait dans mon rêve que c'était l'Innocent le plus innocent qui ait jamais été jugé ! Et que si tu le condamnais ce serait une horreur abominable, qui ne nous serait jamais pardonnée… […]
> Et dans mon sommeil je suffoquais… J'étais comme au fond d'une mer noire, avec des montagnes d'eau au-dessus de moi. J'ai cru que j'allais mourir,

> que c'était fini, je me suis débattue, je me suis réveillée, j'ai couru ici pour savoir, et c'est toi qui m'as dit que tu allais faire mourir Jésus !... [...]
>
> Mon chéri ! mon chéri ! Si tu m'aimes, ôte-nous ce poids de nos cœurs, cette injustice, toute cette eau noire au-dessus de nous ! Tu ne peux pas, tu ne dois pas le condamner ! (*ibid.*, p. 114)

En écho à cette eau qui submerge la femme de Pilate, Jean, Philippe et Thomas arrivent en barque à la maison du gouverneur pour le mettre en garde : il y a des juges à Rome. Il ordonne aux sentinelles de les mitrailler et ils plongent. À l'aube, cette eau ramène sur le rivage de la crique où se baigne la femme de Pilate, les tracts « Libérez Barabbas ! » jetés par avion sur la ville. L'un se colle à sa peau et se déchire en deux : « Libérez », « Barabbas ! » : comme un jeu d'écriture – ou de réécriture –, est-il temps encore de substituer un nom à un autre ? Les deux seront mis à mort, comme les bêtes de la corrida lors de laquelle Pilate présente les deux prisonniers à la foule. C'est justement l'idée de sacrifice qui est importante, explique Barjavel dans l'entretien cité, car à la base du sacrifice il y a l'amour, qui pourrait résoudre tous les conflits du monde s'il était partagé universellement. Au sacrifice de Dieu, Barabbas répond par le sacrifice de l'homme. La femme de Pilate essaie de ramener son époux à cette humanité qu'incarne finalement le sanguinaire Barabbas qui finit poignardé au terme de sa violente révolte contre l'injustice. Le déploiement du récit biblique procède non seulement par amplification textuelle, mais par inclusion de toute l'humanité.

C'est dans des décors ecclésiaux ou liturgiques qu'ici iconographie, musique, théâtre ont été évoqués, même s'ils s'y inscrivent au second degré : non seulement parce qu'ils sortent de leur espace premier (musées, salles de concert, scènes...) ou parce qu'ils sont appréhendés comme des arts profanes (lieux de cultes muséifiés, messes-concerts, spectacles), mais aussi parce qu'ils sont, pour certains, déjà des récits de la performance, ou leur illustration. Pour ouvrir l'Avant-Propos du volume *Bible et art. L'âme des sens*, Françoise Mies rappelle :

> L'homme biblique va à Dieu avec ses sens. Certes, sa préoccupation artistique est loin d'être première dans la Bible, mais il y a un « art dans la Bible » et certaines des conditions anthropologiques de l'art y sont rassemblées : l'homme est un être sonore et entendant, visible et voyant, perceptif et expressif. Il travaille ses sens pour dire la beauté de la création et louer le Créateur, dans

> la littérature – pensons à la Bible comme littérature –, dans le chant et la musique – pensons aux Psaumes qu'accompagnent de nombreux instruments de musique –, ou dans l'architecture du Temple. (Mies, 2009, p. 5)

À ce Dieu de la parole, l'homme répond, et sa voix suscite la plus authentique émotion religieuse. Pour Bernard Forthomme, telle est l'énigme christologique :

> dans l'écoute du verbe fait chair nous éprouvons notre voix dans la sienne et sa voix dans la nôtre ! La voix vibre alors comme la médiation effacée, prophétique, entre le verbe et la chair, entre le corps et la parole. Le verbe n'advient à la parole que par la voix. Le verbe n'advient à la chair que par la voix, celle-là même qui dit, ma voix comme la sienne, ma voix hospitalière à l'extrême : *ceci est mon corps !* Cette affirmation eucharistique est inaudible ou incompréhensible ou seulement magique, sans la médiation de la voix qui autorise la reprise liturgique, au fond secret, de celle-ci. (Forthomme, 2008, p. 63)

Dans le rêve de la femme de Pilate, il y a image, et peut-être parole. Mais c'est bien par la parole qu'elle se révèle comme témoin et annonce ce qui est à venir, et par l'Écriture que l'évangéliste nous la fait connaître. La parole qu'elle prend au tribunal, c'est aussi une parole qu'elle s'octroie, pour jouer un rôle auquel ne la désigne pas la fonction de femme du gouverneur. Se faire entendre, c'est dans cette histoire faire surgir ce qui devait rester caché ; c'est faire advenir ce qui manque dans la confrontation entre Pilate, les grands-prêtres, la foule et Jésus : la voix du cœur dans ce qu'elle a de plus intime.

QUATRIÈME PARTIE

UNE FIGURE DE L'INTIMITÉ

La femme de Ponce Pilate est donc devenue un personnage à part entière. Sa discrète présence s'est habitée. On la reconnaît dans des tableaux ; elle tient des rôles au théâtre et au cinéma. Ce que raconte le verset de Matthieu a fait signe : il a dessiné en quelques mots un monde où s'ouvrent des possibles, et l'imaginaire s'en est emparé. Dans les arts et dans la littérature, la femme de Pilate est toujours caractérisée par sa retenue : témoin à la vaine parole, elle est celle qui sait mais qui reste à la périphérie de la grande histoire. En exprimant son intime souffrance, elle s'est mesurée au pouvoir et à la foule, à l'opposé du monde d'où elle surgit. Alors qu'elle s'impose toujours davantage dans les représentations, comment cette intériorité est-elle mise en scène ?

Au début de son Évangile, Luc évoque l'autorité des témoins oculaires (Lc 1, 2). Ceslas Spicq explique que

> Dans *Lc.* I, 2, l'*autoptès*, distinct du simple informateur qui s'intercale entre l'émetteur d'un message et son destinataire, est le témoin qualifié qui s'engage en affirmant et ce qu'il a vu et sa conviction, rendant ainsi la certitude possible. Il se porte garant de la vérité de l'Évangile. On doit donc comprendre ce terme au sens technique comme élément majeur de la documentation ou de l'information concernant les faits que l'historien se propose de décrire. Le témoin oculaire, qui a assisté aux événements, donne une relation conforme à la réalité. Depuis Hérodote, les historiens grecs distinguaient dans leurs sources d'information ce qu'ils avaient entendu dire et ce qu'ils avaient vu personnellement. (Spicq, 1991, p. 243)

Ce que la femme de Pilate a vu en rêve en fait l'un de ces témoins engagés : elle est garante de la vérité de l'Évangile car elle, qui est païenne et peut-être sympathisante du judaïsme, annonce quelque chose de l'ordre de la souffrance à propos de Jésus. Elle fait donc partie des témoins bibliques, d'autant plus qu'elle se montre à la hauteur de *l'autoptès* lucanien, témoignant en faveur du Fils de Dieu, témoin par excellence, « véridique et fidèle » (Jér 42, 5 ; Sg 1, 6 ; Ps 19, 8…) Parmi les témoins bibliques, il y a donc ceux qui vont devenir « serviteurs de la Parole », dès l'Évangile – c'est le témoignage apostolique (Feuillet, 1973, p. 241-259) –, mais aussi des personnages en marge, dont la parole sera restée confidentielle. La femme de Pilate rejoint un autre personnage testimonial, Cassandre. Ne se dessine-t-il pas là une poétique de la voix féminine qui peine à se faire entendre ? Véronique Léonard-Roques et Philippe Mesnard attirent l'attention sur ces autres voix des récits mythiques :

> D'une part, il existe une autre voix que celle des vainqueurs qui, dans le contexte du récit mythique de la guerre de Troie, s'est fait entendre avant même que la gloire ne les consacrât ; cette voix marque ainsi son appartenance à une temporalité différente que celle des épisodes guerriers qui s'enchaînent, elle les anticipe, les prédit, voire les prend à rebours, ce qui, brouillant codes et normes, la rend inaudible à ceux à qui, néanmoins, elle s'adresse. D'autre part, cette autre voix est appelée à migrer, errer, se perdre pour revenir, ressassant pour l'éternité l'épreuve subie, contrairement à l'histoire des héros ou des monstres dont la mort et les récits qui la portent sont promis à des destins historiques linéaires, mais rigides. (Léonard-Roques et Mesnard, 2015, p. 11)

De même, la voix de la femme de Pilate est inaudible à son époux. Chacun vit sa propre temporalité : Pilate, pragmatique, ancré dans le présent, efficace ; son épouse, onirique, visionnaire, vaine. Elle, sort du texte immédiatement, ayant voulu écrire une autre histoire ; lui, poursuit son rôle. Marginalisés tous deux par l'exil, leur histoire sera racontée dans des textes qui ne font pas partie du canon : des histoires variables, incertaines.

Mais Cassandre et la femme de Pilate sont plus que des témoins, comme ceux qui, plus que d'avoir « seulement vu [...], se sont trouvés [...] emportés dans la tourmente d'événements extrêmes dont ils ont fait l'expérience sans en tirer aucune gloire » (*ibid.*, p. 12) :

> Depuis son émergence dans la Grèce antique, Cassandre visionnaire du désastre incarne dans son corps même l'effondrement et la défaite. Elle opère en figure testimoniale en s'auto-désignant comme sujet attestant de la catastrophe à laquelle elle a assisté, c'est-à-dire comme témoin en quête d'un destinataire recevant et acceptant son témoignage. [...] Dans la typologie des figures de la violence extrême, Cassandre, figure de la vaincue, voire du dernier témoin, se trouve donc à occuper un positionnement énonciatif emblématique de la position du « mineur » (selon la terminologie de Gilles Deleuze) qui lui permettrait de porter la parole de ceux qui, précisément, sont privés des moyens de la reconnaissance, voués à la servitude ou à la mort. (*ibid.*, p. 12-13)

Comment nous la révèlent ses portraits ? Sa féminité s'impose de plus en plus à l'imaginaire, et la révèle comme figure spirituelle : celle de la grâce ?

PORTRAITS

Dans sa *Vie de Jésus* (1863), Ernest Renan (1823-1892) décrédibilise complètement l'épisode de la femme de Pilate :

> Selon une tradition, peu solide il est vrai, Jésus aurait trouvé un appui dans la propre femme du procurateur, laquelle prétendit avoir eu à son sujet un rêve pénible. Elle avait pu entrevoir le doux Galiléen de quelque fenêtre du palais, donnant sur les cours du temple. Peut-être le revit-elle en songe, et le sang de ce beau jeune homme qui allait être versé lui donna-t-il le cauchemar. Ce qu'il y a de certain, c'est que Jésus trouva Pilate prévenu en sa faveur[1]. (Renan, 2005, p. 246)

L'ironie de l'écrivain lui permet d'expédier ce personnage, relégué au mieux à des futilités sentimentales, pour revenir rapidement aux deux hommes de la grande histoire : nulle place ici pour ceux qui ne l'écrivent pas et ne sont qu'états d'âme. Ernest Renan laisse la femme à l'intérieur, au silence. Pourtant, cette position à la fenêtre permet bel et bien de faire surgir ce qui peut travailler Pilate. Homme comme les autres dans cette biographie du Christ, il joue son rôle avec sa conscience et avec son histoire personnelle. Élisabeth Parmentier le rappelle dans son article « Dieu a des histoires. La dimension théologique de la narrativité » :

> Le récit se rattache à une réalité anthropologique fondamentale : tous les humains ont pour identité commune d'être « empêtrés dans des histoires », selon l'expression du philosophe allemand Wilhelm Schapp (*in Geschichten*

1 L'historien trouvait admirable la fin du « Procurateur de Judée » d'Anatole France (1844-1924), où un ancien ami rappelle à Pilate les souvenirs de Jérusalem et notamment « un jeune thaumaturge galiléen. Il se nommait Jésus ; il était de Nazareth, et il fut mis en croix pour je ne sais quel crime. Pontius, te souvient-il de cet homme ? » Mais l'ancien gouverneur, après avoir cherché dans sa mémoire : « Jésus ? murmura-t-il, Jésus de Nazareth ? Je ne me rappelle pas. » (France, 1984, p. 879) Ernest Renan suppose aussi, dans sa *Vie de Jésus*, que Pilate a oublié : « Dans sa retraite, Pilate ne songea probablement pas un moment à l'épisode oublié qui devait transmettre sa triste renommée à la postérité la plus lointaine » (Renan, 2005, p. 261)

> *verstrickt*). La dimension narrative n'est pas une catégorie surajoutée, mais la catégorie fondamentale de l'humain. (Marguerat, 2001, p. 115)

Quant à cette femme à la fenêtre, elle va finir par nous inviter de l'autre côté.

UNE DAME À SA FENÊTRE
L'Ecce homo de Rembrandt

On peut voir la femme de Pilate dans des œuvres représentant « Jésus devant Pilate », « Ecce homo », parfois « Pilate se lavant les mains ». Ces deux dernières scènes sont souvent associées dans un même tableau, alors que Pilate se lave les mains dans l'Évangile de Matthieu seulement et que la tradition des Ecce Homo a pour origine celui de Jean[2]. Les premières figurations de l'Ecce Homo apparaissent aux IXe-Xe siècles ; à la fin du XVe siècle et au XVIe, de plus en plus de personnages sont représentés dans cette scène – parfois les portraits des donateurs sont introduits parmi les personnages (Duchet-Suchaux et Pastoureau, 1994). On voit le peuple qui réclame l'exécution, ainsi que la femme de Pilate, qui regarde la scène depuis un balcon ou une fenêtre.

L'iconographie lui offre peu souvent le rôle principal. Rappelons qu'elle est en retrait dès la péricope matthéenne, puisqu'elle ne prend même pas la parole directement. Cette position reste la sienne dans un certain nombre de représentations, jusqu'à ce que la modernité ait la curiosité de s'interroger sur le procès et la Passion depuis son point de vue. Dans l'*Ecce homo* (1655[3]) de Rembrandt (1606-1669), considéré comme un chef-d'œuvre de l'estampe, elle apparaît à la fenêtre de

---

2 « Pilate retourna à l'extérieur et dit aux autorités juives : "Voyez, je vais vous l'amener dehors : vous devez savoir que je ne trouve aucun chef d'accusation contre lui." Jésus vint alors à l'extérieur : il portait la couronne d'épines et le manteau de pourpre. Pilate leur dit : "Voici l'homme !" Mais dès que les grands prêtres et leurs gens le virent, ils se mirent à crier : "Crucifie-le ! Crucifie-le !" Pilate leur dit : "Prenez-le vous-mêmes et crucifiez-le ; quant à moi, je ne trouve pas de chef d'accusation contre lui." » (Jn 19, 4-6)

3 Pointe sèche, 360 × 455 mm. On peut en voir des reproductions de très bonne qualité dans l'ouvrage collectif *Rembrandt. Le maître et son atelier. II. Dessins et gravures*, 1991, p. 274.

gauche et envoie un émissaire au gouverneur. Cette position lui confère le rôle de témoin. Or le témoignage est lié à l'idée de signe. En rêve, cette femme a été témoin de l'innocence de Jésus, ce qu'elle partage et vit de nouveau en assistant au procès depuis la fenêtre. C'est là un seuil infranchissable entre la vie intime et la vie publique ; elle peut assister aux événements mais elle n'y participe que par l'intermédiaire d'un messager, dont l'intervention reste lettre morte… Pour cette gravure, Rembrandt aurait été influencé par l'Ecce Homo en cuivre de Lucas de Leyde (1494-1533), considéré comme un graveur inégalable, acquise pour une somme faramineuse en 1637. C'est un sujet qui intéresse particulièrement Rembrandt dès les années 1630. Ici, il propose une scène très théâtralisée, où la foule joue un rôle important[4]. Il existe plusieurs états de cette gravure, totalement remaniée, dont l'évolution est excellemment analysée par Patrick Genevaz :

> On distingue huit états de cette grande gravure, qui, de 38,3 × 45,5 cm au premier état, sera réduite, au quatrième, à 35,8 × 45,5 cm, car la hauteur de la plaque dépassait au départ le format des papiers disponibles. Même si chacun de ces états apporte des variations non négligeables, le changement fondamental se produit au sixième, qui n'est connu qu'au British Museum, quand Rembrandt décide d'effacer toute la populace située sous l'estrade. La gravure est signée et datée au septième état, au-dessus de la porte à droite. (Genevaz, 2008, p. 33)

À partir du sixième état, les changements sont tels qu'« il s'agit presque d'un passage ultérieur du même drame » (*ibid.*, p. 9-10). La femme de Pilate, toujours à la fenêtre, ne participe pas à la scène. D'autres personnages apparaissent aux fenêtres, ce qui renforce l'impression de foule mais aussi de mouvement à l'intérieur du prétoire. L'action en est vivifiée et dramatisée. L'effacement de la foule révèle deux voûtes sombres parallèles, comme des bouches d'ombre souterraines. Elles mettent en valeur la symétrie avec les deux entrées et les deux fenêtres encadrant

4 « Cette composition rappelle les châtiments publics que connaissait encore Amsterdam au XVIIe siècle, dans une cour ouverte d'un côté, où la justice était rendue en présence du bailli avec son long bâton. Les statues "Justicia" et "Prudentia" sont remplacées dans la gravure par une Justice et une amazone aux yeux bandés symbolisant les libertés de la ville. Rembrandt emprunte ici non seulement à Lucas de Leyde, mais il se réfère à une tradition encore vivante à l'époque. Pour ses contemporains le côté dramatique de sa composition vu dans cette perspective historique n'en était donc que plus éloquent. » (Boon, 1989, p. XXVIII)

la terrasse et, au centre, la sombre ouverture devant laquelle se tiennent les soldats, Barrabas au centre et, au premier plan, l'un de chaque côté, Pilate et Jésus. Il n'y a plus de sol devant les voûtes, et les personnages se tenant à droite et à gauche de cette béance pourraient y sombrer. Caïphe s'approche d'ailleurs dangereusement du bord, dans le même mouvement que dans les états précédents, et son ombre rejoint le noir des voûtes. Comme si la foule s'était écartée pour laisser régner le silence et l'obscurité, peut-être présages apocalyptiques. La foule, jusqu'alors très dense, disparaît donc, mais, selon Patrick Genevaz,

> ce fond bruyant continue par la suite de résonner à nos oreilles, et nous savons bien que la question de Pilate ne s'adresse pas au vide, mais à la foule humaine. Ce tribunal public en plein air est tellement clos que même le silence, s'il régnait, y serait menaçant, interdisant toute conversation privée. (*ibid.*)

Cette position de spectatrice révèle la solitude de Pilate : même averti, c'est à lui, en son âme et conscience, de prendre la fatale décision.

UNE DAME AU TRIBUNAL

LE MESSAGE DE JAMES TISSOT

Dans son illustration du Nouveau Testament (1886-1896), le peintre James Tissot[5] (1836-1902) n'a pas manqué de représenter *Le Message de la femme de Pilate*. C'est l'un des rares exemples de focalisation sur la transmission du message de la femme de Pilate, représentée comme une pause ou une parenthèse dans la scène du procès. Artiste-exégète, James Tissot ajoute des commentaires savants sur les us et coutumes du temps de Jésus à ses illustrations de la Bible. Trois longs voyages

5 Le Nouveau Testament de ce peintre romain catholique choqua notamment les protestants à cause de la violence de la représentation des souffrances du Christ. James Tissot consacra les quinze dernières années de sa vie à l'art religieux, après une crise mystique lors de laquelle il eut une vision du Christ consolateur pendant une messe à l'église Saint-Sulpice. Il renoua alors avec la foi de sa jeunesse. Ses illustrations, événement sans précédent dans l'histoire de l'iconographie chrétienne, furent exposées au Salon du Champ de Mars en 1894, puis connurent un immense succès aux États-Unis. Le Brooklyn Institute of Arts and Sciences de New York les acheta et leur consacra une salle.

l'avaient conduit en Égypte et en Palestine, d'où il rapporta photos, croquis et autres documents. Comme de nombreux artistes du XIXe siècle, James Tissot était convaincu de retrouver en Orient l'antiquité vivante et de marcher sur les pas des prophètes. Il voulait dans ses aquarelles faire revivre le Christ à chaque instant de son existence terrestre en le plaçant dans son décor naturel, dans une inspiration à la fois réaliste et mystique et un besoin didactique de transmettre un message moral. Il considérait ses illustrations non comme un travail, mais comme une prière. De ses voyages, entrepris suite à la vision d'un Christ consolateur alors qu'il travaillait à une série de tableaux sur le thème de la femme en l'église Saint-Sulpice,

> [Il tire] de nombreux sujets picturaux animés par un réalisme marqué davantage par le goût de l'orient et de la couleur locale que par un souci véritablement archéologique. La nouveauté des points de vue, le renouvellement de cadrages et des attitudes séduisent le public, y compris de nombreux prêtres, lors de l'exposition des 270 premières aquarelles en 1894, au Salon du champ de Mars. Alors que *La Vie de Jésus* d'Ernest Renan, en 1863, avait bouleversé le monde catholique par son refus du surnaturel et la négation de la divinité du Christ, la quête du Jésus historique s'accompagne chez Tissot d'une dimension apologétique qui fascine nombre de clercs et de fidèles. (Saint-Martin, 2012, p. 471)

Le peintre commente ainsi son illustration :

> Pilate a quitté le prétoire pour parler aux Juifs qui se trouvent au pied de la loggia. Il est assis sur un trône portatif, élevé de quelques marches ; c'est une marque de sa dignité et de son pouvoir. Une servante arrive, portant le message de sa femme, qui s'appelait Claudia Procula ou Procla, selon la tradition.
>
> La servante apporta la bague de sa maîtresse, comme signe de l'authenticité du message. La teneur de ce message si noble, si touchant, montre dans Procla une âme digne de devenir chrétienne ; aussi n'a-t-on point de peine à croire avec la tradition qu'elle le devint en effet. Le ménologue grec va même jusqu'à la placer au rang des saints, et certains récits ajoutent que Pilate, toujours ambitieux et irrésolu, la tourmenta tellement, qu'elle le quitta pour se joindre à la colonie chrétienne. (Tissot, 1897, p. 132)

James Tissot dit avoir consulté le Talmud, les évangiles apocryphes, mais aussi Anne-Catherine Emmerick (voir *infra*). Tout comme l'œuvre de Gustave Doré « a marqué durablement l'esthétique du cinéma biblique hollywoodien », l'influence des illustrations de Tissot « se retrouve dans les premières vies de Jésus au cinéma qui furent filmées en Palestine[6] », signale Isabelle Saint-Martin (2012, p. 473). C'est l'une des rares représentations qui isole le moment du message et montre de près une messagère, une servante de l'épouse. Bien que le peintre commente son geste, il ne la montre pas : elle reste celle dont on porte les mots.

LE REGARD D'ANTONIO CISERI

Elle est bien présente en revanche dans l'*Ecce homo*[7] d'Antonio Ciseri (1821-1891), mais c'est pour tourner le dos à son mari et quitter la scène. Ce mouvement nous introduit en quelque sorte dans les coulisses du texte biblique et nous invite, comme spectateurs, à assister au procès de Jésus depuis une perspective rarement représentée. En effet, on ne regarde pas ce qui nous est montré, ni depuis la foule, ni d'un point de vue omniscient, mais ce qui se passe à l'intérieur même du prétoire, en aval de l'intervention de la femme de Pilate. La scène est regardée par l'arrière ; son visage, qui s'en détourne, et nous avec elle, est de trois-quarts, et c'est le seul à être montré dans le tableau. Préoccupée, regardant au sol, elle échange un geste de soutien et de tendresse avec une autre femme. Elle semble revenir sur ses pas, lasse, déçue. Le centre du tableau, lumineux, éblouit le spectateur dans une profusion de jaunes où se confondent le dallage, la toge de Pilate et les bâtiments romains. De chaque côté, Jésus et la femme de Pilate. Tous trois ont une position très particulière : à gauche, Jésus, dont nous apercevons à peine le visage montré à la foule, est entravé ; immobile mais attendant le jugement. Pilate nous tourne le dos ; il se penche vers l'extérieur, tendant la main pour désigner Jésus, qu'il ne regarde pas : c'est de la foule qu'il attend une réponse ; il est actif, il l'interroge mais reste bel et bien à l'intérieur. Sa femme, au premier plan à droite, quitte la scène, s'en retournant dans l'intériorité qu'elle n'avait quitté que quelques instants. C'est l'émotion qu'elle exprime qui soudain nous intéresse : elle suggère un monde intérieur et suscite la curiosité. Qui est-elle, hors de la présence de cet époux voué au public ?

---

6 Les Visions de Anne-Catherine Emmerick influencèrent également le cinéma (ainsi *La Passion du Christ* de Mel Gibson).

7 1871, huile sur toile, 292 × 380 cm, Galleria d'Arte Moderna, Florence. Réputé comme maître de l'art chrétien, le peintre suisse-italien exprime un certain romantisme dans la représentation très expressive de ses personnages féminins.

UNE FEMME DANS SES APPARTEMENTS : LE TABLEAU DE GUSTAVE DORÉ

C'est Gustave Doré (1832-1883) qui, dans un tableau peu connu, libère la femme de Pilate de son époux en la montrant en amont de son intervention. En Mt 27, 19, le rêve a déjà eu lieu, hors-texte et hors-scène, et nous avons vu qu'il en existait peu de représentations, hormis quelques images médiévales de la femme de Pilate dans son lit avec le démon lui dictant son rêve. Soucieuses de « réalisme » et de détails, les miniatures sont, de fait, plus susceptibles de représenter la scène du rêve, qui a lieu, comme il se doit, dans un lit. Le lit est très présent dans les livres de miniatures. Ainsi, dans le Psautier de la reine Mary, s'y jouent les grands moments de la vie de certains personnages[8]. À l'opposé de cette représentation et illustrant l'autre interprétation quant à l'origine du rêve, on trouve donc *Le Rêve de la femme de Pilate*[9] (1874) de Gustave Doré. Le rouge de l'alcôve, très éclairée, se reflète sur l'aile de gauche de l'ange, qui fait le lien entre les deux parties du sujet ; Jésus est vêtu de rouge, et son visage est illuminé en rouge aussi. En haut à droite, la Croix, blanche et très lumineuse sur un fond bleu, se reflète sur l'aile gauche de l'ange. Ces échos harmonisent les deux aspects du tableau, qui s'opposent sur bien d'autres points. La foule, les Juifs et les Romains entourant Jésus contrastent avec la solitude de la femme de Pilate qui descend les escaliers de sa chambre les yeux baissés, une main sur la tête, et l'on devine un réveil dans la douleur. Le regard de Jésus est tourné vers elle. C'est ce que lui murmure l'ange qui suscite cette image visionnaire de Jésus. Deux étapes sont ainsi représentées : d'un côté, le rêve, la chambre avec le lit, lieu de solitude et d'intimité. De l'autre, un

8 Bénédiction de Jacob, fol. 1v ; naissance de Samuel, fol. 48 ; David couché avec Bethsheeba, fol. 57 ; naissance de Samson, fol. 43 ; Amnon violant Tamar, fol. 58 ; David sur son lit de mort, fol. 64v ; Nativité, fol. 85. Signalons également un manuscrit arménien du XIIIe siècle, *L'Évangile du Prince Vasak* : la femme de Pilate est dans son lit, avec sa couverture et son oreiller, portant un voile. Redressée sur un coude, elle envoie un messager qui semble très jeune ; elle lui fait un signe de la main et entre sa main et le messager on devine des mots écrits (*Pilate's Wife*, Washington, Freer Gallery of Art 32.18) : voir la reproduction en noir et blanc *in* Der Nersessian, 1993, p. 183.

9 Huile sur toile, 195 × 292 cm, The Joey and Toby Tanenbaum Collection, Art Gallery of Hamilton, Ontario.

espace qui pourrait être plus privé encore, puisqu'il s'agit du contenu du rêve, et qui est en fait la multitude entourant Jésus. L'escalier sur lequel elle se tient symbolise le passage entre les deux espaces. L'ange qui l'accompagne, très lumineux et ailé, comme le veut la tradition iconographique, est de la même taille que la femme, hormis ses grandes ailes, et se tient légèrement plus haut, en suspens au-dessus de la rampe. Il a un visage de femme, proche de celui de la femme de Pilate et, comme elle, est vêtu. Gustave Doré a illustré énormément d'anges intervenant pour des humains[10]. Le peintre romantique était très sensible à la solitude de Jésus face aux moqueries. Ce Christ souffrant, nous le retrouvons ici, tourné vers la femme de Pilate comme s'il était lui-même sensible à la souffrance de celle-ci. Cette douleur dit son humanité, tandis que la lumière qui émane de lui signifie sa divinité. Enfin, on retrouve la foule chère à Gustave Doré, toujours dense, compacte, et, à l'échelle de ses ambitions de peintre, démesurée[11].

Ce tableau fait partie de sa peinture religieuse monumentale : peu avant, il avait peint son chef-d'œuvre, *Le Christ quittant le prétoire* (achevée en 1872, cette toile gigantesque mesure 600 × 900 cm). Cette période est celle de son succès en Angleterre : une Doré Gallery fut ouverte à Londres en 1868[12], où sont essentiellement exposées des œuvres célébrant le génie du christianisme. Notre tableau se situe dans cet élan et fait partie des œuvres de grand format du peintre, répondant à une demande croissante du public de sujets bibliques : « Elles sont accompagnées de versions réduites et déclinées en estampes prévues à la vente [...] Les sujets religieux de Gustave Doré répondent alors au goût de la société victorienne[13]. » De fait, la gravure d'Alphonse François (1814-1888) est plus connue que le tableau[14]. Les toiles de Gustave Doré ont souvent été

10 Voir Danguy (2013) et Carlier (2012), où l'on trouve l'une des rares reproductions de ce tableau.

11 « J'illustre pour payer mes couleurs et mes pinceaux. Je suis né peintre. » (Renonciat, 2013, p. 13-14)

12 « Il déplora jusqu'à sa mort que son œuvre picturale, et notamment religieuse, admirée par les Anglais à la Doré Gallery à Londres (*Le Christ quittant le prétoire*, *La Vallée des larmes*) mais discréditée en France par ses succès d'illustrateur prolifique et populaire, n'y ait jamais connu le succès. » (*ibid.*, p. 14)

13 *Ibid.* Annie Renonciat fait d'ailleurs remarquer que « le talent de l'illustrateur se double en effet d'une capacité à deviner les attentes du public, à s'adapter au goût de son époque pour les images et aux pratiques commerciales et publicitaires qui leur sont associées. » (*ibid.*, p. 7)

14 Gustave Doré, *Le Rêve de la femme de Pilate*, gravé au burin par Alphonse François, dimensions inconnues.

comparées à des spectacles, et le peintre à un metteur en scène, préfigurant les productions hollywoodiennes (Cecil B De Mille s'en serait inspiré). Pour Annie Renonciat, il s'inscrit dans la tradition du peintre anglais William Hogarth (1697-1764), qui soulignait déjà la parenté entre l'art du tableau et l'art de la scène dans ses *Autobiographical Notes* (1764) : « J'ai voulu composer des images en deux dimensions comme un auteur dramatique [...] Mon tableau est un théâtre et mes personnages sont des acteurs qui, par le moyen de certaines actions et de certains gestes, y donnent une représentation silencieuse » (Renonciat, 2013, p. 14). *Le Rêve de la femme de Pilate* consacre cette épouse comme sujet à part entière dans une scène qui, plus encore que le tableau d'Antonio Ciseri, nous offre à voir les coulisses de la scène historique.

UNE FEMME À SA TOILETTE
Une photographie de Joel-Peter Witkin

Associée aux motifs de l'intériorité, de l'intimité, du lit et de la solitude, la femme de Pilate n'est finalement peut-être pas à sa place au tribunal. C'est en tout cas dans sa chambre, et sans Pilate, qu'elle est le plus à l'aise, si l'on en juge par l'œuvre que lui a consacrée le photographe américain Joel-Peter Witkin (né en 1939). Dans un moment recréé au croisement de la citation évangélique et la tradition iconographique des vanités, ici pulvérisée par son esthétique quasi-psychédélique, le photographe représente une femme de Pilate inattendue, quoiqu'en harmonie avec ses thèmes de prédilection : le sacré et le profane, le rêve, la prémonition et les corps meurtris. Joel-Peter Witkin fait poser dans un décor baroque et surréaliste, à la fois hétéroclite et très travaillé, une femme à sa coiffeuse, à moitié nue, face à un Christ en slip, blessé, assis également et qui semble attendre quelque chose : c'est *Apollo and Pilate's Wife*[15]. La photographie est accompagnée d'un texte surréaliste :

15 Gélatine argentique, 72, 4 × 94, 5 cm. Voir l'image (page consultée le 09 janvier 2020) : http://www.artnet.com/artists/joel-peter-witkin/apollo-and-pilates-wife-bogota-a-ywa9_bdcwPG7aWEwlAoBjQ2.

> *Sunday. No one hears the fly's fast breath as it dies on the blind man's bed. A butterfly on crutches walks into a bread box. At noon, a glove possessed of random words, drowns in the rain. It was the feast of CHRIST THE KING. The children call him « Johnny Apollo ». We, the becoming dead, pinned pesos on his robe before the procession began. We then joined the small parade. I walked behind a woman in white with bleeding sores on her feet. The drum, the brass horns and the burning sun drew me closer to her lonely hair. In it, I saw a vision of bed mites reenacting The Passion of Calvary. Bogota, May 16 2063.*
>
> « Dimanche. Personne n'entend le dernier souffle de la mouche qui meurt sur le lit de l'aveugle. Un papillon soutenu par des béquilles entre dans une huche à pain. À midi, un gant trop plein de mots aléatoires se noie sous la pluie. C'était la fête du ROI CHRIST. Les enfants l'appellent « Johnny Apollo ». Nous, les agonisants, épinglions des pessos à sa robe avant que commence la procession. Nous rejoignions ensuite la petite parade. Je marchais derrière une femme en blanc avec des plaies ensanglantées aux pieds. Le tambour, les cuivres et le soleil brûlant m'attirèrent vers sa chevelure solitaire. Dedans, j'eus la vision de punaises des lits rejouant La Passion du Calvaire. Bogota, 16 mai 2063[16]. »

Dans son art, Joel-Peter Witkin propose une « utopie de l'être », travaillant « de manière subjective, élaborant [ses] propres perceptions de l'histoire et de notre époque ». « Romantique » en ce qu'il croit à « la suprématie de l'imaginaire sur la raison », il espère que les « fictions » qu'il crée seront, avec le temps, « perçues comme des réalités iconiques en vertu de leur rémanence poétique » (« *I work subjectively, creating my own perceptions of history and of our time. My hope is that the fictions I make will in time be seen as Iconic Fact through their poetic indelibility. I am a Romantic because I believe in the supremacy of imagination over reason. I am a Modernist because all my work reflects a utopia of being* », Parry et Witkin, 2012, p. 77). Il travaille sur les corps souffrants, marginaux : handicapés, hermaphrodites, cadavres, fœtus, membres découpés, dans des mises en scène souvent oniriques. *Apollo and Pilate's Wife* interroge beaucoup moins sur le corps : la femme de Pilate est belle, entière, épanouie ; le Christ est souffrant mais c'est une image habituelle et, assis en face d'elle, il semble prendre une pause. La photographie ne s'inscrit pas dans une dynamique narrative ; elle n'est pas là pour raconter un épisode de l'Évangile, canonisé ou non (le rêve, le message, l'Ecce homo…). Pilate brille par son absence. Il n'y a plus de médiation, mais un contact direct

---

16 Je traduis.

entre Jésus et sa femme. Le contraste entre les deux personnages est grand, que sépare une enseigne annonçant en français « Notre futur ». Le pied de la femme est posé sur un buste de pharaon renversé comme s'il fallait mettre à terre les idoles qui prétendent matérialiser le sacré ; « or le sacré ne se laisse circonscrire par aucun objet, aucune forme, aucune représentation. Joel-Peter Witkin crée des images qui sont à l'opposé des idoles : le sacré n'y est pas enfermé, mais plutôt pourrait-on dire, libéré. Ses photos ne veulent pas réifier le divin, mais extérioriser sa vision de l'homme et de Dieu » (Jérôme Cottin, « L'art d'un catholique postmoderne », *in* Biroleau, 2012, p. 42). Le corps de la femme de Pilate est d'une blancheur éclatante et un modèle Noir lui présente comme pour s'y mirer un portrait de la reine d'Angleterre très peu esthétique, tandis qu'elle regarde d'un air rêveur le Roi Christ : est-ce sa vision du futur ? Nulle couronne sur la tête du Christ-Apollon, mais des branches. Sa croix est un long bâton de bambou. Des traînées de sang coulent sur son corps. Ses mains sont tenues par une longue chaîne qui traîne à terre. Il porte une cape et une espèce de soutien-gorge comme de vrais seins découpés, motif récurrent dans les photographies de Joel-Peter Witkin. Au fond, un tableau qui représente peut-être un village à l'arrière-plan. Au premier plan, ce qui semble tout d'abord le cadre d'un miroir ouvragé et peut rappeler une montre molle de Salvador Dalí, dont l'arrondi reflète celui de l'enseigne « Notre futur » : la prophétie se réactualise ici de manière surréaliste. Mais ce miroir se révèle être une immense bouche dentée, surmontée d'un nez et de deux yeux horribles et très écartés. Dans ce trou d'ombre, des corps nus précipités comme dans les enfers. Malgré tout, ce Christ apollonien semble assez tranquille, même s'il n'exprime pas autant de nonchalance que la femme de Pilate.

Eugenia Parry note à propos du photographe que « les légendes de ses clichés, comme les notes de son journal, ne cherchent pas à les expliquer » (Parry et Witkin, 2012, p. 260). Mais le texte ici, sans « expliquer » la photographie, prise dans un palais décrépi de Bogota, suggère des images mentales qui l'accompagnent, « à la façon d'une note rétrospective dans son journal, mais située en 2063. [...] À Bogota, Witkin se replonge dans ses propres plaies saignantes et ses puces de lit. L'ombre lui est familière. Sous la crasse et la dépravation, il cherche l'âme à tâtons. Il lui faut trouver une issue, se "frayer à coups de dents un passage vers le Seigneur, jusqu'à poser son cœur tout contre le sien" » (*ibid.* La photographie est reproduite p. 262-263). Dans un syncrétisme déconcertant mêlant christianisme, mythologie grecque, monarchie contemporaine et Égypte ancienne, la femme de Pilate contemple son futur portrait avec le memento de la grandeur passée. La royauté n'est plus du côté du Christ : elle est du côté de la femme de Pilate mais c'est une royauté déchue (la reine est laide ; le buste pharaonique est renversé).

Dans ce jeu de références culturelles et de souvenirs personnels, « Johnny Apollo » pourrait être une référence à trois personnages. C'est tout d'abord le héros éponyme d'un film de 1940 réalisé par Henry Hathaway, avec Tyrone Power dans ce rôle et Dorothy Lamour dans celui de Lucky, sa petite amie. Il est question de détournements de fonds, de truands, de prison, de déception entre un père et son fils, de pardon, d'une chanteuse de cabaret et d'un happy end. Les thèmes sont peut-être trop généraux pour être mis en relation avec la photographie. Cependant, la scène où le héros choisit le pseudonyme « Johnny Apollo » est intéressante : son père étant en prison pour détournement de fonds, le jeune homme ne peut trouver de travail, à cause de son nom. Il se rend chez son avocat pour changer son prénom, Bob, pour un banal Johnny, et son nom, Cain, pour Apollo. C'est un nom qu'il improvise en voyant, par la fenêtre, derrière son interlocuteur, clignoter l'enseigne d'un club de remise en forme : l'Apollo Health Institut, qui promet : « Be a he-man[17] » (He-Man, « Musclor » en français, est l'un des super-héros de la série *Masters of Universe*, « *Maîtres de l'univers* »). Lucky est une rencontre providentielle pour Johnny. Elle va l'aider à retrouver le droit chemin jusqu'au happy end. Mais Johnny Apollo, c'est aussi le nom d'une figurine de Marx Toy Company, qui fait partie d'une série de jouets spatiaux inspirés par la première mission Apollo, en 1968. Enfin, Johnny Apollo est le nom d'un lutteur international des années 1960 (Charialaos Tsimogiannis de son vrai nom).

C'est le propre de l'œuvre foisonnante de Joel-Peter Witkin que de susciter ces étranges et évanescentes hypothèses : un monde infini de possibles s'ouvre au spectateur, autant de rêveries de la femme de Pilate. Dans ce face-à-face, qui des deux tente l'autre ? Désordre et paysage évoquent les tentations de saint Antoine dans la tradition picturale. Le miroir au reflet improbable, le corbeau, l'évocation de « Notre futur »,

17 27e minute du film, visible sur Youtube (page consultée le 09 janvier 2020) : https://www.youtube.com/watch?v=EV7g-poWp7M.

la beauté posée nue dans un capharnaüm, évoquent les vanités. Peut-être un rappel, de la part du photographe catholique pratiquant, que la mort n'est jamais loin et que nous ne devons pas perdre de vue celui qui a souffert pour les autres[18]. La femme de Pilate voit-elle un dieu de lumière et de beauté dans ce Christ qui se tient au milieu de son univers ? À quoi rêve-t-elle, le regard perdu vers lui ?

Ainsi, la femme de Pilate, qui se tenait à la fenêtre ou à côté de son mari, a fini par quitter la scène du jugement, mais on la retrouve dans l'intimité de sa chambre. Ces portraits montrent un mouvement d'affranchissement conjugal : l'épouse est devenue un personnage à part entière, un sujet de tableau. Dans la littérature, le même mouvement en fait une héroïne.

18 « *What drives the work is the expression of the inner worlds which form my emotion. [...] But what I create are the most perfect images I can make, of the Providential grace I receive. I am a Romantic. The blood of the cave painters and the martyrs of art, run through my veins. When I die, my prayers – my life and my photographs – will be placed on the altar of God. Then I'll be judged by the great artist of Creation.* » (« Mon travail trouve son élan dans l'expression des mondes intérieurs où se forme mon émotion [...] Mais je ne saurais créer des images plus parfaites de la grâce providentielle qui m'a été accordée. Je suis un romantique. Le sang des peintres rupestres et des martyrs de l'art coule dans mes veines. Quand je mourrai, on déposera mes prières – ma vie et mes photographies – sur l'autel de Dieu. Et alors je serai jugé par le grand Artiste de la Création », Parry et Witkin, 2012, p. 61.

CLAUDIA, OU LA FÉMINITÉ

La femme de Pilate est une femme de l'ombre. Sa parole, c'est à un messager qu'elle la confie, et elle se retire aussitôt du texte. Or cette intériorité du personnage est fondamentalement liée à sa féminité. Elle est autre par rapport à Pilate, mais aussi par rapport aux disciples (qui souvent se montrent moins intuitifs, comme avec la femme de Béthanie) et par rapport à Jésus. C'est d'ailleurs en tant que femme qu'elle regarde celui-ci, qui est bel et bien homme. « L'histoire des femmes est, d'une certaine manière, celle de leur prise de parole », écrivent Georges Duby et Michelle Perrot dans l'introduction de l'*Histoire des femmes en Occident* (2002, p. 15). Cette parole, d'abord médiatisée par les hommes, s'est émancipée dans l'expression de l'intime, l'écriture religieuse, les lettres…

UNE AUTRE FEMME VISIONNAIRE : ANNE-CATHERINE EMMERICK

Dans la plupart des réécritures littéraires, le rêve de la femme de Pilate s'apparente à une vision anticipant le procès, le christianisme des siècles à venir ou le Jugement dernier. Ces visions font écho à celles des femmes mystiques : la littérature s'approprie les modèles religieux. En effet, dès le Moyen Âge, des visions de femmes ont été mises à l'écrit, par elles-mêmes ou par des tiers. L'une des sources d'inspiration de la littérature exemplaire est la visionnaire allemande Élisabeth de Schönau (c. 1129-1165), qui raconte les tourments de ses visions et notamment celles de Pilate. Ainsi, en mars 1153, peu avant l'Annonciation :

> Vers l'heure de la messe, je commençai à me sentir bien mal. Je passai par des souffrances physiques extrêmes, affolantes, au terme desquelles je tombai

> en extase, et il me sembla alors que mon esprit quittait mon corps et s'élevait dans les airs. Dans ce transport je vis les cieux s'ouvrir et le Seigneur Jésus s'avancer dans ces hauteurs en compagnie de milliers et de milliers de bienheureux. Il n'y avait en lui ni grâce ni beauté [Is 53, 2], mais il offrait l'aspect misérable de celui qui venait d'être crucifié. Puisqu'il avait donné à voir au monde entier la croix à laquelle il avait été attaché et ses plaies de supplicié d'où perlait un sang vif, il criait d'une voix puissante et vraiment terrible, disant : « Voilà ce que j'ai enduré pour vous, mais vous, qu'avez-vous enduré pour moi ? » (Schönau, 2009, p. 72)

Tandis qu'à la droite de Jésus se tiennent saint Benoît et ses moines, la bienheureuse reconnaît à sa gauche Satan, avec Judas et Pilate. Le jour des Rameaux, alors que les sœurs chantent le répons « Pilate s'avança » et arrivent à l'injonction : « Qu'il soit crucifié ! », Élisabeth tombe en extase et voit le Sauveur en Croix (*ibid.*, p. 76). Au rythme des offices, la sœur souffre ainsi, dans sa chair, le martyre de Jésus. Elle meurt à trente-cinq ans, « sans doute usée par l'ascèse et les châtiments corporels qu'elle s'infligeait, ses maladies à répétition et ses nombreuses extases » (*ibid.*, introduction de L. Moulinier, p. 11). À partir du Moyen Âge, de nombreuses femmes mystiques s'expriment en s'identifiant au Christ meurtri dans sa chair humaine.

L'une des plus célèbres stigmatisées est la sœur Anne-Catherine Emmerick. La femme de Pilate apparaît très souvent dans ses visions. Celles-ci sont rapportées par l'écrivain allemand Clemens Brentano sous le titre *L'Amère Passion de Notre-Seigneur Jésus-Christ* en 1833, texte traduit en français l'année suivante[1]. Anne-Catherine Emmerick décrit longuement Claudia comme une femme belle et élégante. Elle s'adresse directement à son mari pour le supplier de ne pas faire de mal à Jésus et lui fait part des visions extraordinaires qu'elle a reçues la nuit précédente. Ces visions apparaissent à Anne-Catherine Emmerick : il s'agit des principaux événements de la vie de Jésus, de tableaux relatifs à sa vie publique où il apparaît auréolé de lumière :

> Elle avait ainsi connu une nuit éprouvante, au cours de laquelle de multiples vérités et merveilles lui avaient été révélées de façon plus ou moins claire. Le

1 Le poète et essayiste allemand (1768-1842) prétend avoir recueilli et transcrit les récits des visions de la stigmatisée, surnommée « la sainte de Dülmen ». La première édition de ce texte date de 1833 et connut un succès immédiat : *Das bittere Leiden unsers Herrn Jesu Christi. Nach den Betrachtungen der gottseligen Anna Katharina Emmerick* (*L'Amère Passion de Notre-Seigneur Jésus-Christ. D'après les méditations de la pieuse Anne-Catherine Emmerick*).

> tumulte accompagnant l'arrivée de Jésus l'avait réveillée. Quand, plus tard, regardant au dehors, elle avait reconnu le Seigneur, objet de tout ce qui lui avait été montré de façon si étonnante, à ce point maltraité et bafoué pendant que ses ennemis le menaient chez Hérode, elle fut terrifiée de voir que la réalité correspondait à ses songes. (Emmerick, 2005, p. 140-141)

Anne-Catherine Emmerick propose un portrait très peu flatteur de Pilate : il est corrompu, falot, orgueilleux, veule, dépourvu de sens moral, idolâtre et superstitieux[2]. Vis-à-vis de son épouse, c'est un traître, puisqu'il manque à sa promesse alors qu'elle lui a donné un bijou en gage de rappel. La Sainte raconte un épisode apparemment inédit : après la flagellation, Claudia fait porter à la Sainte Vierge un paquet de grandes pièces d'étoffe avec lesquelles la mère de Jésus va éponger le sang au pied de la colonne[3]. Claudia, le soir-même, quitte le palais et se réfugie chez Lazare, puis, devenue chrétienne, se joint aux disciples de Paul. Lors de l'ensevelissement de Jésus, Marie entoure la tête de son fils d'un linge très fin que lui a donné Claudia[4]. La dernière vision, qui clôt le recueil, est celle de Pilate cherchant sa femme en vain[5]. Ces visions sont extraordinaires de vivacité et offrent une approche très personnelle de la vie de Jésus, mais qui parle au cœur de chacun, parce qu'elle laisse place à des scènes révélant les personnages de la Passion dans toute leur humanité. Michel de Certeau rappelle le cadre sociohistorique d'une telle religiosité :

> Avec la bergère Catherine Emmerick (1774-1824), tout un langage émerge d'une Wesphalie silencieuse, cachée aux hommes de la plume et de l'écrit. Il fascina le poète romantique Clément Brentano qui s'en fit le scribe. Grâce à

2 Il est ainsi écartelé entre des sentiments contradictoires : « Ne cherchant pas tant la vérité qu'un moyen de se tirer d'affaire, Pilate était plus hésitant que jamais. Sa conscience lui disait : "Jésus est innocent." Sa femme affirmait : "Il est saint." Sa superstition insinuait : "C'est l'ennemi de tes dieux", tandis que sa lâcheté menaçait : "C'est un dieu et il se vengera !" » (Emmerick, 2005, p. 178)

3 C'est l'une des scènes les plus bouleversantes et controversées du film de Mel Gibson, *La Passion du Christ* (2004), qui a suscité une grande polémique.

4 Dans la littérature, la femme de Pilate est souvent proche de celles qui entourent Jésus, en particulier de Véronique : ainsi, dans *Les Femmes au tombeau* de Michel de Ghelderode (1933) ; *L'Empreinte du ciel* d'Hubert Monteilhet (2000) ; *Deborah, la femme adultère* de Régine Deforges (2008). Dans la pièce à succès *Le Maître de la mort* de Marguerite Allotte de la Fuÿe (1874-1959), qui se déroule dans la maison du centurion dont le serviteur a été guéri miraculeusement et dont la fille Véronique a pour amie Claudia, à qui elle prend son voile pour essuyer le visage de Jésus, dans un registre mélodramatique.

5 Le texte s'achève sur la date des visions, qui « avaient duré du 18 février au 6 avril 1823, pendant la semaine de Pâques ».

> cette alliance entre le poète aristocrate et la mystique villageoise, le discours de la « visionnaire » fit émerger à la surface d'une « littérature » écrite la langue « sauvage » d'un monde rural. Une organisation souterraine était portée au jour, dévoilant et multipliant les ressources d'une tradition paysanne dans l'expérience mystique qui en naissait. Sortant de sa nuit, c'est un peuple paysan qui s'exprime dans le poème de gestes et de visions où Catherine raconte les scènes, pour elle contemporaines, de la vie de Jésus. (art. « Mystique » de l'*Encyclopaedia Universalis*, cité par Maître, 1997, p. 27)

Or de ces profondeurs surgissent des visions de la femme de Pilate qui ont inspiré de nombreux artistes : Alexandre Dumas dans son roman *Isaac Laquedem ou Le roman du Juif errant* (1853), le peintre James Tissot, Mel Gibson pour son film *La Passion du Christ*[6]…

Dans son ouvrage *La Mystique bien tempérée. L'Écriture féminine de l'expérience spirituelle* XIXe-XXe *siècle*, Dominique-Marie Dauzet réfléchit au récit d'expérience spirituelle, récit de l'intime (épistolaire ou diariste) d'auteurs non-professionnels, en marge de la littérature officielle et masculine, et que craignent d'affronter les historiens, « parce qu'on la croit convenue » ou « d'une piété décourageante » :

> Il faut cependant s'y atteler, écouter patiemment ces discours de l'intérieur, tenter de faire resurgir, à travers le texte silencieux, le son des voix. L'enjeu est somme toute considérable : il en va de notre capacité à appréhender *l'histoire de la spiritualité* contemporaine. Lire, donc, ne pas craindre de s'interroger sur le sens de ces récits : pourquoi tant de milliers de pages surgies de l'expérience de femmes que la vie ne destinait pas d'abord à écrire ? Que disent-elles (et que ne disent-elles pas ?) À qui le disent-elles ? Sont-elles lues et entendues ?

6 Comme Anne-Catherine Emmerick, Alexandre Dumas dans son roman *Isaac Laquedem* décrit Claudia Procula comme une noble et belle femme de la famille de Tibère. C'est grâce à elle que Pilate a obtenu son poste. Lorsque, troublée par son rêve, elle lui dit avoir vu l'arrestation de Jésus autour de qui, visibles à elle seule, flottaient des anges, et qu'elle a reconnu le Nazaréen, dont elle a souvent entendu les prédications, Pilate réagit d'une manière très paternaliste et ne la croit pas, mais lui promet de ne pas faire de mal à Jésus. Au moment du procès, Claudia envoie l'un de ses serviteurs rappeler à Pilate sa promesse. Il raconte alors aux Juifs le rêve de sa femme, qui a des sympathies juives. Mais les Juifs accusent Jésus d'être un magicien et d'avoir envoyé un songe à sa femme. Lorsque Jésus revient de chez Hérode, Pilate, bouleversé, réitère sa promesse à Claudia et lui donne son anneau comme gage. Mais il le condamne et quand il se lave les mains, il trouve son anneau au fond du bassin, jeté par Claudia… Il a ensuite très mauvaise conscience. En femme respectueuse, Claudia ne cherche pas à lui imposer sa présence, muet reproche. Elle interviendra néanmoins pour aider Joseph d'Arimathie et Nicodème à récupérer le corps de Jésus et leur remettra une urne de baume précieux. On reconnaît encore une fois l'influence des *Actes de Pilate*.

> Quelle signification a ce raz de marée littéraire dans le catholicisme de l'époque contemporaine ? (Dauzet, 2006, p. 7-8)

Cette écriture impétueuse, compulsive, « écriture-limite, comme sont celles de l'exil, de la folie ou de l'enfermement carcéral : écriture que rien n'arrête » (*ibid.*, p. 15), traduit un immense et irrépressible besoin d'expression de l'intériorité de la part de ces femmes « peu ou pas préparées à un événement spirituel qui les saisit » (*ibid.*, p. 23). Cette mystique s'ancre dans le Moyen Âge qui voit l'humanisation de Jésus prendre peu à peu le pas sur l'image du Christ comme roi triomphant. De la gloire publique, on passe à une dimension intime, où le féminin prend sa place :

> Au cours du XIe siècle, l'humanisation de Jésus fait progressivement de celui-ci un enfant né d'une femme, allaité, élevé par sa mère, meurtri à mort dans la condition corporelle qu'il partage avec chacun. [...] Sur cette lancée, déjà au XIIe siècle, la dévotion affective à la nature humaine du Christ s'accompagne d'une attitude nouvelle à l'égard de la Vierge. Marie quitte les postures hiératiques propres à la reine du ciel pour devenir la jeune fille intimidée de l'Annonciation, puis la mère qui accouche dans l'étable, allaite son enfant, intercède auprès de Jésus durant la vie publique de celui-ci, compatit à la Passion et reste à jamais une figure maternelle toute bienveillante pour chaque chrétien. (Maître, 1997, p. 46)

Le corps de la femme est donc au cœur de la mystique affective féminine :

> la distance prise avec le mariage permet à la femme de se réapproprier son corps. La signature de l'expérience mystique a bien souvent été lue dans les manifestations que la théologie appelle « phénomènes extraordinaires » (stigmates, visions, abstention de nourriture, lévitation, maladies et guérisons subites...) ; or, il s'agit habituellement d'une inscription du divin dans le corps d'une femme qui s'est livrée au corps à corps avec Dieu. (*ibid.*, p. 115)

En faisant participer la femme de Pilate au nettoyage du sang, Anne-Catherine Emmerick l'associe pleinement à la douleur physique, à la compassion et à une forme archaïque de la communion.

UN RÊVE ROMANTIQUE

Tout comme la peinture a peu à peu offert à la femme de Pilate la première place, la littérature, à partir du XIXe siècle, va lui donner directement, voire exclusivement, la parole, mêlant intériorité et spiritualité.

CHARLOTTE BRONTË : L'OMBRE ET LA LUMIÈRE

Dans « Pilate's Wife's dream » de Charlotte Brontë, qui n'est pas daté mais que la poétesse anglaise a publié parmi d'autres textes en 1846 sous le pseudonyme Currer Bell[7], la femme de Pilate raconte un rêve agité et sa terreur au réveil. Elle a le sentiment d'avoir été choisie par les dieux pour avertir Pilate, froid, autoritaire, avide d'or, de sang et de pouvoir, « servile esclave de Rome et fléau tyrannique de Juda[8] » (« *A triple lust of gold, and blood, and power ; / A soul whom motives, fierce, yet abject, urge / Rome's servile slave, and Judah's tyrant scourge* ») : l'exil sous de froides latitudes et la solitude attendent le juge injuste. Elle a entendu les coups de marteau préparant les instruments du supplice et vu le nom illuminé du Christ et la croix :

What is this Hebrew Christ ? To me unknown,
His lineage–doctrine–mission–yet how clear,
Is God-like goodness, in his actions shewn !
How straight and stainless is his life's career !
The ray of Deity that rests on him,
In my eyes makes Olympian glory dim.
The world advances, Greek, or Roman rite
Suffices not the inquiring mind to stay ;
The searching soul demands a purer light
To guide it on its upward, onward way ;
Ashamed of sculptured gods – Religion turns
To where the unseen Jehovah's altar burns.

7 Charlotte Brontë publie en 1846 un recueil de poèmes : les siens et ceux de ses sœurs Anne et Emily, sous le titre *Poems by Currer Ellis and Acton Bell* (London, Aylott and Jones). Celui-ci est le premier du recueil (Brontë, 1985, p. 298-302). En français, voir aussi la traduction de Robert Davreu, *in* Brontë, 2008, p. 919-924.

8 Je traduis.

Our faith is rotten – all our rites defiled,
Our temples sullied, and methinks, this man,
With his new ordinance, so wise and mild,
Is come, even as he says, the chaff to fan
And sever from the wheat ; but will his faith
Survive the terrors of to-morrow's death ?

« Qui est ce Christ hébreu ? Inconnus me sont
Ses lignage, doctrine, mission, et cependant combien claires
Ses actions qui font montre de la bonté d'un Dieu !
Comme la course de sa vie est droite et pure !
Le rayon de la divinité qui se pose sur lui,
À mes yeux ternit la gloire de l'Olympe.
Le monde avance mais les rites grecs ou romains
Ne suffisent plus à apaiser l'esprit tourmenté,
L'âme inquiète en quête d'une plus pure lumière
La guidant toujours plus haut, plus loin ;
Honteuse des idoles, la Religion se tourne
Là où brûlent de Jéhovah les autels que nul n'a vus.
Notre foi croupit – tous nos rites profanés,
Nos temples souillés, et il me semble que cet homme,
Avec son ordonnance nouvelle, si sage, si clémente,
Est venu, comme il le dit, pour séparer
Le bon grain de l'ivraie. Mais sa foi
Survivra-t-elle aux terreurs de la mort de demain[9] ? »

Dans ce mélodrame intérieur, le rêve est surtout une révélation, préparée par la décadence du paganisme, qui s'exprime symboliquement par des jeux d'opposition entre ombre et lumière. Ce qu'a retenu la jeune poétesse anglaise, c'est non seulement la dimension religieuse du personnage, mais son statut d'épouse et son chagrin d'être délaissée. Dans ce cœur déçu et solitaire, Jésus trouve une place de choix : l'Époux remplace le mari comme le christianisme, le paganisme. Pour Albert Béguin,

> C'est en arrachant l'âme aux données des sens et de l'intellect, – c'est-à-dire à ce qui la constitue exclusivement aux yeux des penseurs du XVIIIe siècle, – que les romantiques, comme les mystiques, espèrent atteindre à la connaissance véritable, qui se confond avec le salut. L'inconscient n'est plus la chambre de débarras où une trappe automatique rejette les turpitudes de notre nature individuelle, mais bien le « fond de l'âme », ce centre vers lequel il faut

9 Je traduis.

> nous tourner pour échapper à notre isolement. Ainsi détachés de l'individu superficiel, nous atteignons à la personne, qui est la créature considérée sous l'angle de sa destinée intemporelle. (Béguin, 1991, p. 196)

C'est bien une âme romantique qui s'exprime à travers ce rêve poétique.

KHALIL GIBRAN : MÉLANCOLIE DE LA FEMME DE PILATE

Le poète libanais Khalil Gibran (1883-1931) offre également une parole à la femme de Pilate, dans l'un de ses derniers textes, *Jesus the son of Man* (*Jésus fils de l'homme*, 1928). C'est l'un des rares livres qu'il publie peu après l'avoir pensé et écrit (de novembre 1926 à décembre 1927). Le poète chrétien y donne la parole à soixante-dix-sept témoins du Christ : Matthieu, Judas, Marie-Madeleine, Simon de Cyrène, des disciples, des Juifs, des Romains… mais aussi des personnages fictifs et des témoins anonymes. Tous confient leur rencontre bouleversante avec Jésus ; cette mosaïque compose son portrait, comme en réponse à la question de Jésus aux apôtres : « Et vous, qui dites-vous que je suis ? » (Mt 16, 15). Certains, comme Pilate, racontent le procès de Jésus. Il exprime des doutes mais préfère se réfugier derrière l'autorité romaine. Son discours commence et finit par l'évocation de sa femme :

> *My wife skope of Him many times ere He was brought before me, but I was not concerned.*
>
> *My wife is a dreamer, and she is given, like so many Roman women of her rank, to Eastern cults and rituals. And these cults are dangerous to the Empire ; and when they find a path to the hearts of our women they become destructive.*
>
> « Ma femme m'avait parlé de lui à maintes reprises avant qu'il ne comparût devant moi, mais je n'étais pas intéressé.
>
> Ma femme est une rêveuse et elle s'adonne, comme tant de femmes romaines de son rang, à ces cultes et ces rites orientaux. Et ces cultes sont dangereux pour l'Empire ; et quand ils se frayent un chemin qui les mène au cœur de nos femmes, ils deviennent destructeurs. » (Gibran, 2006, p. 671)

On devine que c'est bien par elle qu'il a été rendu sensible à Jésus et qu'en lui se disputent le pouvoir, qui vient de son statut, et la vérité, qui vient de l'âme :

> *Not long after, we left Syria, and from that day my wife has been a woman of sorrow. Sometimes even here in this garden I see a tragedy in her face.*

I am told she talks much of Jesus to other women of Rome.
Behold, the man whose death I decreed returns from the world of shadows and enters into my own house.
And within myself I ask again and again, What is truth and what is not truth ?
Can it be that the Syrian is conquering us in the quiet hours in the night ?
It should not indeed be so.
For Rome must needs prevail against the nighmares of our wives.

« Peu de temps après, nous quittâmes la Syrie, et depuis ce jour, mon épouse est devenue une femme triste. Parfois, ici même dans ce jardin, je vois une tragédie sur son visage.

On me dit qu'elle parle beaucoup de Jésus aux autres femmes de Rome.

Regardez, l'homme dont j'ai décrété la mort revient du monde des morts et pénètre dans ma propre maison !

Et au fond de moi-même, je m'interroge encore et encore : "Qu'est-ce que la vérité et qu'est-ce que la non-vérité ?"

Se peut-il que ce Syrien soit en train de nous conquérir dans les silencieuses heures de la nuit ?

Cela ne doit pas arriver.

Car Rome doit absolument prévaloir contre les cauchemars de nos épouses. » (*ibid.*, p. 673)

À quelques pages de là, son épouse confie son amour pour Jésus à l'une de ses amies romaines :

I know he spoke of love because there was melody in His voice; and I know He spoke of strength because there were armies in His gestures. And He was tender, though even my husband could not have spoken with such authority.

When He saw me passing by He stopped speaking for a moment and looked kindly upon me. And I was humbled; and in my soul I knew I had passed by a god.

After that day His image visited my privacy when I would not be visited by man or woman; and His eyes searched my soul when my own eyes were closed. And He voice governs the stillness of my nights.

[...]

He is gone beyong our senses, but of all men He is now the nearest to me.

« Je sais qu'il parlait d'amour parce qu'il y avait une mélodie dans sa voix ; et je sais qu'il parlait de force parce qu'il y avait des armées dans ses gestes. Et il était tendre, quand bien même mon époux ne pourrait parler avec une telle autorité.

Quand il me vit passer par là, il s'arrêta un instant de parler et me regarda gentiment. Je me sentis alors toute petite. Et dans mon âme, je sus que je venais de passer à côté d'un dieu.

À partir de ce jour, son visage visita mon intimité au moment où aucun homme et aucune femme ne pouvaient me rendre visite, et ses yeux scrutèrent

> mon âme lorsque mes propres yeux étaient clos. Et sa voix maîtrisa le silence de mes nuits.
>
> [...]
>
> Il est allé au-delà de nos sens, mais, de tous les hommes, il est maintenant le plus proche de moi. » (*ibid.*, p. 688-689)

L'exaltation des sentiments et la douce révolte contre l'ordre romain et conjugal font de cette femme de Pilate une âme romantique. Le poète libanais, élevé dans la religion catholique, « n'en croit pas moins à la réincarnation, et le panthéisme païen exerce sur lui un attrait certain, ce qui rend sa foi peu orthodoxe. La religion, pour lui, ne peut être que syncrétique[10] » (Waterfield, p. 306). Le regard du poète sur Jésus reste très personnel et trouve dans *Jesus the son of Man* son expression ultime. Khalil Gibran avait confié plusieurs fois à son amie intime Mary Haskell vouloir écrire sur Jésus comme personne ne l'avait fait avant lui : il s'agissait de renouer avec Jésus de Nazareth, et non le Jésus de l'Église, institution qu'il rejetait. Jésus est, pour le poète influencé par Ernest Renan, le sommet de l'être humain, l'homme suprême (Khalil Gibran admirait le « surhomme » de Friedrich Nietzsche). Il présente un Jésus fondamentalement humain tout en laissant une place à l'intuition de sa nature divine : ainsi, Pilate, sans comprendre ce qui lui arrive, ressent le désir de se jeter à ses pieds ; son épouse va plus loin puisqu'elle comprend que c'est un dieu. Comme elle, le poète était habité par Jésus : en effet, rapporte Mary Haskell dans son journal, Khalil Gibran rêvait très souvent qu'il rencontrait Jésus dans un village du Liban et qu'ils échangeaient des présents (des fruits, des fleurs), parfois quelques paroles (notamment des paraboles qui ne figurent pas dans la Bible). Les descriptions qu'il en faisait étaient très physiques : ses vêtements, son visage surtout, qu'il a représenté dans plusieurs de ses dessins. Artiste et poète, Gibran est à la fois visionnaire et prophète (Habchi, 2008) : du rêve elliptique de

10 En effet, Khalil Gibran a eu l'occasion de développer l'idée qu'« à l'époque du Christ, et grâce à lui, les gens ont pris conscience de l'unité de Dieu ; à la Renaissance, ils ont pris conscience de l'unité de la terre ; et au XXe siècle, ils commencent à prendre conscience de l'unité de l'humanité. Pour ce qui est de l'avenir, Gibran annonce une ère où les trois unités – Dieu, la terre et l'humanité – seront considérées comme un tout. [...] Il prône, dans ses écrits, une religion personnelle, non cléricale, dans laquelle chacun est responsable de sa relation avec Dieu. En dépit de sa rupture avec le dogme de son enfance, la personne du Christ et son enseignement, tel qu'il est exposé dans l'Évangile, restent pour lui une puissante source d'inspiration, et cela durant toute sa vie. » (Waterfield, 306 ; 307)

la femme de Pilate, il fait une lettre à une amie – comme lui à Mary Haskell (Gibran, 1970) –, comme si la rencontre avec Jésus trouvait son expression la plus aboutie dans ce qui pouvait être partagé et donné à voir : le portrait, à travers la description épistolaire, ou le dessin.

Ces rêveuses romantiques de Charlotte Bronté et de Khalil Gibran ont des airs presque nervaliens : « le Rêve est une seconde vie. Je n'ai pu percer sans frémir ces portes d'ivoire ou de corne qui nous séparent du monde invisible » (Nerval, 1993, p. 695), écrit le poète au seuil d'*Aurélia* (posth. 1855), et à sa clôture : « je compare cette série d'épreuves que j'ai traversées à ce qui, pour les anciens, représentait l'idée d'une descente aux enfers » (*ibid.*, p. 750). On sent frémir l'épouse de Khalil Gibran sous l'emprise du Dieu qu'elle vient de connaître, et trembler de colère et palpiter la poitrine de l'éveillée de Charlotte Brontë. Toutes deux découvrent Jésus comme Dieu et font l'expérience d'une vie absolument nouvelle en passant du paganisme au christianisme, ce qui est l'expérience ultime du narrateur d'*Aurélia*[11]. Ces textes romantiques sont empreints du sentimentalisme délicat que sait inspirer la rêveuse sensible et solitaire.

UNE HÉROÏNE SENTIMENTALE

Pilate est un juge indécis qui finit par commettre une injustice par lâcheté. On l'a souvent vu torturé par sa conscience et tiraillé entre son cœur et son devoir, son intuition et sa raison : accepter la grâce révélée par sa femme lui ferait perdre pied dans ses certitudes. Dans des Passions médiévales, elle lui rappelait après la crucifixion qu'elle l'avait pourtant averti. Les suites données aux événements voient, pour la plupart, le couple quitter ensemble la Judée. Les réécritures littéraires suivent ce chemin ou, au contraire, séparent ce couple en crise, l'épouse rejoignant les Chrétiens.

11 Au quatrième des cinq sonnets du « Christ aux Oliviers », c'est un Pilate insomniaque qui entend les cris de « l'éternelle victime » appelant Judas sourd à ses souffrances : « Enfin Pilate seul, qui veillait pour César, / Sentant quelque pitié, se tourna par hasard : / "Allez chercher ce fou !" dit-il aux satellites » (Nerval, 1993, p. 650)

ROMANS HISTORIQUES ET SENTIMENTAUX

Cette partie de la vie intime du gouverneur est le sujet de très nombreuses réécritures romanesques sentimentales. La femme de Pilate y poursuit sa quête d'autonomie et ne reste pas dans l'ombre de son mari. Elle joue toujours un personnage extrêmement positif. Son attitude exemplaire la lave de tout soupçon d'influence diabolique : ce n'est plus qu'un vieux souvenir médiéval, et il n'en sera jamais plus question. On trouvera donc une femme de Pilate belle, élégante, intelligente, d'une grande sensibilité, généreuse, bonne épouse, fidèle et émancipée. Elle représente très souvent la conscience de Pilate, comme dans les *Mémoires de Ponce Pilate* d'Anne Bernet (1998). Dans ce roman, la mauvaise conscience de Pilate le torture lorsqu'il lit la souffrance dans le regard que sa femme, Claudia Procula, cousine de Tibère, pose sur lui. Il se sent lâche et coupable et se présente lui-même comme un homme plein de doutes, qui voudrait pouvoir se justifier et dire qu'il n'a que fait son devoir. Son mépris pour sa propre personne est d'autant plus douloureux qu'il comprend que sa femme voit clair en lui, qu'elle le juge et qu'elle l'aime néanmoins. Ils finissent tous deux exilés à Vienne. La culpabilité de Pilate n'est pas ici tant au regard de Jésus ou de Dieu, mais au regard de son épouse : le juge injuste est devenu mari coupable dans cette forme sécularisée de la narration évangélique qu'est le roman.

La femme de Pilate comme figure de l'intime et de la sensibilité est exacerbée dans les romans sentimentaux. Ceux-ci racontent une histoire d'amour contrariée. Ils s'achèvent soit par l'amour enfin reconnu essentiel dans la vie et la relation de couple (mariage, réconciliation pérenne), comme dans une comédie ; soit par la séparation du couple ou la mort de l'un ou des deux, comme dans une tragédie. L'indifférence de Pilate, présente dans la plupart des réécritures, est un obstacle interne au couple, ce qui renvoie à la tradition du roman psychologique. Mais il y a aussi un obstacle externe : la religion. Pour que cela finisse bien, il faut que Pilate ait une révélation religieuse. Plus précisément, dans les romans historiques sentimentaux,

> l'aventure historique proprement dite, la confrontation de l'héroïne avec l'événement, le pouvoir et la violence, subis ou agis, s'accompagne d'une romance qui parcourt en contrepoint tout le récit et tend même à prendre le devant de la scène. L'histoire, même réduite à une toile de fond, reste

> cependant fondamentale, dans la mesure où elle interagit avec le déroulement de l'aventure amoureuse à laquelle elle donne une dimension spécifique. (Raabe, 1999, p. 246-247)

Il s'agit ici de romans sentimentaux de tendance bourgeoise et psychologique, d'intrigues d'intérieur, pourrait-on dire. La vitalité de cette littérature témoigne d'un intérêt pour notre personnage et pour les fictions de témoignage concernant cette époque. La dimension historique de ces récits est mise en avant et un grand luxe de description est appelé en renfort pour lui donner plus de crédibilité. Il faut se demander quelle est la continuité proposée par ce genre romanesque entre le référentiel et le fictif. L'écriture littéraire devrait résoudre la dialectique, or la référentialité (noms de lieux dont la description provient d'ouvrages savants, citations bibliques…) ne sert finalement que de faire-valoir à des intrigues peu originales. Il faut donc que les éléments historiques, ou considérés comme tels, et les éléments fictifs trouvent un terrain d'entente, une harmonisation.

C'est sous le signe de l'émancipation qu'Anne Bernet et Antoinette May ont choisi pour héroïne la femme de Pilate. Les lettres de noblesse du roman historique se fondent sur le prestige du vraisemblable et s'érigent sur leur valeur documentaire et réaliste. Ainsi, dans *Celle qui voulut sauver Jésus. Claudia, l'épouse de Ponce Pilate*, sous-titré « roman historique », la parole est à Claudia (chez Anne Bernet, elle est à Pilate), qui vit jusqu'à un âge avancé entourée de sa famille et « en [s]e condui[sant] en bonne épouse pour Pilate » (May, 2007, p. 367), une fin pour le coup originale.

AMOUR ET FOI DANS *L'ÉVANGILE DE PILATE* D'ÉRIC-EMMANUEL SCHMITT

Eric-Emmanuel Schmitt propose également une fin bien heureuse pour le couple dans *L'Évangile de Pilate*. Alors que Claudia ne peut avoir d'enfants et souffre de saignements continus, elle fait appeler le « magicien de Nazareth » (Schmitt, 2000, p. 116) qui la guérit sans la toucher après une longue conversation dont la narration fait l'ellipse (« Nous nous sommes dit tant de choses… », *ibid.*, p. 116). Elle veut désormais sauver son sauveur, en qui elle devine le Sauveur. Quant à Pilate, très amoureux de sa femme, il est extrêmement sensible à ses intuitions :

> Claudia appartient à ces êtres pour qui tout est signe, la tombée d'une feuille, le vol d'un oiseau, l'emploi d'un mot, la coïncidence des pensées, la direction du vent, la forme d'un nuage, les yeux des chats ou les silences des enfants. Comme les devins, les femmes ont tendance à mettre de la pensée partout, à lire l'univers comme un parchemin. Elles ne regardent pas, elles déchiffrent. Tout a toujours un sens. (*ibid.*, p. 122)

Cette confiance absolue dans les paroles et le ressenti de sa femme, qui lui confie dans un moment de félicité l'apparition nocturne de Yéchoua, convainc Pilate de l'innocence de celui-ci, puis de sa résurrection, à laquelle son caractère méthodique refusait tout d'abord de croire. C'est finalement son amour pour sa femme qui le guide vers le christianisme et le fait passer du doute, nécessaire, au trouble et, peut-être, à la foi : « Yéchoua respecte les hommes. Il nous fait signe par son histoire, mais nous laisse interpréter le signe. Il nous respecte trop pour nous contraindre. C'est parce qu'il nous estime qu'il nous donne à douter. Cette part de choix qu'il nous laisse, c'est l'autre nom de son mystère » (*ibid.*, p. 309), lui explique-t-elle. Dans le *Journal d'un roman volé*, qui suit et met en abyme l'*Évangile de Pilate*, Éric-Emmanuel Schmitt confie : « La seule manière d'humaniser ce personnage qui, au départ, doit être dur, militaire, campé sur ses positions, en armure, presque antipathique, serait de signaler la faille : l'amour inconditionnel qu'il porte à sa femme. (…) Car la vraie médiation pour arriver au Christ est l'amour. Pour Pilate, Jésus passe donc par Claudia. » (*ibid.*, p. 339-340) Cette « faille », loin d'être une faiblesse, est ce qui ouvre son esprit rationnel à une autre forme d'appréhension de la vérité. L'amour, c'est enfin ce qui attache à l'autre dans la connaissance et la confiance ; et c'est ce que rappelle Éric-Emmanuel Schmitt dans ce retour sur la fin de son propre texte, alors que Pilate pressent qu'il n'y aura plus de chrétiens après que le dernier à avoir vu Yéchoua ressuscité sera mort et que lui-même, « arrivé trop tard », devrait « d'abord croire le témoignage des autres » s'il voulait croire. Claudia lui répond : « Alors peut-être est-ce toi, le premier chrétien ? » (*ibid.*, p. 311) Ces propos romanesques s'inscrivent dans une véritable conception du christianisme, qui mêle sa dimension historique et individuelle. L'écrivain l'explicite ainsi :

> Telle est la violence du christianisme : après la disparition du Christ, la révélation est close.

> Il est la Révélation. Ensuite, elle ne se révèle plus directement. Elle suppose la médiation des textes, des hommes qui les écrivent, qui les copient, qui les interprètent, qui les commentent. Le christianisme exige une double confiance : une confiance en Dieu et une confiance en l'homme. [...]
>
> Le christianisme a besoin de nos vies pour vivre, de notre mémoire pour sa mémoire.
>
> C'est une œuvre collective et perpétuellement recommencée. (*ibid.*, p. 354)

L'héroïne sentimentale se fait ici véritable guide spirituel. Elle redonne sens à la foi, qui est confiance et amour, et que reflète en miniature l'amour conjugal.

Dans ces romans, la fiction comble les non-dits des textes fondateurs pour créer des œuvres originales. Il leur faut donner vie à un personnage à la référentialité douteuse et qui passe bien rapidement dans la Bible. Car celle-ci est avare de détails, comme le rappelle Robert Alter en se demandant comment elle s'y prend « pour produire, avec des moyens apparemment si minces, rudimentaires, même, le sens d'une telle profondeur et d'une telle complexité dans les personnages qu'elle met en scène » (Alter, 1999, p. 157). En effet, le récit biblique

> ne présente rien qui ait la forme de l'analyse minutieuse des motivations ou du compte-rendu détaillé des processus mentaux ; les indications dont il nous gratifie quant aux sentiments, aux réactions intérieures ou aux interrogations des protagonistes sont minimales ; et, s'agissant de l'apparence physique des personnages, de leurs tics et de leurs gestes, de leur accoutrement et de leur bagage, de l'environnement matériel où s'accomplit leur destinée, nous n'avons droit qu'à des indices les plus élémentaires. Bref, la Bible semble singulièrement dépourvue des indicateurs nuancés d'individualité auxquels la tradition littéraire occidentale nous a accoutumés – dans le roman, bien sûr, mais en fait dès l'épopée et la littérature romancée de la Grèce antique. (*ibid.*)

Le roman historique procède donc par amplifications, en particulier descriptives et explicatives[12] : si la femme de Pilate est intervenue dans le procès, c'est très certainement qu'elle était en quête d'une autre sagesse, voire d'une autre religion ; le paganisme ne la rassure plus. Elle cherche autre chose. C'est un personnage de l'intériorité, dans toute la richesse de ses interrogations, de sa sensibilité et de ses désirs. Charlotte Brontë en avait bien eu l'intuition.

12 Voir Genette, 1982.

Sitôt qu'elle échappe à l'ombre de Pilate, sa femme révèle un monde intérieur d'une grande richesse : désespoir sentimental, tendance à la rêverie et inspiration religieuse. Ces trois états se nourrissent réciproquement et si nous parlons de « féminité » de Claudia, ce n'est pas qu'ils soient l'apanage des femmes mais qu'ils interrogent son statut. C'est bien en tant que femme qu'elle représente l'intériorité de Pilate : parce qu'elle est son épouse, donc appartient à sa sphère familiale et intime – même si les femmes aristocrates jouaient un rôle important dans l'Empire romain. Et lorsqu'elle s'éloigne de lui, elle ne s'en affranchit jamais totalement : elle est « femme de Pilate » comme lui est préfet de Judée, un rôle que, même dotée d'un prénom, elle joue jusqu'au bout. Elle n'est jamais une femme de pouvoir, ni une séductrice : c'est une compagne. Son intervention ne change pas le cours de l'Histoire. Même sa prise de parole passe par un messager. Elle est bien du genre de celles dont on a mis du temps à raconter l'histoire :

> Vouées au silence de la reproduction maternelle et ménagère, dans l'ombre du domestique qui ne vaut ni d'être compté ni d'être raconté, les femmes ont-elles seulement une histoire ? Élément froid d'un monde immobile, elles sont l'eau stagnante quand l'homme flambe et agit : les Anciens le disaient et tous le répètent. Médiocres témoins, éloignées du théâtre où s'affrontent les héros maîtres de leurs destinées, auxiliaires parfois, rarement actrices – et alors par quelle défaillance du pouvoir ! –, elles sont le plus souvent sujets, acclamant les vainqueurs et plaignant leur défaite, éternelles pleureuses dont les chœurs accompagnent en sourdine toutes les tragédies. (Duby et Perrot, 2002, p. 10)

Les femmes entourent pourtant Jésus d'une présence discrète mais essentielle, surtout dans l'Évangile de Matthieu. Sa généalogie (Mt 1, 1-16) mentionne quatre femmes atypiques, comme l'a souligné Monique Alexandre dans *L'Histoire des femmes en Occident* (Duby et Perrot, 1991) : Tamar, l'étrangère, obtenant par sa prostitution, le visage voilé, à son beau-père Juda, la permanence de la lignée ; Rahab, la prostituée de Jéricho, assurant, à l'entrée dans la Terre promise, le salut à Israël ; Ruth, la Moabite, venue en « prosélyte » au Dieu de Noémi ; la femme d'Uri, aimée de David, Bethsabée, au péché pardonné par la naissance de Jésus. Jésus lui-même a un rapport très libre avec les femmes : il est reçu chez Marthe et Marie, ses amies célibataires ; dans l'Évangile de Jean, il dialogue avec une Samaritaine, au grand étonnement des disciples ;

l'onction de parfum par une pécheresse, à Béthanie, scandalise ses hôtes pharisiens, tandis qu'il lui pardonne ses péchés ; de même pour la femme adultère. Des femmes le suivent depuis la Galilée ; elles sont présentes à son ensevelissement, s'occupent du corps, y retournent le lendemain et sont donc les témoins de la Résurrection. La femme de Pilate fait souvent partie de ces groupes de femmes dans les réécritures littéraires.

Ces femmes qui passent rapidement dans le texte biblique, constituent des rencontres décisives pour penser l'action de Jésus et son influence, en particulier sur les femmes étrangères. Ainsi la Cananéenne, cette femme des marges, qui chez Matthieu rencontre Jésus dans une zone intermédiaire entre la Phénicie et la Galilée et qui doit insister pour se faire entendre et insister encore lorsque Jésus lui répond que le pain des enfants d'Israël n'est pas pour les petits chiens. Or elle est prête à prendre les miettes de ce pain, à partager ce surplus. Car s'il y a des miettes, c'est qu'il y a abondance, on le voit aussi dans les épisodes de la multiplication du pain : elle perçoit intuitivement qu'au banquet du royaume, le pain n'est pas compté : nul ne risque d'en manquer. C'est pourquoi Jésus la loue pour sa foi, qui est confiance (Mt 15, 21-28). La Cananéenne, la reine de Saba, la femme de Pilate sont des femmes marginales, étrangères, païennes, mais elles ont entendu parler de Salomon, ou de Jésus et elles sortent de chez elles pour prendre la parole, de leur propre initiative : de Saba à Jérusalem, de la Phénicie à la Galilée pour la Cananéenne et de chez elle au tribunal pour la femme de Pilate. Jésus n'a pas été envoyé pour elles, mais il fait des exceptions, annonçant la participation des multitudes païennes au salut par la foi.

Ainsi, le personnage littéraire de Claudia hérite des interprétations positives des textes apocryphes et de l'exégèse patristique. Les réécritures développent surtout la dimension sentimentale de sa vie conjugale avec le préfet de Judée. Son intervention est parfois source de conflits dans leur couple. Sa déception ou son amour pour Pilate, qui se mêlent à sa compassion, en font un personnage poétique et romanesque.

UNE FIGURE SPIRITUELLE

Certains textes, on l'a vu, inventent à la femme de Pilate une histoire, des désirs, des rêves… Qu'elle ait été séduite par les paroles de Jésus, qu'elle ait pris conscience de la vanité des idoles païennes, c'est, certes, bien concevable pour l'esprit poétique et imaginatif qui lui est si souvent prêté. Mais sa spiritualité est rarement le véritable enjeu des textes littéraires. À travers des fictions laissant toute sa place à cette dimension, nous allons voir que c'est ce qui donne au personnage toute sa profondeur. En effet, comme l'écrit André Wénin dans « Personnages humains et anthropologie dans le récit biblique »,

> La liberté que permet le récit de fiction dans les jeux avec la temporalité, par la capacité d'omniscience du narrateur, dans la variété des modes de narration et des focalisations, et donc dans la caractérisation des personnages, offre des potentialités sans pareilles pour la représentation de l'âme humaine, y compris dans la complexité de sa vie intérieure, difficilement perceptible même à un sujet dans la vie réelle. (2005, p. 43-44)

C'est dans cette perspective que s'inscrivent les textes de Paul Claudel (1868-1955), Gertrud von Le Fort (1876-1971), Roger Caillois (1913-1978) et Jean Grosjean (1912-2006). Dans « Le point de vue de Ponce Pilate » (*Figures et paraboles*, 2005 [1933], p. 909-920), Paul Claudel donne exclusivement la parole à Pilate, désespéré du départ de Claudia : c'est en creux que notre personnage ici se révèle comme une grâce à son époux. Dans *Die Frau des Pilatus* de Gertrud von Le Fort (1965 [1955]) et dans *Ponce Pilate* de Roger Caillois (2008 [1961]), Claudia représente également l'intériorité de Pilate, mais l'influence de celui-ci est plus limitée, bien que dans le récit de Roger Caillois il finisse par libérer Jésus. Dans *Die Frau des Pilatus*, Claudia aime désespérément un Pilate négligeant qui, exceptionnellement, passe toute une nuit avec elle. Au matin, elle s'endort pleine de félicité, jusqu'à ce qu'un cauchemar la réveille. L'angoisse ne la quittera plus et c'est un enfant sans vie qu'elle met au monde comme fruit de cette nuit mémorable où elle a commencé à porter la mort du Fils. De même, dans le récit poétique *Pilate* de Jean Grosjean (1983), Procla est très proche du préfet qu'elle n'a de cesse de tourmenter de questions qui lui donnent mauvaise conscience. Cette figure de l'intimité se transforme en image de la foi et l'amour humain trouve sa pleine réalisation dans l'amour du Christ, c'est-à-dire dans la compassion. Dans ces quatre textes, le rêve apparaît comme l'aboutissement d'une intuition qui a fait peu à peu son chemin dans l'âme de la femme de Pilate.

Bien plus que Claudia, Pilate est le personnage principal de nombreuses réécritures littéraires. Ce sont les « *Evangelia varia* », selon la terminologie de Bertrand Westphal dans *Roman et Évangile* :

> Les *Evangelia varia* regroupent toutes les transpositions primaires qui nouent un rapport équilibré entre deux agents narratifs dont l'un est Jésus et l'autre un personnage extrait de la geste christique et sur lequel s'opère parfois ce que Gérard Genette appelle une transfocalisation (déplacement de point de vue) – notion que l'on complètera par celle de transhéroïsation (déplacement de statut), qui elle s'effectue toujours. (2002, p. 36)

Bertrand Westphal remarque à quel point « les transpositions littéraires de l'Évangile regorgent de transfocalisations » dans lesquelles le « coprotagoniste » de Jésus est un « acteur de l'hypotexte héroïsé » (*ibid.*, p. 37). La femme de Pilate joue aussi un tel rôle, par l'intermédiaire de son époux.

DÉCHIFFRER LES SIGNES DU RÊVE

Dans le récit de Gertrud von Le Fort *Die Frau des Pilatus*, Claudia rêve qu'elle erre dans une pièce obscure où la foule murmure :

> « a souffert sous Ponce Pilate, a été crucifié, est mort, a été enseveli… » Je ne pouvais m'expliquer comment le nom de mon époux se trouvait dans la bouche de ces gens, ni ce qu'il pouvait signifier. Malgré tout, les paroles perçues m'inspiraient une peur indéterminée, comme si elles ne pouvaient avoir qu'une signification mystérieuse et lugubre. Bouleversée, je voulus quitter la pièce, mais déjà je me trouvai dans une autre, encore plus obscure, qui rappelait les cimetières devant les portes de Rome et qui contenait encore plus de gens en prière que la précédente. (Le Fort, 1965, p. 15-16)

À travers une foule de plus en plus nombreuse, Claudia traverse des salles, des sanctuaires, des forteresses, des lieux à l'architecture de plus en plus singulière s'élançant vers le ciel où retentissent des chœurs invisibles mais toujours aussi les paroles fatales : « *Crucifixus etiam pro nobis : sub Pontio Pilato passus et sepultus est* » :

> J'avais l'impression d'avoir traversé hâtivement des siècles et de devoir en parcourir d'autres encore, comme si j'étais traquée jusqu'à la fin des temps, poursuivie par le nom le plus aimé, comme si celui-ci était l'enjeu d'un destin incommensurablement lourd qui non seulement menaçait d'assombrir sa précieuse vie, mais encore celle de toute l'humanité… (*ibid.*, p. 18)

À son réveil, « comme une mystérieuse métamorphose de la voix entendue en songe » (*ibid.*, p. 18), retentissent les cris de la foule : « Crucifie-le, crucifie-le ! » (*ibid.*) Son rêve, devenu réalité, apparaît alors comme une prophétie et c'est vers la sibylle de Tibur qu'elle se tourne, après son retour à Rome, pour avoir des réponses. Dans une ultime prophétie, celle-ci l'envoie dans la maison la plus pauvre qu'elle pourra trouver à Subure. Elle y rencontrera l'un des premiers groupes de Chrétiens, qui sera accusé de l'incendie de Rome. Avant de recevoir avec eux le baptême du sang dans l'arène, sous les yeux de l'empereur et de son époux, Claudia fait un dernier rêve : elle sait cette fois que son visiteur nocturne est le Christ miséricordieux. L'architecture des temples et des oratoires séculaires qu'elle traverse est devenue vétuste, grisâtre et informe. La dernière salle traversée, faite de matériaux inconnus, « solennellement nue avec une lumière diaphane » (*ibid.*, p. 69), ne comporte qu'un autel avec une croix. Le chant s'y fait consolation et non plus menace et lorsque les murs s'écroulent, le Christ lui apparaît trônant au tribunal, Pilate recevant sa miséricorde et elle son éternel amour. L'auteure allemande convertie au catholicisme élève le caractère romanesque et sentimental de sa réécriture de l'épisode biblique à une vision enchantée de l'eschatologie chrétienne. La métaphore de l'égarement onirique figure les méandres de l'âme qui reçoit comme une grâce l'intuition du futur chrétien de l'humanité[1].

---

1 C'est encore à la seconde vie d'*Aurélia* que nous ne pouvons nous empêcher de penser : « C'est un souterrain vague qui s'éclaire peu à peu, et où se dégagent de l'ombre et de la nuit des pâles figures gravement immobiles qui habitent le séjour des limbes. Puis le tableau se forme, une clarté nouvelle illumine et fait jouer des apparitions bizarres : le monde des Esprits s'ouvre pour nous… » (Nerval, 1993, p. 695)

La même imagerie souterraine nourrit le rêve de Procula dans *Ponce Pilate* de Roger Caillois. Égarée et poursuivie par des prétoriens dans un labyrinthe, elle voit s'animer des poissons et des moutons peints sur les parois :

> L'air se raréfiait, les couloirs se ramifiaient, la foi dans le Prophète se traduisait par une obligation inexorable, inintelligible, de lire la livrée des poissons, la laine des moutons, comme si l'on pouvait déchiffrer des boucles ou des écailles.
>
> Procula avait su que le destin du Messie dépendait d'elle et elle demeurait incapable de lire les poissons et les agneaux. Elle gémissait qu'elle ne savait lire que les lettres. Une voix lui disait que c'était tant pis et qu'elle ne serait pas moins responsable d'une erreur terrible, dont le monde habité souffrirait pendant des siècles. Il fallait que Pilate employât son pouvoir à empêcher une aussi tragique méprise. Les dieux ne donnent ces avertissements qu'une fois. (Caillois, 2008, p. 402)

Ce rêve n'affecte pas Pilate : il le considère comme des « billevesées » (*ibid.*, p. 403) et le raconte à son ami Mardouk pour le divertir lors d'une soirée passée à boire du vin parmi les fleurs et les lucioles. Il fait cependant son chemin dans l'obscurité de leur âme grisée. Le Chaldéen, « expert dans l'oneirocritique » (*ibid.*, p. 403), évoque dans un demi-sommeil les fidèles traqués et prononce « le nom grec du poisson qui réunit dans l'ordre les initiales des mots signifiant dans la même langue "Jésus Christ, Fils de Dieu, Sauveur[2]" » (*ibid.*, p. 419). Comme un prophète il annonce le futur d'une humanité chrétienne, ou « du moins une des infinies virtualités de cette histoire » (*ibid.*, p. 420)… comme le fait « l'écrivain français qui, un peu moins de deux mille ans plus tard, reconstituerait et publierait cette conversation aux éditions de la Nouvelle Revue française, se flattant sans doute de l'avoir imaginée[3]. » (*ibid.*, p. 421) La mise en perspective

2 L'ichthus est le symbole secret des premiers chrétiens, persécutés par les Romains.

3 Ugo M. Olivieri met en rapport cette annonce avec la critique du genre romanesque de Caillois à partir d'une préface de 1972 au *Mythe et l'homme*, dans laquelle il énumère *L'Homme et le sacré*, *Méduse & Cie*, *Les Jeux et les hommes*, *L'Incertitude qui vient des rêves*, *Instinct et société*, *Bellone ou la pente de la guerre*, *Cases d'un échiquier* et *Ponce Pilate*, une liste comparable aux « catalogues vertigineux » des récits de Jorge Luis Borges, qui « contient un élément difforme qui trouble et met en question la cohérence de la section entière. En fait, à côté des essais théoriques, *Ponce Pilate* paraît dans la liste, unique exemple de roman, roman publié en 1961 par un auteur qui, au nom d'une connaissance centrée sur les fonctions impératives du mythe, avait souhaité en plus d'une occasion la fin de la littérature comme activité esthétique distincte. […] Le livre que nous lisons est comme exclu par les événements qu'il retrace. Le choix de Pilate frappe d'impossibilité le récit

que propose en effet Roger Caillois dans *Ponce Pilate* est vertigineuse. Pourtant, explique-t-il dans le « Post-scriptum pour *Ponce Pilate*[4] », il n'a « nullement souhaité démontrer que le cours de l'histoire dépendait de la décision d'un individu, encore que celle-ci puisse provoquer des aiguillages de grande conséquence » (*ibid.*, p. 436) :

> J'estime de la même manière que si le christianisme n'avait pu se produire, serait née et aurait triomphé une religion apparente : messianique, égalitaire, universaliste. Différent sans doute dans l'anecdote, mais répondant aux mêmes besoins, son évangile eût répandu un message analogue. [...] Il s'agissait en particulier pour moi de réfléchir sur la nature de la religion, de *toute* religion, et d'examiner s'il est concevable que l'humanité puisse s'en passer. Pilate, stoïcien, libère Jésus, ayant pesé le pour et le contre, c'est-à-dire en sachant, grâce aux conjectures inspirées de Mardouk, qu'il n'y aura pas, par sa faute, de christianisme, et en supputant tout ce que l'homme y perdra. Il fait le pari qu'on peut demander aux hommes, au nom de l'homme, ce que les religions exigent d'eux au nom des dieux[5]. (*ibid.*, p. 437)

C'est bien en connaissance de cause que Pilate prend sa décision et propose une autre de ces « infinies virtualités » : que le christianisme n'existe pas et que lui-même, Pilate, soit un homme « courageux » (*ibid.*, p. 436). Son refus de condamner Jésus est une possibilité dans le mécanisme d'une prise de décision : « Peut-être était-elle conforme à sa nature profonde. Peut-être était-il simplement las d'être tenu pour celui qui se lave les mains. » (*ibid.*, p. 437) Ce n'est donc pas pour obéir à l'oracle de sa femme, mais plutôt pour ne pas lui obéir, même s'il fait peut-être son chemin dans son propre labyrinthe.

---

qui en est fait. Dans *Approches de l'imaginaire*, Caillois appelait tentation romanesque le rêve d'un monde où le roman serait impossible. *Ponce Pilate* la met en abyme. / Mais ça ne l'empêche pas d'exister. » (Olivieri, 2002, p. 244-245)

4 Dans ce texte, intégré en 1970 à la suite de *Ponce Pilate*, Roger Caillois reprend ses réponses à la revue *Biblio*, 1963/4.

5 Dans « L'homme qui aimait les pierres », Marguerite Yourcenar rappelle que Roger Caillois « s'est beaucoup penché toute sa vie sur le monde fuyant des songes » (Caillois, 2008, p. 19), s'interrogeant notamment dans *L'Incertitude qui vient des rêves* (1956) sur la distinction entre « la vie diurne, supposée réelle, et l'inane vie nocturne des songes » : « Roger Caillois, dans son seul récit romanesque, *Ponce Pilate*, qui est surtout un surprenant poème, montre deux mille ans de notre histoire rêvés durant l'espace d'un seul soir, et, du fait d'une chance qui aurait pu se produire, ne s'actualisant jamais, ou s'actualisant autrement ; il a senti plus fortement encore que l'obscure histoire de la planète consistait en changements violents ou lents, en récurrences, en métamorphoses, en coups de force, en occasions manquées ou en réussites également inexplicables. » (*ibid.*, p. 27)

Chez Jean Grosjean, alors que le rêve prépare la grâce de Procla prête à laisser place à Jésus en son âme, Pilate, à la conscience troublée, ne trouve pas le sommeil et lit des vers de Tibulle :

> Partez sans moi sur les flots de la mer
> mais ne m'oubliez pas.
> La fièvre me retient sur le rivage
> aux portes du trépas.
> Écarte-toi de moi, sombre trépas,
> je n'ai ni sœur ni mère
> qui puisse ici sangloter sur ma tombe
> ou tomber en prière,
> ni ma Délie qui consulta l'oracle[6]...
> (Grosjean, 1983, p. 28)

L'élégie évoque le voyage du poète latin auprès du consul Marcus Valerius Messalla Corvinus près d'Actium, et sa fiancée Délie interrogeant trois fois les sorts sacrés pour s'assurer de son retour. La citation du poème s'interrompt pour laisser place à Procla, qui dort et qui rêve, se réveille et se rendort, trois fois, et c'est trois fois au jardin de Gethsémani. C'est bien dans la quotidienneté, dans l'intimité de chacun – les lectures dans l'attente du sommeil et les rêves qui le peuplent – que se donne à sentir l'imminence de la rencontre avec le Christ. La dimension historique de l'événement n'est qu'effleurée, comme l'explique le poète dans *Araméennes* :

> Mes récits ne s'intéressent guère à l'histoire du monde ; ils s'intéressent pourtant à l'expérience de la durée, au sens d'une durée de la vie [...] Dire ou entendre l'histoire d'une nation, d'une société quelconque, même d'une famille, m'ennuie plutôt. En réalité, on n'a jamais d'autre expérience que la durée d'une vie humaine [...] Quand le Messie est venu remplir toute l'Écriture au cours de sa seule vie humaine, il substituait à l'histoire du monde une biographie. (Grosjean, 1988, p. 29-30)

Ce qui compte est cette rencontre individuelle, celle qu'entreprend ici Procla, « oublieuse », « indifférente », « sur un seuil » (*ibid.*, p. 21) avant de glisser « peu à peu dans un sommeil doré » (*ibid.*, p. 18). Ce parcours intérieur se fait renaissance et elle se réveille « comme mort-née au fond d'une fosse, sans passé ni futur » (*ibid.*, p. 30) mais prête à une compassion absolue.

6 C'est le début de la troisième des *Élégies* (Livre I) du poète latin du Ier siècle av. J.-C.

Cette souffrance vertigineuse rencontre l'angoisse de Jésus au cœur du rêve : « Il avait beau regarder le zénith il semblait n'y voir qu'un abîme. En tout cas son épouvante ne diminuait guère. Il avait dans les yeux cette lueur d'incrédulité d'un enfant qui a mal et qui se dit : ce n'est pas vrai, ce n'est pas possible. » (*ibid.*, p. 29) Au réveil, le rêve se révèle vision : « La lune éclairait la chambre. C'était la même lune que dans le songe. » (*ibid.*, p. 30) La réalité s'est frayé en elle un chemin jusqu'à s'imprimer dans ses rêves. Le récit poétique fait ainsi de Procla un véritable témoin du Messie.

SOMMEILS PARADOXAUX

Aux émotions de sa femme, le procurateur répond par la bonne conscience de son rôle politique, avec dédain ou condescendance. Pour le Pilate de Roger Caillois, elle ne fait qu'« ajout[er] à ses soucis en intervenant dans cette histoire embrouillée et stupide » (Caillois, 2008, p. 402) ; de même, celui de Jean Grosjean : « Les songes, les songes. De quoi se mêle-t-elle ? » (Grosjean, 1983, p. 55). Pendant qu'elle fait des cauchemars, il ne peut dormir – ni rêver, comme si le poids de sa responsabilité l'ancrait dans une réalité pragmatique fermée à toute spiritualité. Pourtant, des profondeurs de son âme monte un trouble qui finit par rejoindre le bouleversement de sa femme.

Au début du récit poétique de Jean Grosjean, Pilate est présenté comme « diurne » (Grosjean, 1983, p. 8). Homme d'action, son sommeil est efficace et sans rêves : « Ses nuits de garde dans l'armée ne lui avaient laissé voir dans les constellations que des bivouacs d'alliés célestes. » (*ibid.*) À Césarée et jusqu'au procès, la régularité de sa vie commence à être bousculée et il ne peut plus dormir : ce sont d'abord les odeurs nouvelles, des craquements, des frôlements d'insectes insolites qui vont le rendre attentif à une nouvelle manière d'appréhender l'univers : chez Jean Grosjean, le divin est dans les détails comme l'empreinte d'un pas, un souffle, l'envol des oiseaux… Pour Pilate, il faut ensuite passer par une renaissance – annonce peut-être de la Résurrection dont il sera, lui aussi, témoin. Alors, il tombe dans le sommeil comme d'une falaise, « puis il avait été brassé par les songes. Mais au milieu de la nuit il s'était senti déposé sur le sable. Il resta étendu en état de légèreté jusqu'à la pointe de l'aube. » (*ibid.*, p. 92) Comme pour Procla, sa rencontre avec le Christ est l'aboutissement d'un parcours intérieur qui le déleste de ses préoccupations terre-à-terre d'administrateur pour accéder à un état contemplatif où il prend conscience d'avoir « dormi sa vie » (*ibid.*, p. 104) jusqu'à reconnaître le Nazaréen dans le regard du dernier ange. Celui-ci lui offre sa grâce compatissante en lui lavant les pieds au jardin céleste.

Ponce Pilate de Roger Caillois n'a pas cette dimension chrétienne mais il interroge aussi fondamentalement sur le sacrifice. Le procurateur y incarne « évidemment l'ordre, la raison et la loi, la justice et le pouvoir » (Caillois, 2008, p. 396). Il ne dort pas plus que sa femme et, comme elle, se réveille en sueur, à force de réfléchir à ce dilemme :

> « Certes, se répétait-il, mieux vaut une injustice qu'un désordre. » Il connaissait l'antienne. Sans doute, qu'importe qu'au hasard un sang vil soit versé. Le salut de tous justifie le sacrifice d'un seul. Mais pourquoi officialiser en quelque sorte l'iniquité, lui donner rang de sagesse, prestige d'idéal ? Pilate pouvait, avait pu, agir selon ces formules. Mais il les réprouvait et il lui répugnait qu'on les citât devant lui. (*ibid.*, p. 406)

Les interlocuteurs de Pilate, non seulement annoncent, en mettant en rapport individu et multitude selon une logique sacrificielle, ce que nous, lecteurs, savons qu'il va advenir – la condamnation de Jésus et le développement du christianisme. Mais pour Pilate, la question est plutôt celle de la responsabilité individuelle et, finalement, celle de son irréductible liberté. La longue nuit qui précède le procès le voit dormir, rêver et s'éveiller plusieurs fois, passant d'une décision à l'autre, jusqu'à se souvenir de ses lectures anciennes :

> Pilate se souvenait maintenant de l'enthousiasme qui l'avait naguère transporté à la lecture des thèses de Xénodote, vulgarisées par Cicéron dans *De finibus potentiae deorum*. Rien que ce titre l'avait enchanté : *Les Limites de la puissance des dieux…* Selon le philosophe, les divinités, les astres, les lois cosmiques, l'inexorable Destinée elle-même ne pouvaient contraindre le Juste à une action que lui interdisait sa conscience. […] Pilate se complut à la pensée que, même si le Dieu des Juifs, ou quelque dieu que ce fût, avait escompté sa faiblesse, il restait libre d'être courageux. (*ibid.*, p. 434)

Contre tout attente donc, il ne condamnera pas Jésus. À cette liberté de conscience, qui ne change pas grand-chose finalement pour son avenir personnel (destitué, exilé en Gaule, il se suicide « non par désespoir, comme Mardouk l'avait supposé un peu vite, entraîné par la logique de son système, mais heureux et parce qu'un stoïcien est toujours libre de renoncer à la vie, à l'heure où il le juge opportun », *ibid.*, p. 435), ni pour celui de l'humanité : « Le Messie, cependant, continua sa prédication avec succès et mourut à un âge avancé. Il jouissait d'une grande réputation de sainteté et on fit longtemps des pèlerinages au lieu de son tombeau. Toutefois, à cause d'un homme qui réussit contre toute attente à être courageux, il n'y eut pas de christianisme » (*ibid.*, p. 436). Le souvenir des lectures anciennes a ainsi fait son chemin dans l'âme du procurateur, comme le rêve de sa femme. La décision prise vient donc de ce qu'il y a de plus personnel chez lui. Aux arguments de Ménénius, Judas, Caïphe et Mardouk, s'oppose sa propre conscience. En accord avec elle, il peut enfin retrouver le sommeil :

> Un gémissement lui parvint de la chambre voisine. Il pensa que sa femme avait de nouveaux cauchemars et résolut d'aller la réveiller, s'il l'entendait se plaindre encore. Cette pensée acheva de le rasséréner. Rien ne rassure plus que de savoir qu'on peut rassurer. Pilate se sentit moins seul et s'endormit. (*ibid.*, p. 435)

Même s'ils ne sont qu'indirectement liés à la prise de décision de Pilate, les rêves de sa femme le ramènent à sa vie intime ; non pas secondaire, mais, au contraire, où se joue l'essentiel pour lui : être un homme libre et confiant dans l'humanité.

CLAUDIA, OU LA GRÂCE

Dans la parabole de Paul Claudel, la parole est presqu'entièrement laissée à Pilate qui raconte les événements entourant le procès de Jésus. Il interroge son double, héritage du confident des tragédies antiques (Hirschi, 1974), dans un monologue intérieur qui permet d'inscrire le récit dans une subjectivité et de rendre compte de son angoisse. Le narrateur prévient : « Il ne faut pas oublier que c'était un fonctionnaire colonial et que par conséquent la sieste était pour lui une impérieuse habitude » (Claudel, 1965, p. 910) dont la tâche, à laquelle il attache toute son âme, est de maintenir l'ordre :

> Dans tout cela, je le répète avec force, où est ma responsabilité ? *Crucifié sous Ponce Pilate.* Bien sûr qu'Il a été crucifié sous Ponce Pilate. Je me demande quel autre genre de rapports j'aurais pu avoir avec Lui. On dirait que toute l'Histoire romaine s'est développée à son profit, que toute la machine juridique, diplomatique, militaire, des consuls et des empereurs a été construite à son intention particulière. Le moment venu, tout a fonctionné comme de soi-même. On aurait dit qu'on L'attendait, que chacun avait son rôle distribué et qu'il l'avait étudié jusque dans le moindre détail. J'ai eu à peine besoin d'intervenir. Le scénario pour ainsi dire me portait, tout marchait dans la même direction avec une autorité irrésistible… (Claudel, 1965, p. 912)

Sa seule inquiétude est le trouble qui commence à s'élever de sa maison. Pour Andrée Hirschi, ce Pilate « se présente comme un héros claudélien en creux » (Hirschi, 1974, p. 111) :

> Sous la bouffonnerie, perce la gravité de la pensée religieuse, sous le burlesque, le sacré ; […] Que le détachement et le renoncement dans la liberté interviennent, et la voie est ouverte à l'humour qui est non pas une négation du tragique, mais la marque de son dépassement. […] Dans « le Point de vue de Ponce Pilate », on voit par quel biais Claudel introduit l'humour ; il aborde le drame de la Rédemption à travers la vision subjective d'un personnage moins féroce qu'insignifiant, qui ne comprend rien à ce qui lui arrive et qui, dans son infirmité intellectuelle, restitue des faits déformés, transposés en fonction de son champ de vision. (*ibid.*, p. 114)

Content de lui, ce Pilate burlesque est parfaitement incapable de comprendre « l'attitude inamicale de Madame Ponce Pilate » : « Elle ne s'attendait pas tout de même que pour des rêves de femme un magistrat aille risquer sa position et suspendre la majesté de Rome ! » Certes, la disparition de Claudia ne le laisse pas absolument tranquille :

> Il est évident qu'elle me désapprouve. C'est comme les poulets. C'est étonnant combien de peine on a à faire comprendre aux gens du monde le point de vue professionnel […] Il n'y a pas d'innocent contre l'ordre public. Ce serait un dieu lui-même qui aurait été amené à mon prétoire que je ne l'aurais pas jugé autrement. (Claudel, 1965, p. 913)

Pourtant, son sommeil est à jamais bouleversé à partir du désordre nocturne causé par l'arrestation de Jésus. Le narrateur reprend la parole à la dernière page, lorsque Pilate est exilé en Haute-Garonne après la Passion :

> à quoi rêve-t-il quand il dort ? qu'est-ce qui se manigance dans les sous-sols ? quelles portes souterraines au fond des nuits d'insomnie écoute-t-il s'ouvrir ? Quelle rumeur d'une foule en fureur qui arrive – et tout à coup se tient devant lui cet Accusé gigantesque dont il est impossible d'identifier le visage. Quelle sensation d'une civilisation qui s'écroule à la lueur d'un soleil voilé, – précédant la reprise et la mise en marche une fois de plus de l'effrayant cortège ? Et sans cesse, dans son esprit, s'ajoutant, se superposant, s'insinuant, s'intercalant, s'attaquant, se confrontant, tournant l'une autour de l'autre, ces deux grandes Paroles qui pour lui constituent le reliquat du Procès : *Voici l'homme !* et *Qu'est-ce que la vérité ?* (*ibid.*, p. 920)

Procla lui a proposé la sagesse et la grâce qui feront leur chemin dans son labyrinthe personnel.

Chez Jean Grosjean en revanche, c'est ensemble que Pilate et Procla finissent par franchir, aux côtés du Christ, les « frontières du monde », Pilate tenant tête au douanier, Procla empruntant « les sentes détournées » (Grosjean, 1983, p. 102-103). Tout au long du récit, la présence de Procla est une grâce pour son époux, qui reconnaît dans son « regard d'acier flexible, cette eau profonde où le ciel ne tremble pas. Oui, il était seul avec elle sur les flots et elle sentait l'imminence d'une bourrasque » (*ibid.*, p. 34). Après le procès, c'est aux yeux encore de Procla que Pilate est attentif, qui reflètent sa traversée intérieure. Le rivage s'y devine et s'y dérobe au rythme de la métaphore marine de ses émotions : « ses yeux avaient la couleur d'un étang sous un ciel de tempête [...] Elle eut les yeux qui s'assombrirent comme la mer du Nord [...] Elle eut les yeux qui se creusèrent comme le flot dans l'ouragan [...] Elle eut des yeux qui n'avaient plus de regard [...] Elle eut des éclairs [...] Alors elle eut les yeux pleins de larmes » (Grosjean, 1983, p. 77-78). Ayant saisi la bouée jetée par Jésus pour le guérir de son pouvoir (*ibid.*, p. 45), il finit par sombrer dans le sommeil, « brassé par les songes » et être « déposé sur le sable » (*ibid.*, p. 92). Cette métaphore du naufragé traverse ainsi tout le récit. Au chapitre final, c'est depuis une « tonnelle de volubilis » (*ibid.*, p. 106) qu'il contemple Procla dans sa demeure. C'est bien vers la rencontre avec le Christ qu'elle l'a amené, au cœur de la pensée chrétienne du poète pour qui « le Messie est moins futur, ou présent, ou passé qu'imminent » (Grosjean, 1988, p. 112).

La femme de Pilate représente l'intimité du procurateur dans le récit de Roger Caillois également, même si elle reste un personnage très secondaire. Des différents personnages qui s'entretiennent en tête à tête avec le procureur, c'est le seul à qui n'est pas donné la parole au discours direct, comme si ses paroles, auxquelles Pilate ne s'intéresse que très peu, importaient moins que son état émotionnel : « il avait pitié de l'angoisse de sa femme et il était impressionné malgré lui par la véhémence de son discours » (Caillois, 2008, p. 402-403). Or c'est bien cette parole indirecte qui va faire son chemin dans l'âme du procurateur et finir par le toucher comme une grâce. Car « tel est le prestige du rêve et de son mystère que les esprits les mieux prévenus contre lui n'échappent pas à son influence » (*ibid.*, p. 402). Après que Procula a raconté son rêve, Mardouk prend le relai pour en proposer une interprétation, lui qui est « comme la conscience extérieure de Pilate » (*ibid.*, p. 425) et ne se laisse pas bouleverser par les émotions de Procula.

Dans *Die Frau des Pilatus*, Pilate est sensible à la compassion de Claudia et finit par comprendre que, comme le Christ, elle meurt par lui et pour lui. À Jérusalem, elle lui avait demandé « au nom de toute [s]a tendresse de libérer l'accusé » (Le Fort, 1965, p. 20) ; à Rome, elle le conjure d'aller à l'encontre de la mission dont l'a chargé l'empereur suite à l'incendie : « Ne te mêle pas de persécuter ces Nazaréens, n'interviens pas une nouvelle fois dans la condamnation de l'innocence » (*ibid.*, p. 60). Mais au moment de se retrouver et de partager cet amour et cette pitié, alors que le procurateur se laisse aller dans les bras de sa femme, il sursaute « comme s'il sortait d'un rêve » (*ibid.*, p. 64) aux cris de la foule réclamant les Nazaréens aux fauves. Subordonné à l'empereur, le procurateur ne laisse place ni au rêve, ni aux paroles de celle qui partage son intimité : encore une fois, sa vie publique l'emporte. Ce n'est qu'en entendant la profession de foi des Nazaréens dans l'arène et la suivante de Claudia déclarer que, comme le Christ, Claudia est morte par lui et pour lui, qu'il semble enfin comprendre que l'amour humain et l'amour du Christ se sont mêlés dans l'âme de Claudia. Il renonce alors à se tuer. La figure de l'intimité se transforme ainsi en image de la foi : Claudia est pour Pilate le don de la grâce.

Tel est le mode de lecture de l'Évangile de Matthieu : le Christ est à la fois résolution et omniprésence. Il se révèle dans l'Écriture évangélique, qui suggère qu'il était inscrit en filigrane dans le texte antérieur. C'est ensuite à celle-ci de se révéler dans la littérature ou de révéler, par elle, sa présence, même lorsque, comme dans *Ponce Pilate* de Roger Caillois, il se révèle en creux. La femme de Pilate témoigne de ce fonctionnement : lorsqu'il est question de son intervention, elle n'est déjà plus là et seul demeure le message qu'elle a envoyé.

La femme de Pilate n'est jamais dénuée de spiritualité. Elle n'est jamais non plus débauchée ou infidèle, même si elle a pu, à l'époque médiévale, frayer avec le diable. L'intériorité qu'elle représente est celle de Pilate. Mais, au-delà, suggèrent les réécritures, c'est celle de tout lecteur de la Bible. Élian Cuvillier est sensible à la dimension conjugale, intime, qui unit Pilate et sa femme, elle qui « connaît son cœur, et les contradictions qui l'habitent » et figure « sa capacité à entendre son intuition du *juste* » (Cuvillier, 2008, p. 37). Mais c'est à elle que revient de verbaliser cette intuition. Même si elle ignore certainement la portée religieuse du mot « juste » par lequel elle désigne Jésus, elle se tient au seuil de la vérité (*ibid.*) et c'est ce qui l'empêche, comme une inspirée, comme une prophétesse, de se taire : il lui faut en témoigner.

Ainsi, l'épisode de la femme de Pilate invite à s'interroger sur la nécessité de la Rédemption. Ces questions profondément religieuses se transfèrent dans les œuvres profanes en interrogeant sur la solitude, le couple, l'amour terrestre et divin et surtout, sur la capacité qu'ont l'art et la littérature de rendre compte de cette vie intérieure et d'y rendre sensible le lecteur, religieux ou non[7].

Dans son texte sur « La profanation romanesque », Jean Kaempfer rappelle combien « le choix de l'hypotexte évangélique introduit un horizon d'attente “spécifique” » lié à « la question de la valeur de vérité qu'il convient d'accorder aux évangiles » (Attias et Gisel, 2003, p. 170). Enfin, transformer ce personnage très secondaire de l'Évangile de Matthieu en héroïne permet d'aborder de biais une histoire qui nous est déjà si familière, et de réactualiser son caractère dramatique : c'est en direct qu'elle vit les événements dont elle peut encore espérer changer le cours. La singularité d'un tel personnage interpelle le lecteur dans sa propre individualité face au scandale de la Passion.

7 Isabelle Saint-Martin fait d'ailleurs remarquer que « le passage de l'œuvre cultuelle à l'objet d'art et la mutation du regard qui l'accompagne sont loin de constituer un processus univoque, irréversible et accompli de la même manière en tout lieu au cours de la période moderne » : il n'y a pas de « substitution directe de la valeur d'art à la valeur cultuelle. » (Saint-Martin, 2014, p. 46)

CONCLUSION

À quoi rêvent les apôtres qui s'endorment à Gethsémani après que Jésus leur a dit : « Mon âme est triste à en mourir. Demeurez ici et veillez avec moi[1] », eux qui étaient « profondément attristés[2] » lorsqu'il leur avait annoncé le drame à venir ? Dans ces moments qui précèdent de peu l'arrestation, la parole christique atteint son autre absolue : la femme de celui qui doit le juger. Tristesse et consternation fondent cette relation et prennent forme dans le rêve qui pourrait, qui devrait, sauver celui qui sauve. Mais pour être ce Sauveur, il faut qu'il meure. Jésus et la femme de Pilate s'inscrivent ainsi dans le rapport du sacrifice et de la grâce. Le rêve est ce don absolument gratuit qu'il faut être en mesure d'accepter : être prêt à recevoir la Parole. Car le Dieu de la Bible se révèle par la parole, une parole que prolonge l'Écriture et qui s'inscrit dans la chair de témoins privilégiés. Ainsi, la femme de Pilate partage la parole incarnée du Verbe Jésus, la Parole faite chair. Cette parole marquée dans son intériorité lui cause le tourment qui l'incite à intervenir lors du procès. Elle reste pourtant au seuil du texte, comme son message reste au bord de la conscience de Pilate. Elle sera accueillie par d'autres textes. Son intervention initie ce geste de transmission.

L'étude du rêve de la femme de Pilate nous aura donc conduits d'une figure du christianisme comme *ecclesia*, à sa dimension la plus personnelle, la grâce étant purement individuelle. C'est aussi la ligne de partage entre le visible et l'invisible qui est en jeu ici : à révéler, les vérités cachées, mais aussi ce qui nous habite intimement : nos propres affects. En rendant public son rêve, la femme de Pilate entre dans la

1 « Alors Jésus arrive avec eux à un domaine appelé Gethsémani et il dit aux disciples : "Restez ici pendant que j'irai prier là-bas." Emmenant Pierre et les deux fils de Zébédée, il commença à ressentir tristesse et angoisse. Il leur dit alors : "Mon âme est triste à en mourir. Demeurez ici et veillez avec moi." » (Mt 26, 36-38)

2 « Comme ils s'étaient rassemblés en Galilée, Jésus leur dit : "Le Fils de l'homme va être livré aux mains des hommes ; ils le tueront et, le troisième jour, il ressuscitera." Et ils furent profondément attristés. » (Mt 17, 22-23)

communauté. Celle-ci s'empare ensuite du rêve et le fait parler à la place de la femme. Notre discret personnage se révèle finalement figure chrétienne : elle est *figura*, prophétie en acte, et forme, au sens plastique du terme[3]. Elle est un cas exemplaire, qui fait signe, et un repère : elle est un repaire, dans le sens métonymique ancien, désignant la demeure ; et elle est le signe permettant de se retrouver, de se repérer (repaire et repère, étymologiquement semblables, évoquent ce « retour chez soi », ici reflet de l'intériorité). Est-elle un adjuvant ou un opposant à la mise à mort de Jésus ? C'est là un écueil théologique essentiel, qui se pose également pour un personnage comme Judas. C'est aussi la source d'une grande variété d'interprétations, qui vont de la *figura* de l'Église à l'inspirée de Satan. Grâce au mode de la répétition, et parce que cette femme interprète elle-même son rêve comme un avertissement qu'il lui faut manifester, elle prépare à l'exégèse et aux échos dans la littérature et dans les arts.

Ce parcours littéraire et iconographique révèle ainsi la potentialité imaginale de la Bible. Elle qui offre tant d'images et de récits à la postérité, propose, avec la péricope de la femme de Pilate, un condensé du fonctionnement de l'écriture matthéenne, mais aussi de la manière dont l'imaginaire s'empare de chaque détail pour l'amplifier et lui donner et redonner sens siècle après siècle. Car l'Écriture, « grand intertexte vivant » selon la formule de Paul Ricœur (Ricœur, 1985, p. 27), est un texte sacré à plus d'un titre et elle fonctionne comme un repère. En outre, cet hypotexte précis, unique, très structuré mais concis, agit comme un concentré porteur d'une narrativité qui ne demanderait qu'à être déployée : l'imaginaire s'insère dans les interstices du texte biblique pour en exploiter le potentiel, remplissant, interprétant, racontant, expliquant… Tous les modes d'amplification et de continuation définis par Gérard Genette dans *Palimpsestes. La littérature au second degré* (1982) sont à l'œuvre dans les réécritures de l'épisode du rêve de la femme de Pilate : ce personnage est tout à inventer. Or, les œuvres d'art issues de la Bible, celles de l'espace ecclésial ou des illustrations livresques, se détachent aussi de leurs origines religieuses. La force du lien entre esthétique et religion relève

3 Dans *Figura*, Erich Auerbach commence par rappeler que, « issu de la même racine que *fingere, figulus, fictor* et *effigies*, *figura* signifie, à l'origine, "forme plastique". » (Auerbach, 2001, p. 9)

d'une part de la relation qu'elles entretiennent l'une à l'autre : toutes deux s'expriment à travers des signes, littéraires ou iconographiques ; de plus, la religion est l'une des plus grandes sources d'inspiration de l'art : « *Old and New Testaments are the Great Code of Art* » (« L'Ancien et le Nouveau Testaments sont le grand code de l'art »), écrit William Blake (1757-1827), phrase célèbre reprise pour titre de son monumental ouvrage par Northrop Frye, *Le Grand Code. La Bible et la littérature.* L'universitaire canadien y montre qu'« aucun livre n'aurait pu avoir une influence littéraire aussi spécifique sans posséder par lui-même des qualités littéraires », même si « la Bible échappe à tout critère littéraire » (Frye, 1984, p. 29). Dans son article « William Blake et les quatre sens de l'écriture », Danièle Chauvin rappelle à juste titre que l'artiste anglais « ne dit pas seulement (ni d'abord) que la Bible est un réservoir d'images, de thèmes ou de mythes susceptibles d'éveiller la mémoire ou de stimuler l'imagination des écrivains, des peintres ou des musiciens » (Masson et Parizet, 2011, p. 24-25). En effet, les modes d'écriture sont aussi en jeu, comme le fait remarquer Anne-Marie Pelletier :

> On relie aisément à la Bible des œuvres qui la citent, reprennent d'elles des épisodes, des personnages ou des situations dont elles font leur thème, en revanche on pense moins spontanément à des modes de présence plus subtils, mais profondément structurants : qui s'avise, par exemple, de ce que notre narrativité doit à l'écriture biblique ? (Pelletier, 1991, p. 391)

Enfin, l'art et la religion procèdent de la même interrogation fondamentale de l'homme sur lui-même et sur son image. Ainsi, pour André Wénin « les récits bibliques sont travaillés de l'intérieur par une réflexion sur l'humain qu'il [...] semble intéressant de mettre en évidence et d'élaborer dans un discours anthropologique qui croisera inévitablement la théologie, puisque l'humain dont il s'agit dans ces récits est sans cesse confronté à Dieu » (Wénin, 2005, p. 46). C'est exactement ce qui nous parle à travers la rêveuse : comme l'écrit Pierre Bühler,

> l'Écriture et l'expérience constituent une polarité fructueuse [...] L'Écriture, si elle n'est pas prise comme une entité figée, peut donner accès à de multiples expériences vécues qui s'y trouvent mises en jeu. Inversement, les expériences multiples qui habitent les humains que nous sommes constituent un terrain d'accueil des interpellations de l'Écriture. (Bühler, 2003, p. 104)

En interprétant son rêve comme un avertissement dont il faut témoigner, la femme de Pilate ouvre elle-même la voie de l'exégèse. L'art et la littérature ne pouvaient que s'en emparer. Comme la « bonne œuvre » de la femme de Béthanie répétée « partout où sera proclamé cet Évangile[4] » (Mt 26, 10-13), la prophétie de la femme de Pilate reste dans les mémoires des lecteurs de la Bible. Elle les invite à regarder à la fenêtre et à espérer la grâce.

4 « Comme Jésus se trouvait à Béthanie, dans la maison de Simon le lépreux, une femme s'approcha de lui, avec un flacon d'albâtre contenant un parfum de grand prix ; elle le versa sur la tête de Jésus pendant qu'il était à table. Voyant cela, les disciples s'indignèrent : "À quoi bon, disaient-ils, cette perte ? On aurait pu le vendre très cher et donner la somme à des pauvres." S'en apercevant, Jésus leur dit : "Pourquoi tracasser cette femme ? C'est une bonne œuvre qu'elle vient d'accomplir envers moi. Des pauvres, en effet, vous en avez toujours avec vous ; mais moi, vous ne m'avez pas pour toujours. En répandant ce parfum sur mon corps, elle a préparé mon ensevelissement. En vérité, je vous le déclare : partout où sera proclamé cet Évangile dans le monde entier, on racontera aussi, en souvenir d'elle, ce qu'elle a fait." » (Mt 26, 6-13)

BIBLIOGRAPHIE DES OUVRAGES CITÉS

BIBLE DE RÉFÉRENCE

La Bible, traduction œcuménique, Paris, Bibli'O / Société biblique française / Cerf, 2015.

TEXTES APOCRYPHES

Geoltrain, Pierre et Kaestli, Jean-Daniel (dir.), *Écrits apocryphes chrétiens* II, Paris, Gallimard, coll. « Bibliothèque de la Pléiade », 2005.

Lettre de Claudia Procula à Fulvia Hersila, *La Semaine religieuse du diocèse de Carassonne* nº 51 du dimanche 11 avril 1886 et nº 52 du dimanche 25 avril 1886.

L'Évangile de Nicodème ou Les Actes faits sous Ponce Pilate (recension latine A), traduit par Rémi Gounelle à partir d'un texte mis au point par Zbigniew Izydorczyk, Turnhout, Brepols, coll. « Apocryphes », 1997.

Martyre de Pilate, traduit par Robert Beylot, Turnhout, Brepols, coll. « Patrologia Orientalis », 1993.

LITTÉRATURE CHRÉTIENNE DES PREMIERS SIÈCLES ET DU MOYEN ÂGE

Ambroise de Milan, *Traité de l'Évangile de saint Luc, II. Livres VII-X*, traduit par Dom Gabriel Tissot, Paris, Cerf, coll. « Sources chrétiennes », 1976.

Les Constitutions apostoliques, traduit par Marcel Metzger, Paris, Cerf, 1992.

Cyrille de Jérusalem, *Les Catéchèses baptismales et mystagogiques*, traduit par Jean Bouvet, Paris, Migne, coll. « Les Pères dans la foi », 1993.

Eusèbe de Césarée, *Histoire ecclésiastique*, traduit par Gustave Bardy, Paris, Cerf, coll. « Sagesses chrétiennes », 2003.

Grégoire le Grand, *Homélies sur les Évangiles*, traduit par Raymond Étaix, Charles Morel et Bruno Judic, Paris, Cerf, coll. « Sources chrétiennes », 2005.

Hilaire de Poitiers, *In Matthaeum*, traduit par J. Doignon, t. II, Paris, Cerf, coll. « Sources Chrétiennes » n° 258, 1979.

Historia apocrypha, Joachim Knape et Karl Strobel (éd.), *Zur Deutung von Geschichte in Antike und Mittelalter*, Bamberg, Bayerische Verlagsanstalt, 1985.

Institoris, Henricus et Sprenger, Jakob, *Le Marteau des sorcières*, traduit par Amand Danet, Grenoble, J. Million, coll. « Atopia », 1990.

Maître Eckhart, *Le Commentaire de l'Évangile selon Jean. Le Prologue (chap. 1, 1-18)*, texte latin établi et traduit par Alain de Libera, Édouard Wéber et Émilie Zum Brunn, Paris, Cerf, 1989, *L'Œuvre latine de Maître Eckhart*, sixième volume.

Origène, *Commentaire sur l'Évangile selon Matthieu*, traduit par R. Girod, Paris, Cerf, coll. « Sources chrétiennes » 1970.

Romanos le Mélode *Hymnes. Tome IV. Nouveau Testament (XXXII-XLV)*, Paris, Cerf, coll. « Sources chrétiennes » 128, 1967.

Saint Augustin, *De la Doctrine chrétienne*, traduit par M. Raulx, *Œuvres complètes*, Bar-le-Duc, L. Guérins, 1866, t. IV.

Saint Augustin, *Sermons sur l'écriture*, traduits par l'abbé Jean-Baptiste Raulx, Paris, Robert Laffont, coll. « Bouquins », 2014.

Saint Jean Chrysostome, *Commentaire sur l'évangile selon saint Matthieu*, traduit par Jacques de Penthos, Paris, Artège, 2012.

Suétone, *Vies des douze Césars. Claude – Néron*, traduit par Henri Ailloud, Paris, Les Belles Lettres, coll. « Classiques en poche », 1996.

Tacite, *Œuvres complètes. Annales*, traduit par Catherine Salles, Paris, Robert Laffont, coll. « Bouquins », 2014.

Tertullien, *Apologétique*, traduit par Jean-Pierre Waltzing, éd. bilingue, Paris, Les Belles Lettres, coll. « Classiques en poche », 1998.

LITTÉRATURE

BARJAVEL, René, *Jour de feu*, Paris, Denoël, coll. « Empreintes », 2015 [1957].

BELLAT, Paul, *Il a été crucifié*, Paris, Nouvelle Pléiade, 2000.

BERNET, Anne, *Mémoires de Ponce Pilate*, Paris, Plon, 1998.

BRONTË, Charlotte, *Jane Eyre, précédé de Œuvres de jeunesse 1926-1847*, Paris, Gallimard, coll. « Bibliothèque de la Pléiade », 2008.

BRONTË, Charlotte, *Poems. A New Text and Commentary*, Victor A. Neufeldt (éd.), New York / London, Garland Publishing, coll. « Garland English Textes », 1985.

CAILLOIS, Roger, *Œuvres*, Paris, Gallimard, coll. « Quarto », 2008.

CAILLOIS, Roger, *Ponce Pilate* [1961], *Œuvres*, Paris, Gallimard, coll. « Quarto », 2008.

CAMPAUX, Antoine, *La Femme de Pilate*, Paris, P. Lethielleux, 1900.

CASIMIR, Philippe (avec COMER), *La Passion, drame biblique en 8 tableaux*, musique de scène d'Édouard Coupin, Nice, les auteurs, 1891.

CLAUDEL, Paul, *Figures et paraboles* [1933], *Œuvres en prose*, Paris, Gallimard, coll. « Bibliothèque de la Pléiade », 1965.

COIGNARD, Gabrielle de, *Œuvres chrétiennes*, Genève, Droz, coll. « Textes littéraires français », 1995.

COLMET DÂAGE, Gabriel, *La Famille de Pilate*, Paris, Hachette, 1885.

DEFORGES, Régine, *Deborah, la femme adultère*, Paris, Fayard, 2008.

DUMAS, Alexandre, *Isaac Laquedem, ou le roman du juif errant* [1853], Paris, Les Belles Lettres, 2005.

DUPLEIX, Scipion, *Les Causes de la veille et du sommeil, des songes et de la vie, et de la mort*, Paris, L. Sonius, 1606.

DU PONT, Gratien, *Controverses des sexes masculin et femenin*, Toulouse, Jacques Colomiès, 1534.

EMMERICK, Anne-Catherine, *La Passion* [1833], Paris, Presses de la Renaissance, traduit par Joachim Bouflet, 2005.

FAUCHOIS, René, *La Fille de Pilate*, Paris, E. Fasquelle, 1908.

FRANCE, Anatole, *L'Étui de nacre*, *Œuvres complètes*, t. I, Paris, Gallimard, coll. « Bibliothèque de la Pléiade », 1984.

GHELDERODE, Michel (de), *Les Femmes au tombeau* [1933], *Théâtre 2*, Paris, Gallimard, 1952.

GHELDERODE, Michel (de), *Barrabas* [1928], *Théâtre 5*, Paris, Gallimard, 1972.

GIBRAN, Khalil, *Jésus fils de l'homme : ses paroles et ses actes racontés et rapportés par ceux qui l'ont connu*, traduit par Jean-Pierre Dahdah, *Œuvres complètes*, Paris, Robert Laffont, coll. « Bouquins », 2006.

GIBRAN, Khalil, *The Letters of Kahlil Gibran and Mary Haskell*, Annie Salem Otto, Boston, 1970.

GOURNAY, Marie de, *L'Égalité des hommes et des femmes*, *in Les Advis ou les présens de la Demoiselle de Gournay*, T. Le Bray, 1634 puis 1641 [1626 : *l'Ombre de la damoiselle de Gournay. Œuvre composée de meslange*], vol. 2.

GRÉBAN, Arnoul, *Le Mystère de la passion*, Genève, Slatkine, 1970.

GROSJEAN, Jean, *Araméennes*. Conversations avec Roland Bouhéret, Dominique Bourg et Olivier Mongin, Paris, Cerf, coll. « Parole présente », 1988.

GROSJEAN, Jean, *Pilate*, Paris, Gallimard, NRF, 1983.

The Heliand. The Saxon Gospel, traduit et commenté par G. Ronald Murphy, S. J., NewYork / Oxford, Oxford University Press, 1992.

LE FORT, Gertrud von, *L'Épouse de Pilate et autres nouvelles*, traduit par Marcelle Raimbault, Paris-Fribourg, Éditions Saint Paul, coll. « Paraboles », 1965 [*Die Frau des Pilatus*, 1955].

LEPRINCE DE BEAUMONT, Jeanne-Marie, *Les Américaines, ou La Preuve de la Religion chrétienne par les lumières naturelles*, Lyon, Pierre Bruyset Ponthus, 1770, vol. 3.

MAY, Antoinette, *Celle qui voulut sauver Jésus. Claudia, l'épouse de Ponce Pilate*, traduit par Isabelle St. Martin, Neuilly-sur-Seine, Michel Lafon, 2007 [*Pilate's Wife*, 2006].

MONTEILHET, Hubert, *L'Empreinte du ciel*, Paris, Presses de la Renaissance, 2000.

Le Mystère de la la Passion, texte du manuscrit 697 de la Bibliothèque d'Arras, publié par Jules-Marie Richard, Genève, Slatkine Reprints, 1976 (réimpression de d'édition d'Arras, 1891).

NERVAL, Gérard de, *Aurélia, ou le rêve et la vie*, *Œuvres complètes* t. III, Paris, Gallimard, coll. « Bibliothèque de la Pléiade », 1993.

La Passion d'Auvergne. Une édition du manuscrit nouvelle acquisition française 462 de la Bibliothèque Nationale de Paris, éd. Graham A. Runnalls, Genève, Droz, coll. « Textes littéraires français », 1982.

La Passion d'Autun, G. Frank (éd.), Paris, SATF, 1934.

Passion catalane-occitane, traduit par Aileen Ann MacDonald, Genève, Droz, coll. « Textes littéraires français », 1999.

La Passion Isabeau. Une édition du manuscrit Fr. 966 de la Bibliothèque Nationale de Paris avec une introduction et des notes, Edelgard E. DuBruck (éd.), New York / Berne / Paris, Peter Lang, coll. « American University Studies », 1990.

La Passion du Palatinus. Mystère du XIVe siècle, traduit par Jacques Ribard, Paris, Librairie Honoré Champion, coll. « Textes et traductions des classiques français du Moyen Âge », 1992.

PÉLAPRAT, Jean-Marie, *Ponce Pilate, procurateur de Judée*, *L'Avant-Scène Théâtre*, n° 827, 1er avril 1988, p. 3-43.

ROUAUD, Jean, *Des Hommes illustres*, Paris, Éditions de Minuit, coll. « Double », 1993.
SCHÖNAU, Élisabeth de, *Visions* [*Liber visionum*], traduit par Jean-Pierre Troadec, d'après le texte latin établi par F. W. E. Roth, Paris, Cerf, coll. « Sagesses chrétiennes », 2009.
SCHMITT, Éric-Emmanuel, *L'Évangile selon Pilate*, suivi du *Journal d'un roman volé*, Paris, Albin Michel, 2005.
SIENKIEWICZ, Henryk, *Quo Vadis*, traduit par Ely Halpérine-Kaminski, Paris, GF Flammarion, 2005.

CINÉMA

Il Vangelo secondo Matteo, de Pier Paolo PASOLINI, 137 mn, 1964.
Johnny Apollo, de Henry HATHAWAY, 94 mn, 1940.
Monty Python's Life of Brian, de Terry JONES, 92 mn, 1979.
Ponzio Pilati, de Gian Paolo CALLEGARI et Irving RAPPER, 95 mn, 1962. Avec Jeanne Crain dans le rôle de la femme de Pilate.
The King of Kings, de Cecil B. DEMILLE, 155 mn, 1927. Avec Majel Coleman dans le rôle de la femme de Pilate.
The Passion of the Christ, de Mel GIBSON, 127 mn, 2004. Avec Claudia Gerini dans le rôle de la femme de Pilate.

ICONOGRAPHIE

ESTAMPE

REMBRANDT, *Ecce homo*, 1655, plusieurs états, pointe sèche, 360 × 455 mm, British Museum, Londres. Femme de Pilate à la fenêtre du prétoire.

FRESQUES

Église Sant' Angelo in Formis (Capoue), fin XIe-début du XIIe siècle, partie gauche de la nef centrale. Tête de la femme de Pilate à la fenêtre derrière Pilate.

Église San Marco de Venise, première colonne de droite soutenant le dais de l'autel. Tête à la fenêtre derrière Pilate.

Église Sant'Urbano alla Caffarella de Rome, nef. Femme de Pilate debout.

Cathédrale Santa Maria Nuova de Monreale, Sicile, niveau inférieur de l'aile droite du prebysterium. Envoi du messager. Voir Abulafia, 2013.

GRAVURE

WEIGEL L'ANCIEN, Christoph, *Passio Domini nostri Jesu Christi neocoelatis iconibus expressa*, Augsbürg, 1693. Femme de Pilate se réveillant de son cauchemar puis parlant à l'oreille de Pilate au tribunal.

MINIATURES ET ENLUMINURES

HERRADE DE LANDSBERG, miniature de l'*Hortus deliciarum* de l'abbesse, Strasbourg, F.X. Leroux, 1952. Femme de Pilate endormie tandis qu'un démon lui parle, puis envoyant un messager.

TISSOT, James, *Le Message de la femme de Pilate*, illustration du Nouveau Testament (1886-1896). La femme de Pilate s'adresse à son mari au premier plan.

Évangile de Nicodème (version latine A), manuscrit d'origine italienne du XIIIe-XIVe siècle, Madrid, Bibliothèque nationale, Vitr. 23-8 (vol. II), fos 162r-200v. Tête de la femme de Pilate à la fenêtre derrière lui.

Livre d'Heures français, enluminure, fin du XIIIe siècle, British Library, Londres, Ms. Stowe 17, fol. 72r. La femme se tient derrière à la droite de Pilate, qu'elle dépasse d'une tête.

Livre d'Heures français, miniature, fin du XIIIe siècle, Arras. Ms. W. 86, fol. 15v, Walters Museum, Baltimore. La femme se tient derrière à la droite de Pilate, qu'elle dépasse d'une tête.

Livre d'heures de Marguerite de Rohan, atelier de Jean Bourdichon, Tours, c. 1475-1485, Princeton University Library, Manuscripts Division, Department of Rare Books and Special Collection, Robert Garrett Collection of Medieval and Renaissance Manuscripts 55, fol. 43r. La femme de Pilate entre son mari et le Christ, au tribunal, un message à la main.

Psautier de la reine Mary, c. 1315, Ms Royal 2 B VII, fol. 249, British Library, Londres. Un démon s'adresse à la femme endormie, puis elle parle à Pilate, puis elle est nimbée alors qu'il se lave les mains.

Sacramentaire de Fulda (c. 970-980), Theol. 231, fol. 60r., Göttingen Universitätsbibliothek. La femme se tient à la fenêtre, derrière Pilate.

MOULAGE

Cathédrale d'Hildesheim, Basse-Saxe : détail, pan de droite, quatrième moulage de la porte occidentale en bronze (portes de Bernward), 1015.

PANNEAUX

BAEGERT, Jan, *Christ devant Pilate*, avant 1520, retable de l'abbaye bénédictine de Liesborn (Allemagne, IXe siècle), Huile sur bois, 99, 1 × 69, 2 cm, National Gallery, Londres. La femme de Pilate s'adresse à son époux au tribunal.

MULTSCHER, Hans, retable de Wurzach, aile supérieure : *Jésus devant Pilate* et *La Visite des Mages*, 1437, huile sur panneau, 296 cm × 300 cm (mesure de chaque aile), Gemäldegalerie, Berlin. La femme de Pilate est à côté de son mari, légèrement en retrait.

Chapelle Notre-Dame-des-Fontaines de la Brigue (Alpes-Martimes), mur latéral sud, registre inférieur. La femme de Pilate s'adresse à son époux au tribunal.

Rhineland, début du XVe siècle, panneau : un petit démon murmure à l'oreille de la femme de Pilate qui s'adresse à son mari. Catharijneconvent Museum, Utrecht.

TABLEAUX

CISERI, Antonio, *Ecce homo*, 1871, huile sur toile, 292 × 380 cm, Galleria d'Arte Moderna, Florence. La femme de Pilate tourne le dos à son mari et quitte la scène.

DORÉ, Gustave, *Le Rêve de la femme de Pilate*, 1874, huile sur toile, 195 × 292 cm, The Joey and Toby Tanenbaum Collection, Art Gallery of Hamilton, Ontario. La femme de Pilate descend les escaliers de sa chambre.

PHOTOGRAPHIE

WITKIN, Joel-Peter, *Apollo and Pilate's Wife*. Gélatine argentique, 72, 4 × 94, 5 cm. Femme de Pilate à sa toilette.

TAPISSERIE

Catedral del Salvador en su Epifanía de Saragosse, laine teintée, soie, fils d'argent et d'or, 1400-1410. La femme de Pilate, élégante, en conversation avec son époux qui se lave les mains.

MUSIQUE

NEUMEIER, John, *Johann Sebastian Bach, Matthäus-Passion. A Ballet by John Neumeier*, dirigé par Günter Jena, avec l'orchestre et le chœur de St.-Michaelis et le Ballet de Hamburg, enregistré à Baden-Baden en 2005, DVD ArtHaus Musik.

HISTOIRE, PHILOSOPHIE ET EXÉGÈSE MODERNE

OUVRAGES

ALTER, Robert et KERMODE, Frank (dir.), *Encyclopédie littéraire de la Bible*, traduit par Pierre-Emmanuel Dauzat, Paris, Bayard, 2003 [*The Literary Guide to the Bible*, 1987].

ALTER, Robert, *L'Art du récit biblique*, traduit par Paul Lebeau et Jean-Pierre Sonnet, Bruxelles, Lessius, coll. « Le livre et le rouleau » 4, 1999.

ARISTOTE, *Rhétorique*, traduit par André Motte, *Œuvres*, Paris, Gallimard, coll. « Bibliothèque de la Pléiade », 2014.

AULAGNIER, Jean, *Le Premier Siècle chrétien. Une approche scientifique de la naissance du christianisme*, Montsûrs, Résiac, 1989.

BARBOTIN, Edmond, *Le Témoignage*, Namur, Culture et vérité, coll. « Présences », 1995.

BEAUDE, Jean-Marie (dir.), *La Bible en littérature*, actes du colloque international de Metz, septembre 1994, Paris, Cerf / Metz, Université de Metz, 1997.

BENOIT, Pierre, *Exégèse et théologie*, I, Paris, Cerf, 1961.

BLUMENKRANZ, Bernhard, *Juifs et Chrétiens dans le monde occidental 430-1096*, Paris-Louvain-Dudley (MA), Peeters, coll. « Revue des Études juives », 2006 [1960].

BOND, Helen K., *Pontius Pilate in History and Interpretation*, Cambridge, Cambridge University Press, 1998.

BONNARD, Pierre, *L'Évangile selon saint Matthieu*, Genève, Labor et Fides, coll. « Commentaire du Nouveau Testament », 2002 (rééd.).

BRUSTEIN, William I., *Roots of Hate : Anti-Semitism in Europe before the Holocaust*, Cambridge, Cambridge University Press, 2003.

Cahiers évangile. Autour des récits bibliques, n° 127, mars 2004.

CAMDEN, William, *Britannia*, *The Journal of Classical and Sacred Philology* vol. 4, J. B. Lightfoot, F. J. A. Hort et J. E. B. Mayor (éd.), Cambridge, Cambridge University Press, 2012 [1859].

CORNELIUS A LAPIDE, *Commentarii in IV Evangelia* I, Augustae Vind / Herbipoli, 1747.

CUVILLIER, Élian, *Étranges témoins de la Passion : Jésus, mort « pour nous » : peut-on encore parler de sacrifice ? Prédications du carême protestant 2008 sur France Culture*, Lyon, Éditions Olivétan, coll. « Parole vive », 2008.

DESCARTES, René, *Les Passions de l'âme*, *in Œuvres philosophiques 1643-1650*, t. III, Paris, Classiques Garnier, coll. « Textes de philosophie », 2010.

DOUMERGUE, Christian, *La Tombe perdue. Le corps du Christ repose-t-il dans le sud de la France ?*, Grez-sur-Loing, Pardès, 2008.

DUBY, Georges et PERROT, Michelle (dir.), *Histoire des femmes en Occident. I. L'Antiquité*, Paris, Plon, coll. « Tempus », 2002.

FASCHER, Erich, *Das Weib des Pilatus*, Halle/Saale, M. Niemeyer, 1951.

FORTHOMME, Bernard, *Théologie des émotions : structurée par l'expérience théâtrale*, Paris, Cerf, coll. « Théologies », 2008.

GIBERT, Pierre, *Le Récit biblique de rêve : essai de confrontation analytique*, Lyon, PROFAC, coll. « Série biblique », 1990.

GUEST, Edwin, *« Origines celticae » (a fragment) and other contributions to the history of Britain*, Cecil Deedes (éd.), London, Macmillan, 1883.

HENRY, Michel, *C'est Moi la vérité : pour une philosophie du christianisme*, Paris, Seuil, coll. « La couleur des idées », 1996.

HENRY, Michel, *Généalogie de la psychanalyse : le commencement perdu*, Paris, Presses Universitaires de France, coll. « Épiméthée : essais philosophiques », 2011.

HENRY, Michel, *Paroles du Christ*, Paris, Seuil, 2002.

HOROWITZ, Jeannine et MENACHE, Sophia, *L'Humour en chaire : le rire dans l'Église médiévale*, Genève, Labor et Fides, coll. « Histoire et société », 1994.

ISER, Wolfgang, *L'Acte de lecture : théorie de l'effet esthétique*, traduit par Évelyne Sznycer, Bruxelles, Pierre Mardaga, coll. « Philosophie et langage », 1976.

IZYDORCZYK, Zbigniew (éd.), *The Medieval « Gospel of Nicodemus » : texts, intertexts, and contexts in Western Europe*, Tempe, Arizona board of regents for Arizona state university, coll. « Medieval and Renaissance texts and studies », 1997.

LAQUEUR, Walter, *The Changing Face of Antisemitism : From Ancient Times To The Present Day*, Oxford, Oxford University Press, 2006.

LÉMONON, Jean-Pierre, *Ponce Pilate*, Ivry-sur-Seine, les éditions de l'Atelier-Éditions ouvrières, 2007.

MAÎTRE, Jacques, *Mystique et féminité. Essai de psychanalyse sociohistorique*, Paris, Cerf, 1997.

MARIN, Louis, *Études sémiologiques. Écritures, peintures*, Paris, Klincksieck, coll. « Esthétique », 1971.

MARTIN, Philippe, *Le Théâtre divin. Une histoire de la messe, XVIe/XXe siècle*, Paris, CNRS Éditions, coll. « Histoire », 2016.

MEIER, John Paul, *Jésus, un certain Juif : les données de l'histoire. I, Les sources, les origines, les dates*, traduit par Jean-Bernard Degorce, Charles Ehlinger et Noël Lucas, Paris, Cerf, 2004.

MEIER, John Paul, *Jésus, un certain Juif : les données de l'histoire. III, Attachements, affrontements, ruptures*, traduit par Charles Ehlinger et Noël Lucas, Paris, Cerf, 2005.

MELLO, Alberto, *Évangile selon saint Matthieu. Commentaire midrashique et narratif*, traduit par Aimée Chevillon, Paris, Cerf, coll. « Lectio Divina », 1999.

MIMOUNI, Simon-Claude et POUDERON, Bernard, *La Croisée des chemins revisitée : quand l'église et la synagogue se sont-elles distinguées ?* Actes du colloque de Tours, 18-19 juin 2010, Paris, Cerf, 2012.

NABERT, Jean, *Le Désir de Dieu*, Paris, Cerf, coll. « La Nuit surveillée », 1996 [posth. 1966].

RICŒUR, Paul, *Temps et récit*, Paris, Seuil, 1983-1985.

RIGAUD, Rose, *Les Idées féministes de Christine de Pisan*, Genève, Slatkine Reprints, 1973.

SPICQ, Ceslas, *Lexique théologique du Nouveau Testament*, Paris, Cerf/Fribourg, Éditions universitaires, 1991.

SYS, Jacques, *Les Imaginaires christologiques*, Villeneuve d'Ascq, Presses Universitaires du Septentrion, coll. « Imaginaires », 2000.

TASSIN, Claude, *L'Évangile de Matthieu. Commentaire pastoral*, Paris, Centurion, coll. « Commentaires », 1991.

TRILLING, Wolfgang, *Das wahre Israel : Studien zur Theologie des Matthaüs-Evangeliums*, Münich, Kösel, 1964.

WRIGHT, Stephen K., *The Vengeance of our Lord. Medieval Dramatizations of the Destruction of Jerusalem*, Toronto, Pontifical Institute of Medieval Studies, coll. « Studies and Texts », 1989.

YUVAL, Israel Jacob, *« Deux peuples en ton sein ». Juifs et Chrétiens au Moyen Âge*, traduit par Nicolas Weill, Paris, Albin Michel, coll. « Histoire », 2012.

ARTICLES

ABECASSIS, Armand, « Texte institué. Lecture instituante », *Mythe et philosophie : les traditions bibliques*, Christian Berner et Jean-Jacques Wunenburger (dir.), Paris, Presses Universitaires de France, 2002, p. 61-68.

Apocrypha n° 21, 2010.

BÜHLER, Pierre, « La mise en intrigue de l'interprète : enjeux herméneutiques de la narrativité », *La Bible en récits. L'exégèse biblique à l'heure du lecteur*, Daniel Marguerat (dir.), colloque international d'analyse narrative des textes de la Bible, Lausanne, mars 2002, Genève, Labor et Fides, coll. « Le Monde de la Bible », 2003, p. 94-111.

Cahiers évangile. Autour des récits bibliques, n° 127, mars 2004.

CALLON, Callie, « Pilate the Villain : An Alternative Reading of Matthew's Portrayal of Pilate », *Biblical Theology Bulletin* 36, n° 2, 2006, p. 62-71.

CAVARD, Pierre, « La Légende de Ponce Pilate », *in Vienne la Sainte*, Vienne, Blanchard Frères, coll. « Bibliothèque régionale d'histoire et d'art », 1975, p. 32-71.

DESCAMPS, Albert, « Rédaction et christologie dans le récit matthéen de la Passion », *L'Évangile selon Matthieu. Rédaction et théologie*, actes de la XXIe session des Journées bibliques de Louvain, 1-3 septembre 1970, M. Didier, É. Cothenet, A. Descamps, M. Devisch (dir.), Gembloux, J. Duculot, 1972, p. 359-415.

DUMORA-MABILLE, Florence « Faire l'histoire du rêve », *Songes et songeurs (XIIIe-XVIIIe siècle)*, Nathalie Dauvois et Jean-Philippe Grosperrin (dir.), Laval, Les Presses de l'Université Laval, coll. « Les collections de la République des Lettres », 2003, p. 15-31.

FEUILLET, André, « "Témoins oculaires et serviteurs de la parole" (Lc I 2b) », *Novum Testamentum*, vol. 15, fasc. 4, octobre 1973, p. 241-259.

GÉRARD, André-Marie Gérard, art. « Chaldée », *Dictionnaire de la Bible*, Paris, Robert Laffont, coll. « Bouquins », 1989, p. 197.

GOUNELLE, Rémi, « La divinité du Christ dans les Acta Pilati », *Apocrypha* 8, 1997, p. 121-136.

KANY, Roland, « Die Frau des Pilatus und ihr Name », *Zetschrift für die Neutestamentliche Wissenschaft*, n° 86, 1995, p. 104-110.

MARIN, Louis, « Jésus devant Pilate. Essai d'analyse structurale », *Sémiotique narrative : récits bibliques, in Langages*, vol. 6, n° 22, 1971, p. 51-74.

MARTIN, François, « La lecture aux prises avec la lettre, la figure et la Chose », *Mythe et philosophie. Les traditions bibliques*, Christian Berner et Jean-Jacques Wunenburger (dir.), Paris, Presses Universitaires de France, 2002, p. 69-77.

MARTIN, François, « Parole écriture accomplissement dans l'Évangile de Matthieu », *Sémiotique et Bible* n° 50, juin 1988, p. 27-51.

MARTIN, François, « Mourir. Matthieu 26-27 », *Sémiotique et Bible* n° 53, mars 1989, p. 18-47.

METZ, Johann Baptist Metz, « Petite apologie du récit », *Concilium* n° 85, mai 1973, p. 57-69.

MOUTERDE, René, « Sarcophages de plomb trouvés en Syrie », *Syria*, vol. 10, n° 3, 1929, p. 238-251.

PIERRON, Jean-Philippe, « De la fondation à l'attestation en morale : Paul Ricœur et l'éthique du témoignage », *Recherches de science religieuse*, 2003/3 (t. 91), p. 435-459.

RICŒUR, Paul, « Temps biblique », *Archivio di Filosophia* nº 53, 1985, p. 23-35.

VAN DER BERGH, Ronald H., « The Reception of Matthew 27 :19b (Pilate's Wife's Dream) in the Early Church », *Journal of Early Christian History*, vol. 2, nº 1, 2012, p. 70-85.

WEINRICH, Harald, « Théologie narrative », traduit par Robert Givord, *Concilium* nº 85, mai 1973, p. 47-55.

WÉNIN, André, « Personnages humains et anthropologie dans le récit biblique », *Analyse narrative et Bible. Deuxième colloque international du RRENAB, Louvain-la-Neuve avril 2004*, Camille Focant et André Wénin (dir.), Leuven, University Press / Peeters, coll. « Bibliotheca ephemeridum theologicarum Lovaniensium », 2005, p. 43-71.

WETTLAUFER, Ryan Donald, « A Second Glance at Matthew 27 : 24 », *New Testament Studies* 53, 2007, p. 344-358.

ÉTUDES SUR LA LITTÉRATURE

OUVRAGES

ATTIAS, Jean-Christophe et GISEL, Pierre (éd.), *De la Bible à la littérature*, Genève, Labor et Fides, 2003.

AUERBACH, Erich, *Figura*, Paris, Belin, 2001 [1944].

AUTRAND, Michel, *Le Théâtre en France de 1870 à 1914*, Paris, Honoré Champion, 2006.

BÉGUIN, Albert, *L'Âme romantique et le rêve*, Paris, Librairie José Corti, coll. « Biblio essai », 1991 [1938].

BORDIER, Jean-Pierre, *Le Jeu de la Passion. Le message chrétien et le théâtre français (XIII-XVIe siècle)* Paris, Honoré Champion, coll. « Bibliothèque du XVe siècle », 1998.

CECCATTY, René de, *Le Christ selon Pasolini. Une anthologie*, textes choisis, traduits et présentés par René de Ceccatty, Paris, Bayard, 2018.

COMPAGNON, Antoine, *La seconde main, ou le Travail de la citation*, Paris, Seuil, 1979.

ECO, Umberto, *Lector in fabula ou la coopération interprétative dans les textes narratifs*, traduit par Myriem Bouzaher, Paris, Grasset, coll. « Figures », 1985 [1979].

FIX, Florence, *Le Mélodrame, la tentation des larmes*, Paris, Klincksieck, coll. « 50 questions », 2011.

FORD, Alvin Earle (éd.), *L'Évangile de Nicodème : les versions courtes en ancien français et en prose*, Genève, Droz, coll. « Publications romanes et françaises », 1973.

FRYE, Northrop, *Le Grand Code. La Bible et la littérature*, traduit par Catherine Malamoud, Paris, Seuil, coll. « Poétique », 1984 [*The Great Code. The Bible and literature*, 1981].

GÉLY, Véronique et LECERCLE, François, *Imaginaires de la Bible : Mélanges offerts à Danièle Chauvin*, Paris, Classiques Garnier, coll. « Rencontres », 2013.

GENETTE, Gérard, *Palimpsestes. La Littérature au second degré*, Paris, Seuil, coll. « Points Essais », 1982.

GENETTE, Gérard, *Métalepse. De la figure à la fiction*, Paris, Seuil, coll. « Poétique », 2004.

HETZEL, Aurélia *La Reine de Saba. Des Traditions au mythe littéraire*, Paris, Classiques Garnier, coll. « Perspectives comparatistes », 2012.

HIRSCHI, Andrée, *Paul Claudel, Figures et paraboles*, Paris, Les Belles Lettres, coll. « Centre de Recherches de Littérature Française (XIXe et XXe siècles) », 1974.

LELONG, Chloé, *L'Œuvre de Nicolas de Vérone. Intertextualité et création dans la littérature épique franco-italienne du XIVe siècle*, Paris, Champion, coll. « Nouvelle Bibliothèque du Moyen Âge » n° 105, 2011.

MARGUERAT, Daniel et CURTIS, Adrian (dir.), *Intertextualités. La Bible en échos*, Genève, Labor et Fides, coll. « Le Monde de la Bible », 2000.

NALDINI, Nico, *Pier Paolo Pasolini*, traduit par René de Ceccatty, Paris, Gallimard, coll. « Biographies », 1991.

PARIZET, Sylvie (dir.), *La Bible dans les littératures du monde*, Paris, Cerf, 2016.

PERRY, Caroline, *L'Évolution littéraire de Ponce Pilate (XIXe-XXIe siècle)*, thèse de doctorat sous la direction de Danièle Chauvin, Université de la Sorbonne-Paris IV, soutenue en 2014.

PHILLIPS, Henry, avec la collaboration de PICHON, Aude et de TIN, Louis-Georges, *Le Théâtre catholique en France au XXe siècle*, Paris, Honoré Champion, coll. « Littérature de notre siècle », 2007.

THOMASSEAU, Jean-Marie, *Le Mélodrame*, Paris, Presses Universitaires de France, coll. « Que sais-je ? », 1984.

TOMICHE, Anne et ZIEGER, Karl (éd.), *La Recherche en littérature générale et comparée en France en 2007 : bilan et perspectives*, actes de la journée d'études du 18 novembre 2006 organisée par la SFLGC et le CAMELIA Valenciennes, Presses Universitaires de Valencienne, 2007.

VENESOEN, Constant, *Étude sur la littérature féminine au XVIIe siècle : Mademoiselle de Gournay, Mademoiselle de Scudéry, Madame de Villedieu, Madame de Lafayette*, Birmingham (Alabama), Summa Publication, 1990.

VERCRUYSSE, Jean-Marc (dir.), *Ponce Pilate*, Arras, Artois Presses Université, coll. « Graphè », 2013.

WATERFIELD, Robin, *Khalil Gibran. Un prophète en son temps*, traduit par Paule Noyart, Paris, Fides, 2000.

WESTPHAL, Bertrand, *Roman et Évangile. Transposition de l'Évangile dans le roman européen contemporain (1945-2000)*, Limoges, PULIM, 2002.

ARTICLES

BALLESTRA-PUECH, Sylvie, « Longue durée et grands espaces : le champ mythocritique », *in* Ballestra-Puech et Jean-Marc Moura (dir.) *Le Comparatisme aujourd'hui*, Lille, Presses de l'Université Charles de Gaulle-Lille III, 1999, p. 23-33.

CHAUVIN, Danièle, « Figures…, vous avez dit figures ? Mythocritique et typologie. L'exemple de William Blake », *Figures mythiques. Fabrique et métamorphoses*, Véronique Léonard-Roques (dir.), Clermont-Ferrand, Presses Universitaires Blaise Pascal, coll. « Littératures », 2008, p. 169-190.

CHAUVIN, Danièle, « William Blake et les quatre sens de l'écriture », *Les Écrivains face à la Bible. Herméneutique et création*, Jean-Yves Masson et Sylvie Parizet (dir.), Paris, Cerf, coll. « *Cerf* Littérature », 2011, p. 23-39.

DABEZIES, André, « Figures mythiques et figures bibliques », *in Figures bibliques, figures mythiques. Ambiguïtés et réécritures*, Cécile Hussherr et Emmanuel Reibel (dir.), Paris, Rue d'Ulm / Presses de l'ENS, 2002, p. 1-12.

HABCHI, Sobhi, « K. Gibran entre le "troisième œil" et W. Blake : jalons pour une esthétique visionnaire », *Revue de littérature comparée* n° 326, 2008/2, p. 237-257.

LÉONARD-ROQUES, Véronique et MESNARD, Philippe, « Présentation. Cassandre ou la vocation testimoniale », *Cassandre figure du témoignage*, Véronique Léonard-Roques et Philippe Mesnard (dir.), Paris, Éditions Kimé, coll. « Entre histoire et mémoire », 2015, p. 11-23.

MURPHY, Ronald G., « Symmetrical Structure in the *Heliand* », *The German Quarterly*, 65/2, 1992, p. 153-158.

OLIVIERI, Ugo, « Lucifer et Ponce Pilate. Figures du politique chez Roger Caillois », traduit par Joseph Brami, *Roger Caillois, fragments, fractures, réfractions d'une œuvre*, Annamaria Laserra (dir.), Padova, Biblioteca Francese Unipress, 2002, p. 235-247.

PELLETIER, Anne-Marie, « La Bible comme mémoire culturelle. Un enseignement à inventer », *Études*, n° 374, mars 1991, p. 381-392.

RAABE, Juliette, « Impossibles rêves d'amour », *Parlez-moi d'amour : le roman sentimental, des romans grecs aux collections de l'an 2000*, Ellen Constans (dir.), Limoges, PULIM, 1999, p. 239-251.

THIRY, Claude, « Une avocate inspirée ? Procula dans les Passions françaises », *Le Moyen Français*, 11, 1982, p. 54-88.

ENTRETIEN TÉLÉVISUEL

BARJAVEL, René, entretien avec Pierre Desgraupes à propos de la parution de *Jour de feu*, 16 octobre 1957, dans l'émission de télévision *Lectures pour tous*, Office National de Radiodiffusion télévision française, 08 min 45s.

ÉTUDES SUR LES ARTS

OUVRAGES

ABULAFIA, David, *La Cathédrale de Monreale. La splendeur des mosaïques*, Paris, Cerf, 2013.

BEVERS, Holm, SCHATBORN, Peter et WELZEL, Barbara, *Rembrandt. Le maître et son atelier. II. Dessins et gravures*, catalogue de l'exposition, Berlin, Kupferstichkabinett SMPK, Altes Museum, 12 septembre-27 octobre 1991 ; Amsterdam, Rijksmuseum, 4 décembre 1991-19 janvier 1992 ; Londres, National gallery, 26 mars-24 mai 1992, Paris, Flammarion, 1991.

BEYEN, Roland, *Michel de Ghelderode ou la comédie des apparences*, catalogue d'exposition, Paris, Centre Georges Pompidou, 27 février-7 avril 1980 / Bruxelles, Bibliothèque royale Albert Ier, 26 avril-7 juin 1980.

BIROLEAU, Anne (dir.), *Joel-Peter Witkin. Enfer ou ciel. Heaven or Hell*, Paris, Éditions de la Martinière / Bibliothèque Nationale de France, 2012.

BOON, Karel G., *Rembrandt. Gravures*, traduit par Van Hermijnen, Paris, Flammarion, 1989.

CHAILLEY, Jacques, *Les « Passions » de J.-S. Bach*, Paris, Presses Universitaires de France, 1984.

DAUZET, Marie-Dominique, *La Mystique bien tempérée. L'Écriture féminine de l'expérience spirituelle,* XIXe-XXe *siècle*, Paris, Cerf, coll. « Sciences humaines et religions », 2006.

DER NERSESSIAN, Sirarpie, *Miniature Painting in the Armenian Kingdom of Cilicia from the Twelfth to the Fourteenth Century*, Washington, Dumbarton Oaks research library and collection, 1993, 2 vol.

DOMMANGE, Thomas, *Instruments de résurrection : étude philosophique de « La Passion selon saint Matthieu » de J.-S. Bach*, Paris, Vrin, coll. « Essais d'art et de philosophie », 2010.

DUCHET-SUCHAUX, Gaston et PASTOUREAU, Michel, *La Bible et les saints. Guide iconographique*, Paris, Flammarion, 1994.

GENEVAZ, Patrick, *Sur trois gravures de Rembrandt. Autoportrait du peintre en frontispice*, Paris, La délirante, 2008.

GIMARET, Antoinette, *Extraordinaire et ordinaire des Croix. Les représentations du corps souffrant, 1580-1650*, Paris, Honoré Champion, coll. « Bibliothèque littéraire de la Renaissance », 2011.

HARNONCOURT, Nikolaus, *Le Dialogue musical. Monteverdi, Bach et Mozart*, traduit par Dennis Collins, Paris, Gallimard, coll. « Arcades », 1985 [*Der Musikalische Dialog. Gedanken zu Monteverdi, Bach und Mozart*, 1984].

HOGARTH, William, *The Analysis of Beauty*, Oxford, Clarendon Press, 1955.

HOURIHANE, Colum, *Pontius Pilate, anti-semitism, and the Passion in medieval art*, Princeton, Princeton University Press, 2009b.

MEYERSON, Ignace, *Écrits 1920-1983. Pour une psychologie historique*, Paris, Presses Universitaires de France, 1987.

MIES, Françoise (dir.), *Bible et art. L'âme des sens*, Bruxelles, Lessius, coll. « Le livre et le rouleau » / Namur, Presses Universitaires de Namur, coll. « Connaître et croire », 2009.

NABERT, Nathalie, *Le Mal et le diable. Leurs figures à la fin du Moyen Âge*, Paris, Beauchesne, coll. « Cultures et christianisme », 1996.

PARRY, Eugenia et WITKIN, Joel-Peter, *Joel-Peter Witkin*, éd. bilingue, Paris, Delpire, coll. « Maestro », 2012.

RENAN, Ernest, *Vie de Jésus, in Histoire des origines du Christianisme*, Paris, Arléa, coll. « Poche-Retour aux grands textes », 2005.

RENONCIAT, Annie, *Gustave Doré*, Paris, Delpire, coll. « Poche Illustrateur », 2013.

SAINT-MARTIN, Isabelle, *Art chrétien / Art sacré. Regards du catholicisme sur l'art, France, XIX-XXe siècle*, Rennes, Presses Universitaires de Rennes, coll. « Art & Sociétés », 2014.

TISSOT, James, *La Vie de Notre Seigneur Jésus Christ*, Tours, Maison Alfred Mame et Fils, édition Nationale, tome second, 1897.

VOUGA, François, *Résonnances théologiques de la musique. Bach – Beethoven – Stravinsky – Mozart – Verdi – Britten*, Genève, Labor et Fides, coll. « L'Évangile dans la vie », 1983.

ARTICLES

BILLON, Gérard, « Jésus au cinéma, de Gibson à Pasolini », *Cahiers évangile* n° 129, septembre 2004, p. 99-101.

CARLIER, Sylvie, « Gustave Doré et l'iconographie religieuse », *Gustave Doré, un peintre-né*, exposition au Monastère royal de Brou, Bourg-en-Bresse, 12 mai-16 septembre 2012, Paris, Somogy, 2012, p. 28-37.

DANGUY, Laurence, « Les anges de la Bible illustrée de Gustave Doré, l'installation d'un système », *Actes du colloque international Gustave Doré*, CRHI de l'École Émile Cohl, Cyril Devès (dir.), Lyon, Association Émile Cohl, 2013, p. 94-101.

DIMITROVA, Kate, « Un aspect méconnu de l'histoire de la Passion : une étude iconographique de Ponce Pilate dans la réalisation des tapisseries de Saragosse », *Tapisseries et broderies. Relecture des mythes antiques et iconographie chrétienne*, acte du colloque d'Angers (4-6 octobre 2007), *Arts sacrés* n° 27, 2009, p. 89-96.

HOURIHANE, Colum, « She who is not named. Pilate's Wife in Medieval Art », in *Between Judaism and Christianity. Art Historical Essays in Honor of Elisheva (Elisabeth) Revel-Neher*, éd. Katrin Kogman-Appel et Mati Meyer, Leiden-Boston, Brill, coll. « The Medieval Mediterranean. Peoples, economies and Cultures, 400-1500 », 2009a, p. 215-239.

Jean-Sébastien Bach, lecteur de l'Écriture, *Supplément Cahiers Évangile* n° 161, octobre 2012.

LE GOFF, Jacques, « Les rêves dans la culture et la psychologie collective de l'Occident médiéval » (1971), *Pour un autre Moyen Âge : Temps, travail et culture en Occident : 18 essais*, Paris, Gallimard, coll. « Bibliothèque des idées », 1977, p. 299-306.

MELLINKOFF, Ruth, « Pilate's Wife », *Tributes in Honor of James H. Marrow : Studies in Painting and Manuscript Illumination of the Late Middle Ages and Northern Renaissance*, Jeffrey F. Hamburger et Anne S. Korteweg (dir.), Londres, Harvey Miller, 2006, p. 337-341.

SAINT-MARTIN, Isabelle, « Illustration religieuse et ouvrages de prestige : Hallez, Doré, Tissot… », *Mame. Deux siècles d'édition pour la jeunesse*, Cécile Boulaire (dir.), Rennes, Presses Universitaires de Rennes, coll. « Histoire » / Tours, Presses Universitaires François-Rabelais, coll. « Perspectives historiques », 2012, p. 465-473.

SUTTER, Jacques, « Musique et religion : l'emprise de l'esthétique », *Archives de sciences sociales des religions*, 1996, vol. 94, n° 1, p. 19-44.

FILM DOCUMENTAIRE

PRIEUR, Jérôme, *Le Triomphe des images. Il y a 1000 ans*, production La Chambre aux Fresques / France 3, 2016, 52 mn.

INDEX DES NOMS

INDEX DES PERSONNAGES BIBLIQUES, DES PEUPLES ET DES CONFESSIONS

INDEX DES RÉFÉRENCES BIBLIQUES

ANCIEN TESTAMENT

NOUVEAU TESTAMENT

TABLE DES MATIÈRES

DEUXIÈME PARTIE

LA FEMME DE L'IRRESPONSABLE

TROISIÈME PARTIE

LA FEMME FIDÈLE

QUATRIÈME PARTIE

UNE FIGURE DE L'INTIMITÉ

IMPRIM'VERT®

Achevé d'imprimer par Corlet Numéric,
Z.A. Charles Tellier, Condé-en-Normandie (Calvados), en décembre 2020
N° d'impression : 169619 - dépôt légal : décembre 2020
Imprimé en France